MANUEL

DES

CONSEILS DE GUERRE.

CHEZ LE MÊME LIBRAIRE.

Guide des Juges Militaires, ou Recueil et analyse des lois en vigueur, sur la justice et les tribunaux militaires, *4ᵉ édition ;* suivi du Guide des membres des Conseils de discipline, de recensement et de révision, et du Jury de révision de la Garde nationale ; ou Recueil et analyse des lois et réglemens sur les droits, les devoirs, le service et la discipline des Gardes nationaux ; par J.-B. Perrier, licencié en droit, ancien sous-chef au ministère de la guerre, membre de plusieurs sociétés savantes. Juillet 1831. 7 fr. 50 c.

Cours élémentaire d'art et d'histoire militaires, à l'usage des élèves de l'École royale spéciale militaire de Saint-Cyr ; par Rocquancourt, sous-directeur des études, 2ᵉ édition, avec planch. Paris, 1831, 2 vol. in-8°. 18 fr.

Mémoires sur les principes de la stratégie, et sur ses rapports intimes avec le terrain, avec carte et plan ; par Okouneff, colonel, 1 vol. in-8°, 1831. 4 fr. 50 c.

L'esprit de l'homme de guerre, ou Essai moral, historique et théorie-pratique sur l'art militaire, accompagné de 7 tableaux et de 16 planches ; par d'Esmond, 1 vol. in-8°, 1830. 12 fr.

Panorama militaire, ou Précis de l'Histoire des troupes françaises depuis la fondation de la monarchie jusqu'à nos jours, divisé en dix tableaux, et contenant l'exposition par périodes de tous les changemens importans survenus dans la composition et l'organisation de l'armée, ainsi que des détails sur les principales opérations auxquelles elle a été successivement employée ; par Amiot, employé au ministère de la guerre, 1 vol. in-8°, 1830. 7 fr.

Traité sur la guerre contre les Turcs, traduit de l'allemand du lieutenant-général prussien, baron Valentini ; par Blesson. Ce Traité contient les guerres de 1809 à 1829, 1830, 1 vol. in-8° avec pl. 12 fr.

Mémoires sur les campagnes du Rhin et de Rhin et Moselle, de 1792 jusqu'à la paix de Campo-Formio, 4 vol. in-8°, enrichis de 15 cartes ou plans, d'un grand nombre d'États de Situations, et accompagnés d'un Atlas d'une grande dimension et d'une rare beauté ; par le maréchal Gouvion-Saint-Cyr, 1829. 70 fr.

Mémoires pour servir à l'Histoire militaire sous le Directoire, le Consulat et l'Empire ; par le maréchal Gouvion-Saint-Cyr, 4 volumes in-8° et atlas, 1831. 60 fr.

Journal des opérations de l'armée de Catalogne en 1808 et 1809, sous le commandement du maréchal Gouvion-Saint-Cyr, 1 vol. in-8° et atlas. 25 fr.

Tableau analytique des principales combinaisons de la guerre, de leurs rapports avec la politique des États, pour servir d'introduction au Traité des Grandes Opérations militaires, par le général Jomini, in-8° avec planches. 7 fr.

Mémoires sur la Pologne et les Polonais, de 1788 jusqu'à la fin de 1815, 4 vol. in-8° ; par Oigiuski. 28 fr.

Observations sur la Pologne et les Polonais, pour servir d'Introduction aux Mémoires ci-dessus, in-8°. 3 fr. 50 c.

IMPRIMERIE DE DEMONVILLE,
rue Christine, n° 2.

Manuel

DES

CONSEILS DE GUERRE,

OU

RECUEIL ALPHABÉTIQUE

DE QUESTIONS DE DROIT MILITAIRE;

PAR L. J. G. DE CHÉNIER,

AVOCAT A LA COUR ROYALE DE PARIS.

> Scire leges non est verba earum
> tenere, sed vim ac potestatem.
> *L.* 17, *ff. de legibus.*

A PARIS,

CHEZ ANSELIN, SUCCESSEUR DE MAGIMEL,

LIBRAIRE POUR L'ART MILITAIRE, LES SCIENCES ET LES ARTS,

RUE DAUPHINE, N° 9.

1831.

AVANT-PROPOS.

Depuis 1789, les tribunaux militaires changèrent plusieurs fois de nom et reçurent une organisation différente. La loi du 29 octobre 1790 établit des *cours martiales* avec un jury militaire. Le président, à l'armée et dans les divisions territoriales, était un commissaire ordonnateur qui prenait le titre de *grand-juge militaire, commissaire ordonnateur des guerres.* Ses assesseurs étaient les commissaires ordinaires des guerres, appelés *commissaires-auditeurs des guerres.* Ils étaient chargés d'instruire les procès. Mais indépendamment de cette fonction de juge d'instruction, remplie aujourd'hui par les capitaines rapporteurs, ils assistaient toujours le grand-juge, au nombre de deux, lorsqu'il tenait la cour martiale.

La loi du 16 mai 1792 confirma celle du 29 octobre 1790, pour les cours martiales, mais créa des juges de paix et de la police correctionnelle militaires. Ces fonctions étaient remplies par les commissaires-auditeurs.

La loi du 12 mai 1793 renversa l'organisation judiciaire et forma des cours de justice, qu'elle désigna sous le nom générique de *tribunal mili-taire* ; il y en avait deux par chaque armée.

A cette loi, succéda bientôt celle du 3 pluviôse an 2, qui constitua des conseils de discipline, des tribunaux de police correctionnelle et des tribu-naux criminels avec un jury militaire, comme dans les organisations précédentes.

Toutefois, cet état de choses ne fut pas de longue durée; la loi du 2e jour complémentaire de l'an 3 établit des *conseils militaires*, qu'elle appelle aussi *conseils de guerre*, mais seulement dans deux articles, les articles 4 et 5. Ces conseils militaires étaient composés de neuf juges, y com-pris le président, lesquels étaient pris, trois dans la classe des soldats, trois dans celle des sous-offi-ciers et trois dans celle des officiers. Cette orga-nisation nouvelle n'admit plus de jurés, dont elle sembla néanmoins conserver les attributions; mais comme elle n'avait rien prévu pour le jugement des officiers supérieurs, la loi du 4 brumaire an 4 vint remplir cette lacune, et détermina la compo-sition de ces conseils suivant le grade, depuis celui de chef de bataillon jusqu'à celui de général en chef.

Enfin la loi du 13 brumaire an 5 fut promulguée : elle renversa les *conseils militaires*, leur substitua un *conseil de guerre permanent* dans chaque division d'armée et dans chaque division de l'intérieur, composé de sept juges y compris le président, d'un rapporteur et d'un commissaire du pouvoir exécutif, aujourd'hui commissaire du roi. Cependant cette loi, non plus que la précédente du 2e jour complémentaire de l'an 3, n'avait rien statué sur la forme à suivre dans les jugemens des officiers supérieurs; une loi additionnelle, du 4 fructidor an 5, régla, sous ce rapport, la composition du conseil de guerre suivant le grade, depuis le chef de bataillon jusqu'au général en chef.

Il restait une lacune à remplir. Toutes les lois qui s'étaient succédées jusqu'en l'an 5, n'avaient créé qu'un seul degré de juridiction. Les décisions des tribunaux militaires étaient absolues et définitives; elles n'étaient soumises à aucun examen. Les abus qui devaient nécessairement naître d'un tel état de choses, amenèrent la loi du 18 vendémiaire an 6, qui institua un *conseil permanent de révision* dans chaque division d'armée et dans chaque division de l'intérieur, où elle établit en même temps un second conseil de guerre au-

*a**

quel ce conseil de révision pût renvoyer les affaires dont il aurait annulé le jugement.

Ici, nous sommes arrivés à la législation militaire qui nous régit encore. Sa marche est plus régulière, ses formes offrent plus de garanties que dans les lois précédentes, mais elle laisse à la jurisprudence le soin de régler beaucoup de choses que la plupart des juges militaires voudraient trouver tracées dans la loi. De là est venu cette divergence dans la manière de juger. Souvent en renouvelant les membres d'un conseil de guerre, on voit paraître une jurisprudence nouvelle. Ces juges nouveaux, bons militaires, mais peu jurisconsultes, voient le plus ordinairement une affaire de conscience là où il n'y a qu'une question de droit ; et confondant les doubles fonctions de jurés et de magistrats, qu'ils remplissent simultanément, ils décident d'après l'inspiration de leur conscience, un point de procédure, comme ils ont apprécié la culpabilité du prévenu d'après les faits qui leur étaient soumis.

La cour de cassation a décidé les questions les plus importantes de la jurisprudence militaire ; mais il faut avouer que ces décisions de la cour régulatrice sont comme perdues pour les juges militaires, puisqu'aucun ouvrage spécial à la justice militaire ne les a encore reproduites.

Le Recueil de Questions que nous publions, remplira peut-être le but que nous nous proposons d'atteindre : nous avons desiré être utile en formant une espèce de Dictionnaire où, à l'instar du savant ouvrage de M. Sirey, on pût trouver, par lettre alphabétique, les questions agitées et résolues depuis l'an 5 jusqu'à ce jour. Nous avons cru devoir nous borner à la seule question de droit dégagée des faits qui lui ont donné naissance, parce que nous avons pensé que cet ouvrage, destiné particulièrement aux juges militaires, devait être portatif et présenter seulement en substance les moyens de droit, afin d'éclairer en rappelant les décisions rendues par les tribunaux militaires depuis leur établissement par la loi du 13 brumaire an 5, loi qui régit encore l'armée. Nous avons rapporté aussi quelques décisions administratives, parce que nous avons désiré réunir toutes les questions qui se rattachent au droit militaire en général, ce qui comprend le droit administratif.

Ce Recueil, qui n'offre qu'un essai sur la jurisprudence militaire, doit être continué. Il peut

contribuer à rendre certaine la marche des conseils de guerre, en leur montrant ce qu'ils ont
jugé à différentes époques ; il peut aussi être uti-
lement consulté lorsqu'il s'agira du nouveau Code
promis depuis si long-temps à l'armée.

Ce n'est point un ouvrage savant que nous avons
prétendu donner : notre but unique fut d'être
utile ; la récompense que nous ambitionnons c'est
de l'avoir atteint.

DE LA JURISPRUDENCE

DES

CONSEILS DE GUERRE.

> Jurisprudentia est divinarum atque
> humanarum rerum notitia , justi
> atque injusti scientia.
> (Inst. Justin. tit. 1er, §. 1er.)

La jurisprudence , qui n'est que l'usage dans l'application des lois, est basée sur la science du droit et sur la connaissance du juste et de l'injuste. Le législateur ne peut tout prévoir. Sa tâche est de tracer des principes sages; celle des tribunaux, d'en tirer les conséquences que la raison indique et que l'équité commande.

Les lois militaires ont peut-être plus besoin que d'autres lois, du secours de la jurisprudence. Improvisées par la nécessité , elles forment une législation depuis 1789, dont les élémens caractérisent l'époque qu'ils rappellent. Instantanés comme les événemens qui se succédaient, on les retrouve à des dates plus ou moins éloignées, empreints ou d'une sévérité excessive ou d'une indulgence poussée trop loin. Disposant pour le présent, le législateur semblait franchir un espace, et placer un jalon qui suffisait pour éclairer la marche rapide des institutions.

Plus tard, cette foule de décrets qui, sans légalité bien certaine, modifiaient des lois ou créaient des tribunaux d'exception, montre le génie des conquêtes imposant sa volonté au monde, et dictant ses arrêts au milieu des camps ou des populations soumises. Tous ces décrets, comme les lois qui les ont précédé, ne s'enchaînent point au passé et ne fondent rien pour l'avenir. Cependant, durant cette époque si brillante de gloire, des lois civiles se préparaient. Bientôt parut une législation complète et uniforme pour toute la France; l'armée y lut ses droits, et ses tribunaux particuliers y virent les principes généraux qui devaient leur servir de règles.

Le Code civil, le Code de procédure civile, le Code d'instruction criminelle, le Code pénal, forment actuellement le droit commun, le droit ordinaire des Français; c'est dans ces Codes, monumens impérissables des progrès de la civilisation, que les juges militaires liront leurs devoirs, c'est en leur comparant les dispositions des lois qui régissent l'armée, qu'ils connaîtront la nature et l'étendue des exceptions qui constituent ce droit spécial à la profession des armes.

Sans doute, les fonctions de juges militaires sont devenues difficiles, depuis que l'arbitraire ne peut plus impunément imposer son caprice pour jurisprudence, et sa volonté pour loi. Aujourd'hui, lors même que la guerre serait portée sur le sol étranger, nos armées, conquérantes non plus pour envahir des royaumes, mais pour arracher des peuples héroïques à la rage sanguinaire d'une tyrannie aveugle qui s'abîme sous les coups qu'elle porte à la liberté du monde; nos armées, ne verraient plus de ces tribunaux complaisans se réunir, instruire et juger pour obéir à la colère d'un chef, et faire exécuter un arrêt de mort, avec la précipitation effrayante d'une exécution prévôtale. Sans nuire cependant à la célérité avec laquelle la justice militaire doit être rendue, un général n'oserait plus assumer sur sa tête, la responsabilité d'une condamnation prononcée par suite d'une procédure ou insuffisante, ou faite *ab irato*. Les formes qui, seules, offrent des garanties à l'accusé, seraient observées, et le châtiment du coupable n'en serait que plus utile pour l'exemple, dès que chaque soldat trouverait le jugement juste et la peine méritée.

La conscience des droits et le sentiment des devoirs, doivent former, de nos jours, la base d'une subordination qui, pour être raisonnée, n'en est pas moins absolue. On ne peut plus admettre cette puissance du sabre qui ne connaît de loi que celle du plus fort, et qui, jalouse de son empire, s'indigne d'une objection, et tranche au lieu d'examiner. L'égalité devant la loi n'est

plus un vain mot ; le soldat comme le général , a
droit à des garanties et à la protection de la justice. La Charte de 1830 est une vérité pour tous ;
elle assure à chacun la liberté individuelle, en ne
permettant de poursuivre et d'arrêter un prévenu
que dans les cas prévus par la loi et dans la forme
qu'elle prescrit.

On entend souvent répéter qu'il faut, pour les
militaires, que le châtiment suive de près la faute ,
et que les lenteurs de la procédure font perdre
ordinairement l'avantage de l'exemple. Cette opinion tient à un système qui a pour principe qu'il
est nécessaire , pour assurer le maintien de la discipline , d'effrayer le soldat par la rigueur des
peines et par la promptitude de la répression. Ce
système pouvait être bon à une époque où l'instruction moins répandue, présentait dans les
armées une masse d'individus habitués à obéir
sans réflexion, et seulement par ce sentiment de
la crainte qui naît de l'instinct de la conservation.
Aujourd'hui les armées pensent ; chaque soldat
raisonne. Ce n'est plus son imagination qu'il faut
frapper par la terreur des supplices, c'est à son
bon sens qu'il faut parler. Des peines excessives
l'exaspèrent et le révoltent ; des peines trop légères
comparativement au délit, l'entretiennent dans
ses mauvais penchans. Frappé du glaive de la
justice, par suite d'une procédure trop rapide ,
il accuse l'impartialité du tribunal, mais sans se
dissimuler sa faute, il la juge trop sévèrement

punie, et l'idée de l'injustice dont il se croit victime, détruit l'effet moral de la condamnation.

La procédure telle qu'elle existe actuellement, n'est pas de nature à entraîner des lenteurs. Faite avec intelligence, et lorsqu'il ne se présente aucun incident particulier, elle est assez rapide pour que le châtiment puisse suivre de près le délit; mais alors l'effet de la condamnation est plus efficace, car une instruction complète a eu lieu, des débats contradictoires et publics ont précédé le jugement, et une défense entièrement libre a pu combattre l'accusation. Quel est l'homme qui, livré à lui-même, au fond d'une prison, lorsque le désir de se justifier à ses propres yeux, ne peut lui fournir aucune raison spécieuse d'excuser sa faute, ne verra avec amertume sa position humiliante? quel est le militaire dont le cœur encore accessible au sentiment de l'honneur, n'éprouvera pas un repentir sincère, et ne sentira pas renaître dans son âme le besoin de reconquérir l'estime des gens de bien? — Le scélérat, l'homme dégradé par le crime ne sentira rien : — Si, il arrivera un moment où la voix de la nature frappera son âme. Le calcul du vice et les habitudes criminelles ne protégeront pas toujours son esprit contre les impressions de ses sens. Qu'une maladie détruise tout à coup cette santé robuste qui lui fait supporter le poids de ses fers et les travaux pénibles qui l'accablent, que cette force physique qui lui donnait le courage de concevoir et d'exécuter un crime, l'abandonne; seul, en proie à la douleur que personne ne songe à adoucir; tourmenté sans cesse par la mémoire du passé; sans espoir dans l'avenir, il pensera avec horreur qu'il existe; ses maux seront d'autant plus cruels, que la confiance en lui-même n'existera plus; dans la mort il en verra le terme : mais son imagination affaiblie trouvera encore dans cette idée un supplice nouveau. Des souvenirs de famille, l'ombre d'un père honnête homme, viendront effrayer ses derniers instans; la superstition, compagne de l'ignorance, lui offrira le terrible tableau de ses chimères; son crime lui apparaîtra tout entier; ses remords seront sincères, car les souffrances n'admettent pas le mensonge.

Que l'on ne dise pas qu'il existe des criminels qui ne sentent jamais le crime peser sur leur conscience : une telle assertion serait contraire à la nature; elle serait en opposition avec les législations criminelles de tous les peuples. Le but des châtimens est l'amélioration du coupable; la peine morale est la seule efficace; elle est la conséquence nécessaire de la peine physique. Mais pour obtenir ce résultat, il faut que le condamné puisse se dire à lui-même qu'il est justement puni. C'est dans cette vue que les formes prescrites par la loi doivent être observées.

En effet, il suffit d'examiner la nature des for-

malités de la procédure criminelle, pour se convaincre qu'elles n'ont été imaginées qu'afin de
garantir au prévenu l'honneur, la liberté et la
vie, contre des attaques dirigées au nom de la
société qui se plaint de faits défendus dans l'intérêt de tous, et qui demande réparation du préjudice qu'elle en a éprouvé. Ainsi, prenons un
procès à son origine, et suivons la procédure dans
ses différentes phases.

Dès qu'un militaire est prévenu d'un délit, il
est aussitôt mis en état d'arrestation, sous la garde
d'une force suffisante qui en répond.

Cette mesure est nécessaire pour deux raisons :
la première, c'est que le militaire prévenu pourrait déserter ; la seconde, c'est que, lors même
qu'il ne déserterait point, le besoin du service,
s'il n'était pas arrêté, pourrait l'éloigner du lieu
où s'instruit la procédure. Alors plus d'interrogatoire possible, plus de confrontation avec les témoins ; enfin, lenteurs incalculables, dont le moindre inconvénient serait de laisser planer sur un
individu une prévention peut-être mal fondée, ou
d'assurer l'impunité à un coupable.

L'officier supérieur qui commande sur le lieu,
c'est-à-dire celui qui est investi du commandement
en chef (1), doit, aussitôt qu'il a connaissance

______

(1) C'est avec raison que la loi se sert de ces mots : *Officier
supérieur*, *commandant sur le lieu*, car ce commandant

certaine d'un crime ou d'un délit, ordonner au capitaine rapporteur de procéder à l'information. Cette *connaissance certaine* est acquise au commandant supérieur, soit par une plainte ou une dénonciation, soit par la notoriété publique, ou l'état de flagrant délit.

Il est à remarquer toutefois que lorsqu'il y a plainte non suivie d'un désistement avant l'expiration de vingt-quatre heures (1), le commandant supérieur est tenu de faire informer, parce qu'il n'est pas juge du mérite de la plainte, et qu'il ne peut jamais représenter la chambre du conseil des tribunaux civils sans se rendre coupable du plus grave des abus de pouvoir. Si ce n'est que par la notoriété publique qu'il a connaissance d'un délit, et qu'une notoriété contraire, avant qu'il ait donné l'ordre d'informer, vienne immédiatement lui donner la certitude de l'innocence de l'individu primitivement désigné comme coupable, il peut s'abstenir de donner au rapporteur l'ordre de commencer l'information; car il agit ici comme le ministère public, qui s'abstient de dresser un réquisitoire sur le bruit d'abord accrédité de la culpabilité d'un homme, que d'autres renseigne-

---

supérieur, dans une ville assiégée, peut n'être pas un général. — Voyez le mot GÉNÉRAL.

(1) Art. 66 du Code d'instruction criminelle.

mens positifs présentent au même instant comme l'objet d'une accusation erronée.

N'oublions pas que, dans ce cas comme dans celui du désistement d'une plainte, le commandant supérieur, de même que le procureur du roi, a toujours à examiner s'il y a, néanmoins, motifs suffisans pour faire exercer des poursuites ; car si nonobstant le désistement de la plainte fait dans les vingt-quatre heures, ou les renseignemens paraissant détruire l'inculpation, il reste encore des charges qui fassent présumer la culpabilité, l'ordre d'instruire doit être donné au rapporteur.

Au moment où le rapporteur est saisi, le rôle de l'autorité supérieure cesse ; elle n'intervient plus dans les actes de la procédure. Le rapporteur juge d'instruction reçoit la plainte s'il y en a, entend et consigne sur son procès-verbal la déposition des témoins qu'il a appelés, réunit les preuves matérielles du délit s'il en existe, en constate l'état, et requiert les témoins de signer leurs déclarations ; en cas de refus ou d'impossibilité de signer, la mention en est faite, et il est passé outre à l'interrogatoire du prévenu.

Comme le corps et les circonstances du délit ont été constatés, que les témoins ont été entendus, le prévenu est interrogé sur ses nom, prénoms, âge, lieu de naissance, profession et domicile ; il est sommé de s'expliquer sur les faits dont on l'accuse ; et lorsqu'il existe des preuves matérielles du délit, on les lui représente, pour qu'il ait à déclarer s'il les reconnaît.

Quand il y a plusieurs prévenus dans une même affaire, chacun d'eux est interrogé séparément.

L'interrogatoire fini, il en est donné lecture au prévenu, qui est interpellé de déclarer si ses réponses sont fidèlement transcrites, si elles contiennent la vérité, s'il y persiste. Lorsqu'il veut y faire des changemens, ils sont consignés ; lecture lui en est faite, ainsi que de tout le procès-verbal d'information, et enfin l'interrogatoire est clos par sa signature ou la mention du refus ou de l'impossibilité de signer, et par les signatures du rapporteur et du greffier.

Dans le cas où, comme nous l'avons dit, il y a plusieurs prévenus du même délit, l'interrogatoire et les réponses de chacun sont inscrits de suite sur un seul et même procès-verbal, en les séparant seulement par les signatures du prévenu, du rapporteur et du greffier.

L'interrogatoire terminé, le rapporteur invite le prévenu à faire choix d'un défenseur (1). Il peut le prendre parmi les citoyens de toute classe présens sur les lieux. S'il ne sait ou ne veut faire ce choix, le rapporteur désigne d'office le conseil qui doit l'assister dans sa défense.

____

(1) Voyez au mot *Nullités de procédure*, les formalités dont l'omission pourrait entrainer l'annulation du jugement.

Le défenseur et le commissaire du roi prennent communication de la procédure sans déplacement des pièces. Cet examen de la procédure, fait d'un côté dans l'intérêt de la défense, d'un autre côté dans celui de l'accusation, ne constitue point une formalité dont le conseil de révision soit obligé de prescrire l'accomplissement; car ce n'est qu'un droit particulier à la défense et à l'accusation, dont elles peuvent respectivement faire usage si elles le jugent utiles, sans toutefois retarder, dans aucun cas, la convocation du conseil de guerre. Cette communication des pièces, pour le défenseur, ne peut avoir lieu que quand l'information est terminée, et lorsque le rapporteur a rendu compte à l'officier commandant de l'état de la procédure, parce que l'instruction n'est plus susceptible d'éprouver de changemens.

Aussitôt le rapport de l'officier chargé de l'information, le commandant supérieur convoque le conseil de guerre, qui s'assemble au lieu indiqué par le président.

Un usage assez singulier, et que l'on aurait sans doute peine à défendre par de bonnes raisons, s'est introduit dans certains conseils de guerre et de révision : il consiste à donner à l'ordre de convocation les attributs d'un arrêt de renvoi de la chambre des mises en accusation d'une cour royale; et l'on exige, *à peine de nullité*, que cet ordre donné aux membres du conseil de se réunir, de se former en tribunal, qualifie le délit dont le militaire qu'ils ont à juger est prévenu. On a poussé quelquefois l'oubli des règles jusqu'à annuler un jugement parce que la question de culpabilité, quoique changée par les débats, n'avait pas été posée en conséquence du délit qualifié par l'ordre de convocation du conseil de guerre. Un tel usage est déplorable : il prouve non-seulement peu de science en droit, mais encore de la légèreté dans les décisions. Le moindre examen suffirait pour faire comprendre que l'ordre de convocation n'**est** que l'avertissement de se constituer en **tribunal** ; qu'il importe peu qu'il qualifie le délit dont **le** militaire est prévenu ; que la seule chose essentielle qu'il doive porter, c'est la désignation de l'individu et la mention que le conseil s'assemble pour le juger.

En effet, l'acte qui détermine la nature et la gravité du délit, c'est le procès-verbal d'information ; c'est ce même acte qui est lu au commencement de l'audience avec toutes les autres pièces tant à charge qu'à décharge ; or, l'ordre de convocation n'est ni à charge ni à décharge ; donc il est indifférent qu'il qualifie ou qu'il ne qualifie point le délit ; qu'il dise que le conseil s'assemblera *à l'effet de juger le nommé* tel, *prévenu de* tel *délit,* ou qu'il porte que le conseil se réunira au lieu indiqué par le président, *à l'effet de juger le nommé* tel *sur les faits qui lui sont imputés,* ou *dont il est prévenu,* ou *dont il est accusé,* peu importe, encore une fois ; l'ordre de convocation est exact ; il n'a point les faits à apprécier, il peut, il doit peut-être même s'en abstenir : ceux qui connaissent la subordination militaire le sentiront. La crainte révérencielle de l'inférieur pour le supérieur, surtout lorsque cet ordre de convocation établit des rapports en quelque sorte immédiats entre le sous-officier, qui est le premier juge, et le général en chef, qui compose le tribunal, ne serait pas de nature à garantir une indépendance assez grande pour empêcher de supposer que quelques juges ne lussent la culpabilité du prévenu dans la qualification donnée au délit par l'ordre de convocation.

Un autre motif rend indifférente cette qualification. L'information, et tous les actes qui la composent ou qui s'y rattachent, ne sont que les recherches préliminaires de la justice, les élémens à l'aide desquels le tribunal peut arriver à connaître la vérité. Les débats de l'audience où l'accusateur et l'accusé sont en présence ; où chaque inculpation est établie par des preuves, et combattue par des preuves contraires ; où les dépositions des témoins sont soumises à la discussion, opposées l'une à l'autre, contredites par des faits, réfutées par des argumens ; les débats seuls précisent la culpabilité et déterminent la question qui doit être posée. Ainsi, par exemple, l'ordre de convocation porterait que Pierre est accusé de *meurtre ;* l'information qualifierait *d'assassinat* les faits qu'on lui reproche, et cependant les débats établiraient jusqu'à la dernière évidence, qu'il n'y a point assassinat, *mais homicide involontaire causé par imprudence;* il est certain que la question serait posée de cette manière : *Pierre accusé d'avoir commis un assassinat sur la personne de Paul est-il coupable ?*

Pierre accusé d'avoir, par imprudence, commis un homicide involontaire sur la personne de Paul, est-il coupable ?

La réponse serait négative sur la première question, et affirmative sur la seconde.

Comme on le voit, l'ordre de convocation avait qualifié le fait autrement que l'information. Qu'en serait-il arrivé s'il l'avait qualifié de même, ou s'il ne l'avait pas qualifié du tout ? que le conseil de guerre ne s'en serait pas moins assemblé pour juger Pierre, bien désigné dans cet ordre, et que Pierre n'en eût pas moins été condamné pour les faits dont les débats *seuls* de l'audience l'auraient démontré coupable.

De ce que nous venons d'exposer, toutefois, il ne faudrait pas induire que l'ordre de convocation ne doit jamais mentionner le délit, *sous peine de nullité ;* si cette mention y est faite, bien que le général n'ait aucune qualité pour en agir ainsi, cette indication ne doit être considérée que comme un renseignement propre à avertir les juges du genre d'affaires qu'ils auront à juger ; mais nous avons dû combattre et chercher à détruire cette erreur qui fait trouver une similitude entre l'ordre de convocation d'un conseil de guerre, et l'arrêt de renvoi d'une chambre de mise en accusation, en prouvant que cet ordre de convocation n'ayant pas pour but l'appréciation des faits, ne peut, soit qu'il qualifie le délit avec plus ou moins de précision, soit qu'il ne le qualifie point, entraîner la nullité du jugement. Admettre le contraire, ce serait prétendre que le général a le droit d'intervenir dans une procédure.

Le conseil de guerre convoqué, s'assemble et ne peut plus désemparer avant que les prévenus ne soient définitivement jugés.

Ces expressions, peut-être trop laconiques, furent fréquemment suivies à la lettre. On comprit que le conseil de guerre ne devait pas se séparer avant d'avoir jugé définitivement les prévenus pour lesquels il avait été convoqué ; en sorte que les juges, les témoins et les accusés ne pussent prendre ni repos, ni nourriture, quelque longs que fussent les débats. On n'admettait aucun incident possible, et dans cette interprétation étroite, l'idée d'une exception, d'une question préjudicielle qui se présenterait au commencement de l'affaire, paraît n'être même pas venue à l'esprit. C'est ainsi que certains conseils de révision annulaient des jugemens, parce que les conseils de guerre avaient précédemment, dans la même affaire, et faute de preuves suffisantes, ordonné qu'il fût plus amplement informé ; et que d'autres, embarrassés sur la nature de ces jugemens qui pres-

crivaient une instruction complémentaire, décla-
raient qu'il n'y avait pas lieu à statuer, attendu
que les conseils de guerre n'avaient pris qu'une
décision non susceptible de recours en révision;
puis ils renvoyaient au général pour faire compléter l'information.

Toutes ces contradictions inextricables démontrent le défaut de connaissance de la matière. Il
faut dire, néanmoins, que c'est peut-être ici la
partie la plus difficile de l'application des lois
militaires. Les opérations des conseils de guerre
offrent les mêmes incidens et la même marche
que les tribunaux ordinaires; ils doivent donc
suivre les mêmes règles. Or, il est de principe
qu'en prescrivant aux tribunaux, en général, de
ne point désemparer, le législateur a voulu qu'une
affaire commencée ne fût pas délaissée tout à
coup, sans autre motif que le caprice, pour s'occuper incontinent d'un autre procès; mais il n'a
pu avoir la pensée inique et absurde de faire juger
à tort et à travers toutes les causes qui seraient
soumises aux tribunaux militaires. Si par ces mots,
définitivement jugés, l'on devait comprendre que
la loi n'a en vue que les seuls jugemens qui condamnent ou qui acquittent, parce qu'il n'y a en
effet que ces deux sortes de décisions de la justice
qui statuent *définitivement* sur le sort des prévenus, il faudrait en conclure qu'un conseil de
guerre n'a pas le droit de rendre un jugement
d'incompétence; car, dans ce cas, les prévenus

ne sont pas *définitivement jugés*, et cependant le conseil désempare, puisqu'immédiatement après la sentence rendue, il s'occupe d'une autre affaire.

Mais si l'on reconnaît qu'un tribunal militaire peut rendre un jugement sur sa compétence, pourquoi lui refuser le droit d'ordonner, par un jugement, un supplément d'information? du moment qu'on accorde que le législateur n'a pas voulu que les juges prononçassent sans examen, on ne peut pas refuser la conséquence qui en découle naturellement : c'est que le conseil de guerre se reconnaissant dans le doute par l'absence de preuves suffisantes pour la culpabilité ou pour l'innocence, demande de nouveaux élémens d'examen; et que pour les réunir, il faut renvoyer l'affaire à l'officier chargé de l'instruction.

Il est donc démontré que la loi en prescrivant aux juges de ne point désemparer avant que les prévenus pour lesquels ils ont été convoqués, ne soient *définitivement jugés*, n'a eu pour but que de parler des causes qui se présentent sans incidens, et dans lesquelles il est nécessairement statué définitivement par une sentence qui condamne ou qui acquitte.

Toutefois, il faut remarquer que lorsqu'une de ces causes dure plusieurs jours, ce n'est point désemparer que de renvoyer chaque soir la continuation des débats au lendemain, ou de les suspendre pendant la journée, durant le temps nécessaire au repos des juges, des témoins et des

accusés. Enfin, par tout ce qui précède, il est également démontré que les conseils de guerre agis-
sent dans les limites du droit des tribunaux en
général, lorsqu'ils statuent par des jugemens, sur
les incidens de toute nature qui se présentent à
l'audience, sur les questions préjudicielles qui
leur sont soumises, et qu'ils peuvent d'office, ordonner un plus ample informé, quand la conscience des juges ne se trouve pas suffisamment
éclairée.

Les séances des conseils de guerre sont publiques. C'est un principe constitutionnel inscrit
aux Chartes de 1814 et de 1830, et qui serait de
droit lors même que la loi militaire ne l'aurait
pas dit. Toutefois, cette publicité est restreinte,
dans la loi de brumaire au 5 ; on peut n'admettre
à l'audience, qu'un nombre de spectateurs triple
de celui des juges. Bien que les termes de la loi
paraissent impératifs, les dispositions qu'ils énon-
cent ne doivent être considérées que comme une
exception dont le conseil de guerre peut faire
usage lorsque la tranquillité, le calme des séances
paraissent devoir être troublés ; mais il est essentiel de se rappeler que l'article 55 de la Charte
de 1830 est la règle générale à laquelle il faut
rigoureusement se conformer.

La défense d'assister aux séances avec armes,
cannes ou bâtons, et la recommandation de s'y
tenir dans le respect et le silence, sont les mêmes
que pour les tribunaux ordinaires. Le président

a aussi exclusivement la police de l'audience, et si quelque militaire s'écartait de ce respect dû au conseil de guerre, il pourrait le reprendre et le condamner à garder prison jusqu'au terme de quinze jours, suivant la gravité du fait. Si un militaire commettait un délit, il serait jugé sur-le-champ (1), séance tenante, et condamné à l'une des peines qu'il aurait encourue.

Dans le cas où le président seul ordonne la prison jusqu'à quinze jours, maximum des peines de simple discipline, le procès-verbal d'audience en fait mention, et c'est sur l'exhibition de ce procès-verbal, faite au gardien de la maison d'arrêt, que le perturbateur y est reçu et écroué pour le temps déterminé.

S'il s'agit d'un crime ou délit commis à l'audience, le procès-verbal le constate ; les témoins sont entendus ainsi que le délinquant et le défenseur qu'il a choisi immédiatement, ou qu'on lui a désigné d'office ; et, après avoir établis les faits et ouï le commissaire du roi, le tout publiquement, le conseil de guerre applique la peine par un jugement motivé.

Mais si c'est un individu non militaire qui a troublé l'ordre, ou qui a commis un crime ou un délit à l'audience ? comme le conseil de guerre

----

(1) Voir les dispositions des articles 504, 505 et suivans, du Code d'instruction criminelle, qui devraient être suivis.

n'a aucune action sur lui, le président ordonne son arrestation, fait constater les faits par le procès-verbal d'audience, et renvoie le délinquant devant le procureur du roi, avec une copie du procès-verbal qui tient lieu de plainte.

Au moment où le conseil est assemblé, le président fait apporter et déposer devant lui, sur le bureau, un exemplaire de la loi, et le procès-verbal fait mention de cette formalité *indispensable*.

Il peut paraître singulier que le législateur ait prescrit à un tribunal d'avoir sous les yeux la loi, sans laquelle tout le monde sait qu'il est impossible de prononcer aucun jugement; mais lorsqu'on fait attention de quelle manière les sentences des conseils de guerre pourraient être rendues à l'armée, au camp, dans une ville assiégée, on comprend que la loi a dû déclarer cette formalité *indispensable*. Toutefois, il faut ajouter qu'aujourd'hui il y a plus d'un exemplaire de lois à déposer sur le bureau; car indépendamment du Code d'instruction criminelle et du Code pénal; parmi les 175 à 180 lois, décrets, arrêtés et ordonnances militaires qui existent, l'application de plusieurs peut être nécessaire dans le même procès.

Dès que cette formalité est remplie, le rapporteur donne lecture du procès-verbal d'information, et celle des pièces à charge comme à décharge envers le prévenu, qui comparait après cette lecture terminée, libre et sans fers, accompagné de son défenseur et entouré d'une escorte suffisante qui reste en dehors de la salle du conseil, ou qui est introduite selon que le président l'ordonne. Ces mots : *libre et sans fers*, indiquent que l'accusé peut être enchaîné jusqu'à l'instant où il entre au tribunal. Sans doute il se rencontre des circonstances qui rendent nécessaire l'emploi d'un tel moyen, mais elles sont rares, et l'on ne doit pas, par simple mesure de sûreté, charger de fers un homme qui n'est encore que sous une prévention peut être mal fondée. Cependant on a fréquemment l'exemple de prévenus conduits de la prison où ils sont détenus, au greffe du conseil de guerre, attachés avec des cordes, uniquement pour y être interrogés par le rapporteur qui commence une information. De telles précautions n'étant pas commandées par la nécessité, semblent ne point appartenir à la justice d'un peuple civilisé. Elles produisent sur l'esprit de ceux qui en sont l'objet, un effet tout contraire à celui que l'on en attend, et en donnant à la multitude, toujours curieuse, le hideux spectacle d'un homme garotté comme le serait une bête féroce, on détruit à l'avance l'efficacité des châtimens.

On doit observer que devant le conseil de guerre, l'accusé n'est pas présent à la lecture des pièces, tandis que devant la cour d'assises, la lecture de l'arrêt de renvoi et de l'acte d'accusation se fait en sa présence. Dans les tribunaux correctionnels, le ministère public ne présente l'exposé sommaire des faits, que lorsque le prévenu est introduit. Il serait plus conforme aux règles de la justice, qu'il en fût de même pour les tribunaux militaires ; mais le contraire existe : une loi n'est pas suivie parce qu'elle est juste, mais parce qu'elle est loi.

Le prévenu amené aux pieds du tribunal, est interrogé par le président. Son défenseur peut répondre pour lui, excepté sur les questions auxquelles il est interpellé de répondre personnellement.

Les membres du conseil peuvent faire des questions au prévenu, mais en demandant la parole au président (1) qui, seul, a la police de l'audience et la direction des débats.

S'il y a une partie plaignante en cause devant le conseil, elle est d'abord entendue dans sa plaidoirie, car la loi en se servant des mots : *elle pourra faire ses observations,* n'a certainement pas voulu restreindre le droit du plaignant ; et ce serait le rendre illusoire, que de le réduire à la faculté de présenter de simples observations.

Après la partie civile (le plaignant), le commissaire du roi, remplissant les fonctions du ministère public, développe les moyens qui appuient

---

(1) Voyez l'article 319, dernier paragraphe, du Code d'instruction criminelle.

l'accusation. L'accusé ou son défenseur répondent. La réplique est permise à la partie civile ou au commissaire du roi ; mais l'accusé ou son défenseur ont toujours la parole les derniers. Ensuite, le président leur demande s'ils n'ont rien à ajouter pour leur défense ; et, sur leur réponse négative, il déclare les débats terminés. L'accusé est reconduit à la prison par son escorte, et le défenseur se retire.

Le président consulte alors les membres du conseil, pour savoir s'ils ont des observations à faire, et avant d'aller aux opinions, il ordonne que tous les auditeurs se retirent : les membres du conseil délibèrent à huis-clos, en présence seulement du commissaire du roi.

Dans ce que nous venons de rapporter, la loi militaire contient plusieurs dispositions contraires au droit commun. D'abord, cette faculté accordée au défenseur de répondre pour l'accusé aux questions que le président lui adresse, excepté lorsqu'il est interpellé de répondre personnellement, n'est pas le meilleur moyen de parvenir à la découverte de la vérité ; car, à une question posée simplement, une réponse faite avec habileté change bientôt la nature des choses, et le tribunal ne connaît pas la pensée secrète, l'intention de l'accusé, dans l'accomplissement des faits qui constituent le délit. Le Code d'instruction criminelle ne contient rien de semblable ; c'est une disposition qui doit disparaître dans la législation nouvelle.

Le président, après les plaidoieries, et lorsque l'accusé et son défenseur se sont retirés, demande aux membres du conseil s'ils ont des observations à faire.

Cette disposition est évidemment ou inutile ou inique · inutile, parce que les débats sont terminés, et que quelques observations que l'on puisse faire, il n'est pas permis d'y rien ajouter ou d'en rien retrancher; inique, en ce que l'accusé et son défenseur n'étant plus à l'audience, ils ne peuvent connaître la nature et l'objet des observations, lesquelles constituent une partie des débats qu'ils n'ont point été admis à combattre. C'est en présence de l'accusé et de son défenseur que le président devrait provoquer les observations des juges; car l'un ou l'autre y pourraient répondre.

Nous devons nous hâter de dire ici que l'usage est contraire à la lettre des articles 28 et 29 de la loi du 13 brumaire an 5. Le président demande, en effet, aux membres du conseil de guerre, s'ils ont des observations à présenter, lorsque les plaidoiries sont terminées, mais avant que le prévenu et son défenseur se soient retirés. Cet usage, conforme aux principes de la justice et de la raison, ne se trouve consacré que dans les formules (1) annexées pour modèles à l'arrêté du directoire du 8 frimaire an 6. Ce moyen d'expliquer le texte de

____

(1) Voyez *Formules de procédure.*

la loi de brumaire pouvait n'être pas suffisant, puisqu'il indiquait un mode de diriger les débats, qui n'est point celui prescrit par la loi; mais il est de ces choses que le bon sens et l'équité publics établissent et maintiennent, sans qu'il y ait besoin de dispositions législatives. Ces remarques prouvent la précipitation avec laquelle les lois militaires furent faites, et ce n'est pas la seule erreur que nous aurons à signaler dans la loi du 13 brumaire.

Toutefois, cette loi ajoute qu'avant d'aller aux opinions le public évacue la salle d'audience, et alors le conseil délibère à huis-clos, en présence seulement du commissaire du roi. C'est un grand vice de la loi que l'admission de l'officier chargé des fonctions d'accusateur, dans le lieu où chaque juge émet son opinion sur la culpabilité ou l'innocence de l'accusé. S'il n'est présent que pour veiller à ce que la délibération ait lieu d'une manière calme et régulière, le préservatif est plus dangereux que le mal lui-même; car si le président s'oubliait au point de recueillir les voix autrement que la loi le prescrit, sa prise à partie, même sur la plainte du ministre de la guerre, et l'annulation du jugement, en seraient le résultat. Une législation est immorale dès qu'elle admet l'immoralité; et l'on ne peut supposer à des militaires, dont l'honneur doit être la première loi, la lâche et odieuse pensée d'enfreindre toutes les règles de la justice pour faire couler le sang d'un malheureux. C'est avilir l'homme que de croire des juges capables de trahir leur conscience pour plaire à un colonel dont ils redouteraient l'autorité. La présence du commissaire du roi, qui peut être chef de bataillon, ou seulement capitaine, mais aide-de-camp du général, n'exercerait-elle pas une influence semblable? Les juges réputés susceptibles d'une basse condescendance oseraient-ils, en face de l'officier accusateur, être d'avis d'acquitter? Ces précautions ont été prises dans l'intention bien certaine d'assurer l'impartialité, mais elles n'ont pas atteint leur but. Aujourd'hui, les peines sévères réservées aux juges prévaricateurs sont les meilleures garanties.

Le président pose la question ou les questions qui résultent des débats, et recueille les voix, en commençant par le grade inférieur : il émet son opinion le dernier. Si trois membres, sur les sept qui composent le tribunal, déclarent que l'accusé n'est pas coupable, il est acquitté et mis en liberté, non sur-le-champ, si le ministère public se pourvoit contre le jugement; car, aux termes de l'article 12 de la loi du 18 vendémiaire an 6, il a vingt-quatre heures pour le faire (1). S'il ne forme pas de pourvoi, il est toléré, mais non pas permis au commissaire du roi de faire mettre en liberté l'ac-

---

(1) D'après les articles 203 et 206 du Code d'instruction criminelle, *le prévenu* ACQUITTÉ *n'est mis en liberté que* DIX JOURS APRÈS LE PRONONCÉ DU JUGEMENT.

quitté ; dans ce cas, il assume seul la responsabilité d'une infraction à la loi ; car si l'acquittement n'avait eu lieu qu'en conséquence de la violation des formes dans l'information, violation qui, en tronquant une partie des faits, eût présenté comme innocent un homme réellement coupable, la mise en liberté serait irrévocable, et le criminel impuni ne pourrait plus être repris pour le même fait.

Si le conseil déclare, à la majorité de cinq voix sur sept, que l'accusé est coupable, l'officier faisant les fonctions de commissaire du roi requiert l'application de la peine, le président lit le texte de la loi, et prend l'avis des juges pour l'application de la peine, qui est déterminée par la majorité des cinq voix ; mais dans le cas où cette majorité ne se rencontrerait pas, l'avis le plus favorable est adopté.

Ici, comme on le voit, le jugement se compose de deux élémens :

1º La culpabilité résultant de l'examen des faits, examen exprimé par une décision semblable à celle des jurés ;

2º La condamnation résultant de l'application de la peine prononcée sur une réquisition spéciale du ministère public.

A la cour d'assises, l'accusé est présent pour entendre la déclaration du jury ; il est présent lorsque le procureur général requiert l'application de la peine, et il peut, ainsi que son défenseur, plai-

der sur la qualification du délit et sur la nature
du châtiment que le ministère public a requis
contre lui.

Au conseil de guerre, tout cela se passe à huis-
clos. Cependant, lorsque les opinions sont recueillies, les portes de la salle d'audience sont
rouvertes, le public rentre, mais l'accusé ne re-
paraît point; le président rend à haute voix et fait
inscrire au procès-verbal d'audience la décision
du conseil sur la culpabilité de l'accusé, lit de
nouveau le texte de la loi, et applique la peine
prononcée par le conseil.

On reconnaît, dans les dispositions de la loi du
13 brumaire an 5 que nous venons d'analyser, un
mélange des règles tracées pour les cours d'assises
et des modes prescrits pour les tribunaux correctionnels; mais ce qui est insolite, c'est la pronon—
ciation d'un jugement hors de la présence de l'accusé, et après des débats contradictoires.

Aussitôt que le jugement est prononcé, le président ordonne au rapporteur de faire ses diligences pour le mettre à exécution. Le greffier, en
présence du conseil, écrit le jugement *motivé* au
pied du procès-verbal, qui est ensuite clos et signé
de tous les membres du conseil, du rapporteur et
du greffier.

En cas d'acquittement, le procès-verbal est terminé par le renvoi ou la décharge d'accusation;
car il ne faut plus lire dans l'article 37 de la loi
du 13 brumaire an 5, *et la mise en liberté du*

prévenu, parce que la loi du 18 vendémiaire an 6 (article 12) s'oppose à ce qu'elle soit immédiate ; elle ne peut avoir lieu qu'après l'expiration des vingt-quatre heures accordées au commissaire du roi pour se pourvoir en révision ; mais alors le jugement s'exécute sans que la loi indique qu'il ait été préalablement connu de l'accusé ; car nous avons vu que l'accusé et son défenseur se retirent aussitôt la clôture des débats prononcée par le président, et qu'ils ne reparaissent plus. Il est à remarquer que les lois de vendémiaire et de brumaire an 6, qui ont apporté des modifications si utiles à celle de brumaire an 5, n'indiquent pas à partir de quel moment courent les vingt-quatre heures pendant lesquelles le commissaire du roi peut former son pourvoi contre le jugement d'acquittement. Il en résulte que le prévenu, réintégré dans la prison avant la délibération du conseil, ignore s'il est acquitté, et ne l'apprend que par sa mise en liberté ; car rien ne prescrit qu'un jugement de cette nature soit lu devant la troupe rassemblée sous les armes (1). De telles dispositions sont contraires à la raison, à l'équité, et à toutes les règles du droit. C'est de l'arbitraire sans motifs, de l'illégalité sans but. Que le prévenu soit reconduit à la prison avant ou après le jugement rendu, les opérations du con-

---

(1) L'usage paraît l'avoir consacré. Voyez *Formules de procédure, Jugement d'acquittement.*

c*

seil de guerre n'en sont ni abrégées ni retardées, et aucun inconvénient ne s'oppose à ce que, à l'instar de ce qui se pratique dans les cours d'assises et dans les tribunaux correctionnels, le prévenu se retire dans une pièce voisine avec son escorte, et revienne à l'audience pour entendre prononcer sa sentence. Mais la lecture du jugement devant la troupe? — Oui, quand il s'agit de condamnation. Dans ce cas, le rapporteur, muni de la copie du jugement, va de suite en faire lecture à l'accusé, en présence de la garde rassemblée sous les armes; il l'avertit qu'à partir du moment de la lecture de son jugement, il a vingt-quatre heures pour se pourvoir en révision, et le rapporteur est tenu de faire mention au pied du jugement de l'accomplissement de cette formalité. Il y a plus : le jugement de condamnation ne doit pas être exécuté après l'expiration des vingt-quatre heures accordées au condamné ; l'article 9 de la loi du 15 brumaire an 6 donne vingt-quatre heures au commissaire du pouvoir exécutif *pour se pourvoir d'office,* après *le délai accordé à l'accusé.*

Maintenant, s'il y a pourvoi contre un jugement, ce pourvoi doit être formé au greffe du conseil de guerre qui a jugé. A cet effet, le greffier est tenu de dresser acte de la déclaration du condamné ou du commissaire du roi, et dans les vingt-quatre heures de la notification du pourvoi, le conseil de guerre envoie les pièces de la procédure avec copie de son jugement, au président du conseil de révision qui est tenu de convoquer aussitôt le conseil, lequel une fois assemblé, ne peut désemparer avant d'avoir donné sa décision. Les défenseurs des parties *peuvent* se présenter, ils sont admis à faire des observations après le rapport, et lorsque le commissaire du roi a fait ses réquisitions, ils les combattent.

La décision du conseil de révision doit être *motivée*. Quand elle confirme, indépendamment de l'envoi que ce conseil est tenu de faire de sa décision au ministre de la guerre et au conseil de guerre qui a rendu le jugement, il *en fait passer une expédition à l'individu condamné*.

Le conseil de révision est le tribunal de la juridiction supérieure de l'armée, il est créé pour assurer la stricte et régulière exécution des formalités protectrices de l'innocence et de la vie des militaires livrés aux conseils de guerre, dont le mode de procéder n'offre pas toutes les garanties nécessaires. Toutefois, l'idée des hautes fonctions de ce tribunal, fit penser à quelques personnes qu'il était assimilé à la cour de cassation et placé au même rang. Quelques décisions contraires à la loi, quelques exemples d'une jurisprudence de fantaisie, cassées et anéanties par la cour régulatrice, détruisirent promptement l'illusion, et ramenés à des prétentions plus modestes, les devoirs n'en furent que mieux accomplis.

L'examen critique que nous venons de faire des

formes de la procédure prescrites par la loi militaire, justifie ce que nous avons dit en commençant : que la législation de l'armée se compose d'élémens empreints de la couleur des temps et des choses qui les ont créés. Tout à la fois prodigue de concessions envers le prévenu, elle permet à son défenseur de répondre aux questions du président, et elle lui défend d'être présent à sa condamnation, de présenter des observations sur l'application de la peine. Composée de principes particuliers aux cours d'assises, la loi de brumaire an 5 n'en établit pas moins un tribunal d'exception qui juge sans appel, et dont la sentence avant les lois de vendémiaire et brumaire an 6, était exécutée immédiatement après avoir été rendue. Il est vrai de dire que l'expérience n'avait point encore déterminé la limite des exceptions qu'exige le droit militaire, on avait même semblé croire qu'il formait une législation particulière, indépendante et égale à celle qui régit tous les citoyens français. Le but unique était de réprimer promptement et sévèrement, car on avait éprouvé qu'une discipline rigoureuse influe beaucoup sur la chance des combats. Le châtiment des coupables a pour motif de les rendre meilleurs ; pour résultat, l'utilité de l'exemple ; mais ces deux conséquences ne peuvent s'obtenir que par les garanties des formes judiciaires, par la justice des condamnations.

Il n'est point douteux que la loi de brumaire an 5 a eu en vue d'écarter les préventions de l'esprit des juges, de rendre impossible l'erreur et la partialité, enfin, d'assurer au prévenu les moyens de combattre l'accusation et de prouver son innocence ; mais il faut avouer que le législateur n'a pas toujours rempli ses intentions. Nous avons signalé dans l'analyse des dispositions de cette loi, les défauts que nous lui reprochons; nous avons invoqué l'application des principes généraux, dans les cas où la loi militaire garde le silence, et nous avons dû rappeler que la jurisprudence a eu fréquemment à déterminer la marche de la procédure sans laquelle aucune bonne justice n'est possible.

Dans la confection des lois, bien des choses sont à considérer : les temps, les lieux, les mœurs ; la nature et l'étendue des devoirs ; la nécessité de leur accomplissement ; le préjudice qui résulte de leur infraction, la faute qu'elle constitue, la réparation qu'elle exige et le genre de peine qui doit être infligé. Cette tâche est difficile à remplir pour les lois ordinaires ; elle offre peut-être une difficulté plus grande pour les lois spéciales à l'armée. Là, l'oubli de certains devoirs particuliers, de certaines obligations dont le type ne se rencontre ni dans la vie ordinaire, ni dans la loi civile, est laissé à l'appréciation, et il n'est pas rare de le voir l'objet de jugemens contradictoires et souvent opposés. Toutefois, lors même que la loi militaire aurait bien défini ce qui est crime, ce qui est délit et ce qui n'est que simple contravention, elle ne pourrait descendre à cette subdivision de circonstances qui atténuent ou aggravent la culpabilité. Ainsi l'ivresse, ce défaut si commun parmi les soldats, mais qui ne peut être une excuse aux yeux de la loi, est fréquemment la source de condamnations aux travaux forcés ou à mort, par la seule imprévoyance des chefs. La raison troublée d'un soldat ivre, ne lui permet plus de concevoir l'idée de subordination. La vanité est le seul sentiment qu'il éprouve, tout ce qui blesse ce sentiment excite sa colère et l'ordre d'un chef que le grade rapproche de lui, est reçu comme une insulte et ordinairement repoussé par des voies de fait. Si, au lieu de compromettre l'autorité du grade, on envoyait auprès d'un militaire dont l'ivresse bruyante trouble la tranquillité et cause du scandale, d'autres militaires, ses égaux, l'infraction aux règles de la tempérance n'aurait pour résultat qu'une punition de discipline, et la justice ne se trouverait pas dans l'alternative fâcheuse ou de laisser impunie une conduite qui constitue un délit ou au moins une contravention, ou de frapper d'une peine terrible un homme dont l'intention n'était pas criminelle. Si les comptables qui détournent les deniers de l'ordinaire, qui dissipent l'argent de la solde, étaient l'objet d'une surveillance journalière plus active ; punis d'abord disciplinairement, privés du maniement des fonds, l'armée aurait encore moins souvent à gémir sur la condamnation de sous-officiers quelquefois recommandables par leurs services, et qu'une peine infâmante exclut à jamais des rangs.

Une discipline excessive dans sa rigueur, amène aussi devant les conseils de guerre des coupables qui ne le fussent pas devenus, si, de la part des chefs, une dureté moins désespérante leur eût quelquefois permis d'écouter la plainte et d'examiner les griefs. La raison est accessible à tous les esprits ; il ne faut que savoir la présenter. Elle rebute quand on la montre toujours armée des peines de discipline ; elle concilie l'estime et le respect lorsque sévère sans rudesse, inflexible mais juste, elle reprend sans humeur ; elle châtie sans colère. Dans ce cas, c'est le soldat lui-même qui marque dans sa pensée la distance qui le sépare de l'officier ; dans le cas contraire, quand par l'emploi de son autorité, c'est l'officier qui détermine l'intervalle, une circonstance suffit pour effacer l'inégalité : trois mois de bivouac rapprochent les conditions, et l'on manque de respect à l'officier qui met de la morgue dans ses relations avec ses inférieurs ; tandis qu'on obéit à celui qui sait punir, mais qui sait écouter.

L'emploi des moyens de répression exige de la

modération et du discernement ; l'abus augmente le nombre des coupables en poussant au déserpoir les hommes qui en sont l'objet, et le retour à une conduite régulière devient alors d'autant plus difficile, que les esprits se roidissent contre les remontrances, et que le découragement produit le dégoût de servir.

Au conseil de guerre, d'autres inconvéniens détruisent l'effet moral des jugemens. Les accusés reprochent une sorte d'arbitraire qu'ils croient le résultat de la volonté des juges, tandis qu'il vient de la loi seule. Ils se plaignent avec raison, qu'ils n'entendent pas la lecture des pièces de la procédure dressée contre eux ; que le jugement est prononcé en leur absence, et qu'ils n'en connaissent les termes, qu'au moment où ils paraissent devant la troupe rassemblée sous les armes. Ces défauts de la législation retombent tout entiers sur le tribunal, qu'on accuse d'injustice. Le condamné emporte dans sa prison un ressentiment que nourrit encore sa captivité ; il croit que c'est pour lui seul que ce mode a été suivi, et loin de voir dans son châtiment, la réparation du tort que son délit a causé, il n'y trouve que le résultat de la méchanceté, que la preuve humiliante de l'insolent dédain avec lequel il se figure que les officiers traitent les soldats.

C'est au législateur qu'il appartient de remédier à tous ces graves inconvéniens ; dégagée de l'esprit de parti , sans autre motif que la vérité , sans autre but qu'une justice égale pour tous , la législation nouvelle doit enfin succéder à celle-ci , en consacrant les vrais principes dont l'application fera des conseils de guerre , des tribunaux réguliers où l'innocence trouvera des garanties, où le coupable rencontrera un châtiment mérité.

Il est temps , en effet, que l'armée reçoive un Code que le progrès des lumières et le développement de nos institutions rendent encore plus indispensable. Devant les barricades de juillet, est tombé ce pouvoir ridicule mais oppresseur, qui, connaissant mal les Français , croyait trouver dans une armée des satellites aveugles , toujours prêts à frapper, séparés du peuple par des priviléges, et contre lui constamment ligués avec le pouvoir, par un intérêt semblable à celui de ces animaux dévorans qui réunissent leurs efforts pour tomber sur la proie commune. Mais à toutes les époques nos armées n'ont compté que des citoyens dans leurs rangs ; l'amour de la patrie vibre au fond de ces âmes généreuses qui reverraient avec une gloire nouvelle les champs fameux d'Austerlitz et de Marengo. Chaque Français a des intérêts à défendre : la chaumière qui l'a vu naître ; le sol sacré qui enferme les cendres de ses pères ; l'épouse chérie qui fait battre son cœur; tout parle à son âme embrasée , tout augmente l'ardeur de sentimens si doux ; tout, aussi, armerait ses mains guerrières pour voler au secours du pays, si jamais d'imprudens despotes osaient souiller encore la terre de la liberté. Cette unité d'intérêts, cette égalité de droits fait la force des empires, car tout citoyen est soldat.

Ces mots suffisent pour indiquer la tâche du législateur, les besoins de notre époque et les devoirs du juge militaire ; mais ils rappellent à la pensée ces immortels Français du Nord !.... Cette même législation, cette même jurisprudence dont cet ouvrage expose les principes et retrace les exemples, nous ont souvent présenté les dignes enfans de la Pologne soumis à l'action de nos conseils de guerre alors que sur les rives du Nil, de l'Adige et de l'Ebre leurs mains victorieuses cueillaient pour nous des palmes triomphales. Illustre Pologne ! noble patrie des héros, non, tu ne périras pas ; non, le fer des esclaves ne courbera pas ta tête altière sous un joug avilissant ; la France, cette France si magnanime et si puissante a relevé son front radieux ; elle a ressaisi l'étendard de la gloire, et le roi-citoyen qui fut l'objet de son choix, peut mettre encore en ta faveur dans la balance du monde le glaive redoutable qui frappa les tyrans.

MANUEL

DES

CONSEILS DE GUERRE.

————————

A.

ABSENT. — Militaire *absent de son corps, sans permission ni congé*, doit-il être jugé par un conseil de guerre, pour un délit commis durant sa désertion ?

Avant l'avis du conseil d'état, en date du 3o thermidor an 12, cette question pouvait offrir quelque difficulté. Il n'existait que la loi du 22 messidor an 4, qu'il fallait combiner avec les lois des 16 mai 1792, 5 pluviôse an 2, deuxième jour complémentaire de l'an 3, et 13 brumaire an 5 ; il n'en résultait pas, au premier examen, qu'un déserteur qui se rend coupable d'un délit pendant sa désertion, dût être jugé par les tribunaux ordinaires. Toutefois, en l'an 7, au mois de nivôse, on décida dans ce sens, en se fondant sur ce que le droit militaire est exceptionnel ; que pour être soumis à cette juridiction, il faut être sous les drapeaux, astreint à la discipline, à la surveillance des chefs ; en un mot, au régime sévère de cette profession , qui impose des devoirs et qui exige des sacrifices qui lui sont particuliers.

L'avis du conseil d'état du 30 thermidor an 12, approuvé le 7 fructidor même année, confirma cette doctrine, alors déjà établie depuis cinq ans. La cour de cassation, par un arrêt du 22 février 1828, a rendu invariable ce point de jurisprudence militaire.

Voir le texte de cet arrêt au mot : *Vols domestiques.* — Voyez aussi *Hors de son corps.* — *Militaire en route.*

ABSENT avec permission. — Un militaire absent de son corps avec permission, doit-il être jugé par un conseil de guerre, pour un délit commis pendant qu'il était en congé ?

En l'an 7, cette question, comme la précédente, fut résolue négativement ; et jusqu'au moment où parut l'avis du conseil d'état du 30 thermidor an 12, les conseils de guerre suivirent cette sage doctrine, confirmée depuis par l'avis du conseil d'état dont nous venons de parler, et par l'arrêt de la cour de cassation que nous avons cité plus haut.

ACCUSÉS. — Doivent-ils être renvoyés devant le conseil militaire de l'armée la plus voisine pour y être jugés ?

A l'époque de la création des tribunaux militaires, leur marche dût être incertaine. L'état de guerre continuel, les conquêtes rapides, et par conséquent la nécessité de diviser l'armée sur un territoire qui allait toujours s'agrandissant sous les pas de la victoire, fit naître la question que nous rapportons ici. Des militaires commettaient un délit dans l'arrondissement de leur corps d'armée, mais se trouvaient cependant plus près

du conseil militaire du corps d'armée voisin ; les généraux, afin d'obtenir une justice plus prompte, et surtout dans l'espérance que le fait serait mieux apprécié
par des juges qui auraient pu en avoir connaissance,
renvoyaient à la division voisine de la leur les soldats
mis en prévention. Quelque raisonnable que parût d'a-
bord cette mesure, elle devait soulever des conflits et
finir par arrêter le cours de la justice. Revenir aux
principes généraux de droit, était le seul moyen de
rendre à la justice une allure qu'on ne peut jamais impunément lui faire changer, et en l'an 4 on décida que
les prévenus doivent être jugés dans les lieux où ont
été commis les délits. Revenu à déterminer la compétence des conseils militaires, en raison de la circonscription de leur ressort respectif, on fit cesser la confusion, et l'on consacra un principe qui fut ensuite consigné
dans la loi du 13 brumaire an 5 (art. 12), et reproduit
dans le projet de Code militaire présenté aux Chambres
dans la session de 1829.

Nous devons ajouter que cette opinion, fondée sur les
principes généraux du droit et sur les règles de la raison, fut confirmée, depuis l'an 4, par le Code d'instruction criminelle (liv. II), et par les lois qui ont
institué les tribunaux et déterminé l'étendue de leur
ressort.

Pour ce qui concerne la juridiction militaire, le ressort des tribunaux militaires est fixé par la circonscription de chaque division territoriale ou de chaque division
d'armée.

ACQUITTÉS. — Les militaires acquittés doivent-
ils être mis sur-le-champ en liberté, confor-

mément à l'article 31 de la loi du 15 brumaire an 5, ou doivent-ils au contraire être retenus en prison pendant les vingt-quatre heures prescrites par l'art. 12 de la loi du 18 vendémiaire an 6, pour le pourvoi en révision du commissaire du roi ; délai rappelé par le décret du 8 frimaire an 6, dans les observations générales qui précèdent les formules de jugemens ?

L'application des lois militaires actuelles est d'autant moins facile, qu'elles sont nées des besoins du moment, et qu'elles ne contiennent jamais que le principe qu'il était urgent de décréter, sans s'occuper des conséquences qu'elles laissaient à la jurisprudence le soin de déduire. Ainsi la loi du 15 brumaire an 5 (art. 31), déclare que le prévenu acquitté *sera mis sur-le-champ en liberté*; et cependant la loi du 18 vendémiaire an 6, art. 12, dit qu'en cas d'acquittement des prévenus, le commissaire du roi aura vingt-quatre heures pour se pourvoir en révision. D'où il résulte évidemment, que l'article 31 de la loi du 15 brumaire an 5, a été modifié par l'article 12 de la loi du 18 vendémiaire an 6, et que le prévenu acquitté ne doit être mis en liberté qu'après l'expiration des vingt-quatre heures durant lesquelles le commissaire du roi peut former un pourvoi contre le jugement qui prononce l'acquittement. La raison de cette opinion est facile à saisir : comme le conseil de révision ne connaît pas du fond des affaires, mais qu'il peut annuler pour vice de forme, il est possible, et la chose arrive, que par suite de l'inobservance de l'une d'elles, soit dans l'information, soit dans l'instruction, l'acquittement soit prononcé ; dès-lors, si le jugement reçoit immédiatement son exécution, il n'est plus possible de déférer au conseil de révision une sentence que le ministère public n'a plus aucun intérêt à faire réformer, puisque la loi qui a été violée n'obtiendra aucune réparation, lors même que le jugement serait annulé. En effet, pour ravir de nouveau la liberté au prévenu acquitté, il faudra une procédure nouvelle et enfreindre le principe que *toute personne légalement acquittée ne peut plus être reprise ni accusée en raison du même fait* (1) ; et encore rien au monde ne pourra détruire l'effet du jugement qui aura reçu son exécution, car ce serait de tous les actes arbitraires le plus inique et le plus dangereux, que de ramener dans les prisons, par ordre de la justice et pour le même fait, un homme que l'on aurait rendu à l'armée en vertu d'une décision solennelle de cette même justice.

En rappelant le principe et les conséquences de l'acquittement, nous avons cité le Code d'instruction criminelle ; sans doute on va nous objecter que ce même Code, dans son article 358, prescrit de mettre en liberté le prévenu déclaré non coupable ; et pour appuyer le système qui est encore suivi par quelques conseils de guerre qui croient qu'on ne doit suivre qu'une seule loi, comme on n'apprend qu'une seule théorie pour faire l'exercice, on ne manquera pas de dire que l'article 31 de la loi du 13 brumaire an 5 est d'accord avec le droit commun, et que la mise en liberté doit être immédiate après l'acquittement.

Cette manière de raisonner prouve qu'il est facile de

____

(1) Art. 360 du Code d'instruction criminelle.

confondre. les choses les plus distinctes, et que l'on aperçoit des rapports là où la loi elle-même a tracé des différences.

Dans l'article 358, il s'agit de crimes de la compétence des cours d'assises où se trouvent des jurés qui, *seuls*, sont juges du fait; les magistrats ne font qu'appliquer la peine. Or, il n'est pas de pouvoir judiciaire qui puisse demander compte à un juré de la conviction intime de sa conscience; dès lors, l'accusé étant réputé n'avoir pas commis le fait qui lui est reproché, il n'y a plus lieu à le retenir en prison, puisqu'il n'est passible d'aucune peine, et il est acquitté légalement. Dans les conseils de guerre, les juges apprécient le fait et appliquent la peine successivement; ils remplissent simultanément les fonctions de jurés et de magistrats. A la cour d'assises, les jurés n'ont point à examiner la suite que peut avoir leur déclaration; ils manquent à leurs devoirs s'ils pensent aux dispositions de la loi, et ils n'ont point la mission de poursuivre ni de punir les délits. Au conseil de guerre, les juges sont les organes de la loi militaire; ils sont chargés du maintien de la discipline, et la justice ne leur confie son glaive que pour frapper les coupables et faire respecter la loi.

Cet article 358 du Code d'instruction criminelle n'a donc aucun rapport avec la loi du 13 brumaire an 5, modifiée, dans son article 51, par la loi du 18 vendémiaire an 6, et les conseils de guerre ne doivent chercher aucune analogie entre leurs fonctions et celles des cours d'assises. Toutefois, il ne faut pas croire qu'il n'y ait que la loi militaire qui s'oppose à ce qu'un prévenu acquitté soit mis en liberté avant l'expiration du délai durant lequel le ministère public peut former son pourvoi. Le droit commun, le Code d'instruction criminelle, contient le principe de la loi du 18 vendémiaire an 6. Les articles 205 et 206 de ce Code, combinés, portent que le prévenu acquitté sera mis en liberté *lorsqu'aucun appel n'aura été notifié dans les dix jours* de la prononciation du jugement. Ainsi, l'homme déclaré non coupable, est néanmoins gardé en prison *dix jours* encore, tandis que le militaire, d'après l'article 12 de la loi du 18 vendémiaire an 6, n'y est retenu que vingt-quatre heures.

Il est un cas aussi où, dans les affaires du ressort des cours d'assises, la mise en liberté n'est pas immédiate; c'est, suivant l'article 564 du Code d'instruction criminelle, quand l'accusé est absous. Le ministère public, en vertu des articles 574 et 410, peut se pourvoir en cassation, et, dans ce cas, la mise en liberté n'a pas lieu.

Les conseils de guerre verront, par ce rapprochement, qu'il existe une grande différence entre eux et les cours d'assises, et ils reconnaîtront, comme principe général, qu'ils ne doivent recourir au droit commun, que lorsque les lois militaires sont muettes ou insuffisantes.

AGE DES JUGES. — Voyez *Juges*.

AMENDE. — Voyez *Militaires condamnés à l'amende*.

ASILE donné aux déserteurs et réquisitionnaires. — L'effet de la loi du 4 nivôse an 4, relative aux citoyens non militaires qui donnent asile

aux déserteurs et réquisionnaires, est-il suspendu par la loi du 22 messidor an 4, qui dit
que nul délit n'est militaire s'il n'a été commis
par un individu qui fait partie de l'armée ?

Cette question fut résolue affirmativement en l'an 5,
et depuis cette époque, les tribunaux militaires ne ju-
gèrent plus les individus prévenus d'avoir recelé des
déserteurs ; mais on sentit bientôt la nécessité de créer
une peine pour réprimer un délit que l'impunité devait
nécessairement rendre plus fréquent. Bien que la loi
du 22 messidor an 4 ne fît que restreindre la compétence des tribunaux militaires, et que l'on pût en arguer
que la peine portée par l'article 4 de la loi du 4 nivôse
an 4, devait toujours être appliquée, avec cette différence, que les tribunaux ordinaires la prononceraient ;
une loi nouvelle fut promulguée, celle du 24 brumaire
an 6, et au lieu de neuf années de détention qu'infli-
geait la loi de l'an 4, celle-ci ne détermina qu'un emprisonnement qui ne pouvait s'élever qu'à deux ans au
plus, et une amende de 500 fr. à 5,000 fr. Les choses
restèrent ainsi jusqu'en l'an 8. Alors la loi du 17 ventôse (art. 13), vint confirmer celle de l'an 6, en maintenant la peine de l'emprisonnement ; et augmenter la
somme de l'amende (art. 14), en fixant le minimum à
500 fr. et le maximum à 1500.

Tel est aujourd'hui l'état de la législation sur cette
matière, et un arrêt de la cour de cassation du 8 décembre 1806 a fixé à cet égard la jurisprudence.

ASSASSINS sur grands chemins. — Justiciables
des conseils de guerre, peuvent-ils invoquer le

bénéfice de la loi du 18 vendémiaire an 6 pour faire réviser leurs jugemens ?

Lorsque la loi du 13 brumaire an 5 fut promulguée, elle attribua aux conseils de guerre une juridiction que nous appellerons *absolue*. Leurs jugemens, rendus en dernier ressort, étaient inattaquables ; il n'existait aucune voie pour réparer une erreur dont le sang d'un malheureux pouvait être le prix. On sentit bientôt les terribles conséquences d'un pareil système ; on créa la loi du 18 vendémiaire an 6, qui institua un tribunal d'un ordre supérieur au conseil de guerre, et auquel on donna le nom de conseil de révision. Mais la raison et l'humanité réclamaient contre ces sentences quelquefois si légèrement et toujours si promptement rendues. La loi du 18 vendémiaire an 6, eut, avec raison, un effet rétroactif qui remonta à dix-huit mois ; elle embrassa, comme on le voit, non-seulement les jugemens rendus par les conseils de guerre, tels que les établit la loi du 13 brumaire an 5, mais encore ceux des conseils militaires créés par la loi du 4 brumaire an 4. Cet effet rétroactif donna lieu à la question que nous avons énoncée, et qui fut soulevée par des individus soumis à l'action de la justice militaire, à cause des événemens de la Vendée, ce qui avait fait déclarer le département de la Loire-Inférieure (Nantes) en état de guerre, et, dèslors, rendait les habitans justiciables des conseils de guerre.

Il fut décidé en germinal an 6, que les condamnés comme assassins sur grands chemins seraient admis à jouir du bénéfice de la loi du 18 vendémiaire an 6, et pourraient soumettre leurs jugemens à la révision.

Aujourd'hui cette question ne pourrait plus se présenter, car du moment qu'un individu est justiciable d'un tribunal militaire, il a la faculté d'exercer tous les droits que lui donne la législation spéciale qui le frappe, et dont il ne peut décliner la juridiction.

Voyez les mots : *Chauffeurs. — Voleurs sur grands chemins.*

AVANT FAIRE DROIT. —Un conseil de guerre, jugeant avant faire droit, est-il censé désemparer ?

Cette question qui, évidemment, n'en fait point une, s'est élevée à l'occasion de la décision d'un conseil de révision qui annula le jugement d'un conseil de guerre, sur cet étrange motif : que ce conseil avait, par deux jugemens successifs, l'un du 23 avril et l'autre du 5 mai 1830, ordonné deux fois qu'il serait plus amplement informé sur la même affaire ; qu'en conséquence, le conseil de guerre avait désemparé, et que, dès-lors, il y avait eu violation de l'article 23 de la loi du 13 brumaire an 5.

Depuis l'établissement des conseils de guerre jusqu'à ce jour, pareille décision ne se rencontre qu'une ou deux fois, et encore est-ce à une époque très-voisine de la promulgation de la loi du 13 brumaire an 5. Il était difficile de croire qu'après plus de vingt-cinq ans, on remettrait en question ce qui, dès ce temps-là, ne donna même pas lieu à une discussion suivie. Le sens légal et grammatical du mot *désemparer* était parfaitement compris, et personne ne se fût douté qu'un conseil de révision s'imaginerait de le détourner de sa signification ordinaire , pour prêter au législateur une idée absurde , et se donner le plaisir d'une annulation , sans prévoir qu'il outrepasserait ses pouvoirs en statuant sur deux jugemens qui ne lui étaient pas soumis (jugemens rendus l'un , le 25 avril et l'autre le 5 mai 1830 , qui ordonnaient un plus amplement informé) , et qu'il poserait un principe dont le plus léger examen démontrerait la fausseté.

En effet, que veut dire désemparer ? *quitter , abandonner*. Ces mots ont deux significations : l'une au physique , l'autre au moral. Au physique , on dira *quitter* la place, abandonner un lieu, quitter une maison , une salle, une audience, ce qui sera synonyme de sortir d'une place , d'un lieu , d'une maison , d'une salle , d'une audience ; et certes , à moins de supposer que l'auteur de la loi du 13 brumaire an 5 ne savait pas le français , il faut reconnaître que ce n'est pas dans ce sens qu'il s'est servi du mot *désemparer ;* il n'aurait , d'ailleurs , aucun rapport avec les autres dispositions législatives. Au moral , les mots *quitter, abandonner,* signifient *cesser, interrompre, discontinuer, délaisser ;* et il n'est pas douteux que c'est là le véritable, le seul sens légal du mot *désemparer ,* qui est relatif aux opérations des conseils de guerre ; opérations toutes intellectuelles , dont le résultat est un jugement que l'on ne peut pas dire être le fruit d'un travail physique , comme l'est celui d'un sculpteur qui forme une statue en taillant une pierre.

Cependant , c'est dans le sens physique que ce conseil de révision entendit le mot *désemparer.* Les conséquences rigoureuses de cette opinion sont, d'abord, que si la cause n'est pas suffisamment instruite , c'est-à-dire, si toutes les preuves n'ont pas été recueillies , bien que les juges ne rencontrent ni la preuve de l'innocence, ni la preuve de la culpabilité, il faut qu'ils prononcent, à tort ou à raison ; ensuite, si l'affaire dure plusieurs jours, les juges ne doivent pas quitter le siége sur lequel ils sont assis ; car alors ils désempareraient, ils quitteraient la place ; et, selon la pensée du conseil de révision, il ne faut pas qu'il y ait solution de continuité, en prenant ces mots dans leur plus rigoureuse acception physique. Il en résulte que la loi militaire a voulu l'impossible, ou, en d'autres termes, qu'elle a prescrit impérativement l'accomplissement d'une chose qui ne peut pas être accomplie, en décidant implicitement que les juges, les témoins et les accusés n'auraient besoin d'aucun repos. L'article 353 du Code d'instruction criminelle ne serait alors jamais appliqué.

Mais ici l'on va se récrier ; et au lieu de répondre par des argumens solides, on se bornera à dire que nous allons trop loin. C'est ordinairement ainsi que raisonnent les gens que la logique importune et met de mauvaise humeur. Parce que le principe qu'ils posent a des conséquences absurdes, il ne faut pas les leur montrer ; et cela, parce qu'ils se croiraient déshonorés s'ils étaient forcés d'avouer qu'ils ont été dans l'erreur.

Toutefois, de ce qui précède, il ne faudrait pas induire que les juges militaires sont sujets à de telles erreurs. Les connaissances en droit sont assez répandues parmi eux, pour qu'ils soient à l'abri de cette supposition ; mais une habitude que nous avons déjà signalée peut les entraîner à côté du vrai. Les idées qu'ils se sont faites dans l'accomplissement des devoirs de leur service, leur ont toujours présenté les choses sous un point de vue fixe. Pour eux, tout est positif, précis, absolu ;

et souvent ils ne voient qu'une seule loi, qu'une seule pensée, qu'un seul sens.

Ici, ils se sont arrêtés au sens physique que le Dictionnaire de l'Académie donne du mot *Désemparer;* et, sans autre examen, le jugement du conseil de guerre fut annulé. Un instant d'étude les eût conduits à lire l'art. 34 de l'arrêté du 19 vendémiaire an 12, où ils eussent vu consacré le principe qu'un tribunal peut ordonner un plus amplement informé, sans être censé désemparer. Puis, en rapprochant de cet article, l'ordonnance du 21 février 1816, ils eussent reconnu que cette ordonnance ayant aboli les conseils de guerre spéciaux, et donné la connaissance des délits de désertion aux conseils de guerre permanens, elle a abrogé les dispositions du titre III de cet arrêté du 19 vendémiaire an 12, où se trouve l'art. 34; que dès-lors, les lois militaires ne contiennent plus rien de relatif à la faculté qu'ont les tribunaux d'ordonner une nouvelle instruction ou un complément d'instruction; et qu'enfin le droit exceptionnel ne défendant pas ce que le droit commun permet, ce dernier doit être suivi.

En effet, aucun article des lois ordinaires ne prescrit le renvoi devant le juge d'instruction d'une affaire dont le tribunal décide que l'instruction n'est pas suffisante; et cependant ces renvois ont lieu fréquemment dans les tribunaux correctionnels et aux cours d'assises.

Cette assertion paraîtra singulière à des militaires qui savent exécuter à la lettre et avec une exactitude digne d'éloges, tout ce qu'un ordre contient, mais qui ne veulent pas concevoir que la jurisprudence est la partie complémentaire de toute législation; que cette jurisprudence est appuyée sur des principes fixes; qu'elle est constante et uniforme.

S'ils demandent pourquoi, quand la loi ne le dit pas, les tribunaux renvoient une affaire devant le juge d'instruction, on répondra que c'est parce que le bon sens l'indique, que l'équité l'ordonne, et que la loi ne le défend pas. Ces trois choses forment la première base de la jurisprudence, qui n'est que l'usage dans l'application des lois; et il serait superflu de démontrer que cet usage ne peut être contraire ni à la raison, ni à l'équité, ni à la loi.

Au surplus, l'article 355 du Code d'instruction criminelle suffit pour prouver que, dans la loi militaire, le législateur en prescrivant aux conseils de guerre de ne point désemparer, a voulu empêcher les juges de suspendre les débats d'une affaire commencée, pour s'occuper d'une autre affaire, et reprendre ensuite celle dont les débats étaient suspendus. Dans ce cas, un conseil de guerre ne peut pas désemparer; mais renvoyer à un plus ample informé, ce n'est pas juger le fond, c'est demander des preuves qui manquent pour être en état de juger.

AVOCATS nommés d'office. — Sont-ils tenus de plaider devant les conseils de guerre?

Cette question se présenta souvent depuis le rétablissement de l'ordre des avocats. Jamais traitée à fond, elle fut diversement résolue. En 1823, le ministre de la justice lui-même donna une solution contraire à l'ordonnance du 20 novembre 1822, dont il était l'auteur; et jusqu'en 1830, on appelait l'attention du procureur du roi sur le refus qu'avait pu faire un avocat de plaider devant un conseil de guerre.

La première chose à considérer, c'est les termes de la

question; ensuite, pour baser une opinion ou porter un jugement, il faut comparer.

La loi du 13 brumaire an 5 veut que le prévenu soit assisté d'un défenseur; elle lui donne la faculté de le choisir, ou prescrit au capitaine rapporteur faisant l'information, d'en désigner un d'office. De la combinaison des articles 19, 20, 21, 26, 27 et 28 de cette loi, il résulte bien évidemment qu'aucun accusé ne peut être jugé sans avoir été défendu; voilà le principe.

Mais la non-comparution de ce défenseur peut-elle empêcher de juger le prévenu? Non; elle ne peut retarder l'action de la justice; et comme la loi d'accord avec la raison et l'humanité, défend de condamner sans entendre, elle prescrit impérieusement la présence d'un défenseur; en sorte que si celui dont le prévenu a fait choix, ou qu'on lui a désigné d'office, ne paraît pas, le devoir du président est, à l'instant même, d'en nommer un d'office avant l'ouverture des débats.

Le défenseur doit-il être un avocat? La loi du 13 brumaire an 5 dit, dans son article 19, qu'il sera pris *dans toutes les classes des citoyens présens sur les lieux;* d'où il suit qu'il n'est pas nécessaire qu'un avocat soit désigné.

Il reste maintenant à examiner si l'ordonnance du 20 novembre 1822, sur la profession d'avocat, enjoint aux avocats de plaider devant les conseils de guerre quand ils sont désignés d'office.

Cette ordonnance ne contient aucune disposition à cet égard, et l'article 41, qui prévoit le cas où un avocat nommé d'office refuserait son ministère, n'est relatif qu'aux cours *d'assises seules;* l'avocat peut refuser de plaider devant un tribunal correctionnel ordinaire; et

comme cette profession est essentiellement libre, rien
ne peut l'y forcer.

La cour de cassation a eu à statuer sur un refus de
cette nature, et par un arrêt en date du 13 juillet 1825,
la cour posa en principe que « c'est sans doute un *de-*
« *voir moral* pour un avocat, de défendre les accusés
« devant les tribunaux militaires ; mais que s'il y a des
« motifs d'empêchement, il ne peut être tenu d'en jus-
« tifier que *devant le conseil de son ordre, et dans le*
« *cas où il en serait requis par ce conseil.* »

On voit que la cour régulatrice s'est plu à reconnaître,
avec toutes les lois ou ordonnances antérieures à celle du
20 novembre 1822, que les avocats ont des *devoirs mo-*
raux à remplir envers la société, mais que l'exercice de
leur profession n'est point assujettie à l'exigence particulière d'un pouvoir quelconque.

Les conseils de guerre seraient induits en erreur, s'ils
pensaient qu'en cas de refus, ils doivent en dresser procès-verbal et le transmettre au procureur du roi, afin
qu'il soit requis contre l'auteur du refus de plaider,
l'application de l'article 41 de l'ordonnance de 1822.
Quand le défenseur choisi ou nommé d'office ne se présente pas, le président doit, à l'instar de ce qui se pratique dans les cours d'assises, désigner, séance tenante
et à l'instant où le prévenu paraît, un défenseur pris
parmi toutes les classes des citoyens présens sur les
lieux, ainsi que le porte l'article 19 de la loi du 13 brumaire an 5.

Le moyen d'obvier à l'inconvénient que l'on vient de
signaler, serait de s'entendre avec le bâtonnier des avocats de chaque barreau où siégent les conseils de guerre,
lequel ferait dresser un tableau de tous les avocats qui

désireraient plaider devant les tribunaux militaires. Ce tableau serait déposé au greffe des conseils de guerre ou entre les mains des capitaines rapporteurs; et dans les désignations d'office, on n'aurait plus à craindre les refus, puisque ceux qui figureraient sur ce tableau y auraient fait volontairement inscrire leur nom. C'est ce qui est en usage à Paris et pour les tribunaux ordinaires et pour les conseils de guerre.

B.

BREVET. — Un officier breveté du grade supérieur à l'emploi dont il remplit les fonctions, peut-il faire partie d'un conseil de guerre suivant le grade que lui donne son brevet?

Sur cette question, l'administration ne fut pas toujours d'accord avec elle-même. En l'an 6 elle décida négativement, en se fondant avec raison sur ce que la loi exige que les membres des conseils de guerre soient appelés en raison du grade effectif, du grade réel dont ils remplissent les fonctions; mais en 1825, elle pensa qu'on ne peut pas arguer dans les conseils de guerre du droit de commandement, et que les officiers doivent en conséquence prendre rang suivant leur ancienneté dans le grade dont ils ont le brevet. Toutefois, en 1829, on revint à l'avis émis en l'an 6, et il fut reconnu que le grade *effectif* doit seul déterminer le rang des juges dans les conseils de guerre.

Voyez au surplus les mots : *Général de brigade.* — *Rang des juges dans les conseils de guerre.*

C.

CAMARADE, sens de ce mot. — Voyez *Vols envers camarades.*

CAPITAINE RAPPORTEUR. — Voyez *Rapporteur.*

CAPITAINES TRÉSORIERS. — Voyez *Trésoriers.*

CARCAN. — Voyez *Dégradation militaire.*

CASSATION DE GRADE. — Voyez *Sous-officiers cassés.*

CHANGEMENT des juges d'un conseil de guerre. — Voyez *Juges d'un conseil de guerre.*

CHARRETIER préposé aux vivres ou transports, ou à l'artillerie, etc. — Voyez *Vol envers camarade.*

CHAUFFEURS jugés par les conseils de guerre, peuvent-ils invoquer le bénéfice de la loi du 18 vendémiaire an 6 pour faire réviser leurs jugemens ?

Dans les départemens que les événemens politiques avaient fait déclarer en état de guerre, tous les habitans se trouvaient justiciables des tribunaux militaires. Cette classe de malfaiteurs, alors si connue sous le nom de *chauffeurs*, fut poursuivie et jugée par les conseils de guerre, avant la promulgation de la loi du 18 vendémiaire an 6. Mais l'effet rétroactif qu'elle ordonnait, engagea plusieurs de ces misérables à profiter de cette disposition , et une demande en révision fut formée par eux. D'abord on pensa que le bénéfice de cette loi n'était acquis qu'aux seuls militaires. La qualité des condamnés qui l'invoquaient en leur faveur, contribuait, il faut l'avouer, à faire croire qu'ils en étaient exclus. Toutefois, les termes de la loi étant précis, et déclarant qu'au conseil de révision pourraient être portés les jugemens rendus tant par les conseils de guerre formés suivant la loi du 13 brumaire an 5 , que par les conseils militaires de l'an 4, il fut décidé que le pourvoi de ces condamnés serait admis.

Nous ferons remarquer, ainsi que nous l'avons déjà dit à l'article *Assassins sur grands chemins*, que cette question ne pourrait plus se présenter aujourd'hui; en la rapportant ici, nous avons pensé dissiper à l'avance les doutes qui pourraient s'élever sur la compétence des conseils de guerre en pays ennemis , ou même dans les divisions territoriales en état de guerre, si des malfaiteurs étaient déférés à ces tribunaux.

Voyez *Assassins sur grands chemins.—Chauffeurs. —Voleurs de grands chemins.*

CHEF DE BRIGADE. — L'absence d'un chef de brigade en activité , dans une division où il ne se trouve point d'autre officier du même grade pour présider le premier conseil de guerre, doit-elle faire renvoyer au second conseil de guerre les affaires dont le premier était saisi ?

C'est en l'an 8 que cette question se présenta. On la décida négativement par la raison que l'absence d'un officier du grade requis, n'est que momentanée et qu'en renvoyant à l'autre conseil de guerre les affaires qui étaient dévolues au premier, on entrave la marche de la justice, en occasionant des lenteurs, sans remédier à l'inconvénient; car il peut arriver que le besoin du service appelle inopinément, loin du lieu où siége le conseil de guerre, le président du seul conseil qui pouvait juger; en sorte que les affaires déjà retardées par le renvoi, pourraient encore être transmises à une autre division où les tribunaux militaires seraient régulièrement constitués; et il n'y aurait plus de motifs pour que cette transmission successive s'arrêtât jamais. Aussi l'on prescrivit sagement d'inviter, lorsque pareil cas se présenterait, l'un des généraux commandant les divisions voisines, à faire passer momentanément un chef de brigade dans la division où il en manquerait, afin d'y présider le conseil de guerre, jusqu'à ce qu'il y en eût un en activité de service qui pût remplir cette fonction.

Aujourd'hui on lèverait la difficulté sans recourir au moyen que l'on vient de rapporter, en se conformant aux dispositions du décret du 24 janvier 1812, qui permet de suppléer les colonels par des majors en premier ou en second.

A ce sujet, il faut faire remarquer que les majors en premier et en second ayant été supprimés par suite du licenciement de l'armée en 1815, et que ces grades n'ayant pas été recréés dans l'organisation opérée par des ordonnances qui se succédèrent depuis celles des 3 et 30 août 1815, le décret du 24 janvier 1812 ne reçoit son application qu'en désignant des officiers des grades assimilés à ceux de majors en premier et en second.

D'après l'ordonnance du 3 août 1815, relative à l'infanterie, les majors en premier seraient remplacés par le
lieutenant-colonel (art. 6), et les majors en second,
par les chefs de bataillon et les majors tels qu'il en
existe actuellement dans l'armée. (Art. 7 de l'Ordonnance du 3 août 1815.)

Pour les troupes à cheval, les assimilations dont nous
venons de parler, se trouvent déterminées par les articles 19 et 20 de l'ordonnance du 3o août 1815.

Toutefois, en examinant avec attention le texte de
ces deux ordonnances, on est déterminé à penser que
le décret du 24 janvier 1812 recevrait son application
d'une manière régulière, en désignant d'abord, à défaut de colonel pour présider, un lieutenant-colonel; à
défaut de ce dernier, un chef de bataillon ou d'escadron;
et enfin, à défaut de l'un ou de l'autre de ces derniers,
un major.

CHEF D'ÉTAT-MAJOR. — Peut-il être membre d'un conseil de guerre ou de révision, lorsqu'il cesse ses fonctions de chef d'état-major,
pendant tout le temps qu'il siége dans l'un ou
dans l'autre de ces tribunaux ?

La loi du 27 fructidor an 6 a dit, dans son article 6 :
« Le chef de l'état-major d'une division ne peut être
« membre des conseils de guerre ni du conseil de révi-
« sion. » Mais comme l'officier chargé des fonctions de
chef d'état-major, redevient, quand il sort de cet emploi, susceptible de siéger dans les tribunaux militaires,
on pensa que du moment qu'il cessait ses fonctions de
chef d'état-major, pendant toute la durée du temps

qu'il était employé aux conseils de guerre ou de révision, on remplissait le vœu de la loi, et qu'il n'y avait plus à redouter les préventions favorables ou défavorables, pouvant résulter des ordres émanés de l'état-major; de la connaissance primitive des faits; des sollicitations des prévenus ou de leurs protecteurs; des demandes des plaignans et de leurs instances ou de leur crédit.

Toutefois, cette question qui se présenta en l'an 12, fut résolue négativement. On se fonda avec raison sur ce que les termes de la loi du 27 fructidor an 6 sont formels; que la cessation momentanée des fonctions de chef d'état-major, n'est qu'un moyen d'éluder la loi; que le chef d'état-major a été considéré comme l'homme du général commandant la division, et que le législateur ne lui a fermé l'entrée des tribunaux militaires, que dans la pensée que la position de cet officier exercerait nécessairement, et même malgré lui, une grande influence sur l'opinion des membres des conseils de guerre ou de révision; d'où il pourrait résulter que les avis devant former le jugement, ne fussent pas émis avec la franchise et la liberté nécessaires.

CHEFS D'ESCADRON de la gendarmerie. — Peuvent-ils être chargés de commissions rogatoires?

La hiérarchie est aux affaires militaires ce qu'est la procédure aux affaires civiles : la forme entraîne le fond. Ainsi, l'on voit souvent des observations ou des résistances pour mettre à exécution les mandats de la justice militaire, parce que ces mandats adressés par un officier inférieur en grade, n'ont point été transmis par une autorité supérieure à celle de l'officier qui les reçoit.

Cette question se présenta au sujet d'un chef d'escadron de gendarmerie auquel un capitaine rapporteur avait adressé une commission rogatoire. La commission rogatoire fut d'abord exécutée, mais des plaintes s'élevèrent ensuite. On s'occupa moins de l'acte judiciaire en lui-même, que de celui qui l'avait dressé; on contesta le droit de désigner des officiers du grade supérieur à celui de capitaine, et on invoqua les termes des lois des 18 prairial an 2, 13 vendémiaire an 5, 18 vendémiaire et 15 brumaire an 6, pour démontrer que tous les actes de procédure ne devaient être faits que par des officiers du grade de capitaine.

De telles raisons ne purent être admises. Il fut décidé (en 1818) que les chefs de bataillon ou d'escadron pouvaient être chargés de commissions rogatoires, attendu que le décret du 3 février 1813 déclare ces officiers aptes à remplir les fonctions de rapporteur près les conseils de guerre et de révision; mais on ajouta, par respect pour cette hiérarchie qui tient si essentiellement à la discipline de l'armée, et qui doit être observée comme une loi constitutive de la profession des armes, que toutes les fois qu'un capitaine rapporteur adresserait une commission rogatoire à un chef de bataillon ou d'escadron, il la transmettrait d'abord à l'autorité supérieure qui la ferait parvenir à l'officier désigné.

Ce moyen, qui n'offre aucun inconvénient, concilie ce que la loi demande avec ce que la discipline exige.

CLAMEUR PUBLIQUE. — Voyez *Flagrant délit.*

CODE PÉNAL ordinaire. — Voyez *Lois pénales ordinaires.*

COLONEL. — Voyez *Chef de brigade.*

COMMANDANT D'UNE SUBDIVISION. — Peut-il donner l'ordre d'informer, et convoquer le conseil de guerre? — Voyez *Général.*

COMMANDANS DES ÉCOLES D'ARTILLERIE. — Peuvent-ils être appelés à présider les conseils de révision quand ils sont inspecteurs de leur arme; cette double fonction les en dispense-t-elle?

On conçoit facilement qu'un militaire peut préférer faire une tournée d'inspection plutôt que de présider un tribunal dont les attributions consistent à examiner des procédures; aussi, pour se soustraire à cette fonction pénible, on éleva la question qu'on vient de lire, en se fondant sur les nombreuses occupations que donne le commandement d'une école, et sur les déplacemens qu'exige le service de l'inspection.

Mais ces allégations ne furent point écoutées, on décida que le commandant d'une école d'artillerie, inspecteur de cette arme, n'était point dispensé de présider un conseil de révision, attendu que les affaires soumises à ce tribunal ne sont pas en grand nombre; que les fonctions d'inspecteur ne sont que momentanées, et que le commandement d'une école ne demande pas les soins

et la présence continuels du commandant. On ajouta
que le conseil de révision, ainsi présidé, offrait une
garantie plus sûre de l'impartialité dans les décisions,
puisque les travaux habituels du président n'avaient
aucun point de contact avec les opérations des conseils
de guerre; que de ses relations avec l'état-major de la
division militaire, au commandant de laquelle la hiérarchie voulait qu'il fût soumis, il ne pouvait jamais
résulter aucune influence favorable ou défavorable pour
les jugemens rendus ou pour les individus jugés; qu'enfin l'obligation de siéger dans les tribunaux militaires,
est imposée par la loi comme celle d'être juré dans les
cours d'assises, et qu'il ne pouvait y avoir d'exception
que celle que la loi aurait elle-même tracée.

COMMISSAIRE DU POUVOIR EXÉCUTIF

(commissaire du roi) près un conseil de guerre,
nommé avant qu'il se soit écoulé vingt-quatre
heures depuis la dernière séance qu'aurait tenue
ce conseil, et où ce commissaire n'aurait pas
siégé, peut-il former un pourvoi en révision
contre un jugement rendu dans cette séance?

En l'an 7, cette question fut résolue négativement.
On se fonda sur ce que le commissaire nouvellement
nommé n'avait point eu connaissance de l'affaire; que
n'ayant point eu communication de la procédure lors de
l'instruction, il ne pouvait apprécier les différentes circonstances de la cause, et que l'exercice de ses fonctions
ne commençait qu'à partir de la première affaire qui lui
était soumise.

On objecta qu'il importait peu que le commissaire du

roi ait assisté aux débats; que son pourvoi en révision ne portait jamais sur le fond, et qu'il pouvait arriver qu'il s'aperçût que le jugement récemment prononcé contenait un vice de forme, une nullité qui n'aurait pas été aperçue par le commissaire du roi auquel il succédait. Par exemple, en cas de condamnation infligée en vertu d'une loi qui serait abrogée, ou en cas d'absolution sous le prétexte de la non-existence d'une loi pénale qui pourtant existerait, ou enfin en cas d'acquittement résultant d'une information irrégulière ou contraire à la loi.

On répondit que, dans le premier cas, le condamné devant toujours être assisté d'un défenseur, quel qu'il soit, et ayant un trop grand intérêt à faire annuler un jugement qui le condamnerait en vertu d'une loi abrogée, n'attendrait jamais que le commissaire du roi formât un pourvoi; que, dans le second cas, et en supposant que le commissaire du roi ait partagé l'erreur du conseil, en pensant que le fait reproché au prévenu n'était défendu par aucune loi, tandis qu'il en existerait une qui infligerait une peine, il arrivait de deux choses l'une : ou que le commissaire du roi, par lui-même ou par d'autres qui la lui signalaient, reconnaissait son erreur avant l'expiration du délai de vingt-quatre heures qui lui est accordé pour former son pourvoi, ou qu'il ne la reconnaissait qu'après l'expiration des vingt-quatre heures. S'il la reconnaît avant, il se pourvoit; s'il ne la reconnaît qu'après, il y a chose jugée, et la sentence profite au prévenu déclaré absous; enfin, que, dans le troisième cas, il était difficile de supposer qu'une procédure entachée de nullité, dès l'information première, passât sous les yeux du commissaire du roi, et ensuite subît l'épreuve des débats à l'audience, sans que l'irrégularité fût remarquée, et devînt, dans les délais, l'objet d'un pourvoi. Le dilemme que nous avons posé pour le second cas s'applique à celui-ci; et, en dernière analyse, nous pensons que l'on doit reconnaître que la question n'est pas d'une importance aussi grande qu'elle paraissait d'abord l'annoncer, et que le pouvoir qu'on laisserait au commissaire du roi nommé avant qu'il se soit écoulé vingt-quatre heures depuis le dernier jugement rendu, loin d'offrir une garantie de plus contre l'erreur ou les nullités de procédure, présente peut-être plutôt l'inconvénient de la méprise dans laquelle il peut tomber lui-même, en voyant d'une façon ce que les débats auraient pu lui montrer d'une autre façon, et en entravant, par un incident inutile, la marche de la justice et l'exécution de ses jugemens.

On eut donc raison de décider que le nouveau commissaire du roi ne devait entrer en fonctions que par des affaires qui commencent, et non par des affaires qui finissent; qu'enfin c'est un principe consacré dans les tribunaux ordinaires, que le magistrat qui a rempli, dans les débats d'une affaire, les fonctions du ministère public, est seul apte à se pourvoir contre les jugemens auxquels il a assisté.

COMMISSAIRE DU POUVOIR EXÉCUTIF
(commissaire du roi). Doit-il être présent à l'instruction?

Cette question ne s'est élevée qu'à une époque où la législation, en général, ne consistait encore qu'en principes décrétés. La nécessité d'une justice égale et uniforme s'était fait sentir depuis bien long-temps, et le moment de la réforme avait été trop rapide pour qu'une mûre réflexion pût coordonner toutes les parties dont se compose l'administration de la justice. De plus, les militaires, en l'an 5, moins familiarisés qu'aujourd'hui avec les dispositions législatives, se trouvaient arrêtés presque à chaque pas, surtout quand la loi nouvelle ne s'était pas formellement expliqué; et c'est ainsi qu'en prairial an 5 le ministre de la guerre fut consulté sur la question qui nous occupe. La réponse fut négative, comme on peut facilement le croire; mais la loi du 13 brumaire an 5, alors récemment promulguée, n'ayant pas spécifié les fonctions du commissaire du pouvoir exécutif, donna lieu aux questions suivantes, qui découlaient naturellement de celle dont nous venons de nous occuper.

Le ministre fut donc consulté pour savoir si *le commissaire du pouvoir exécutif, qui n'est pas tenu d'être* présent à l'instruction, *devait prendre communication de toutes les pièces de la procédure?*

L'affirmative n'était pas douteuse : on répondit dans ce sens, en ajoutant toutefois que cette communication devait avoir lieu sans déplacement des pièces, et on établit, pour les conseils de guerre, le principe que l'on retrouva plus tard consigné dans les deuxièmes paragraphes des articles 127 et 302 (1) du Code d'instruction criminelle.

---

(1) On remarquera que dans le Code d'instruction criminelle, la défense de déplacer les pièces n'est faite qu'au défenseur de l'accusé. La raison de cette défense imposée, par la décision du mi-

De ces deux premières questions résultait celle-ci :

Le commissaire du pouvoir exécutif peut-il, avant la convocation du conseil, faire mettre en liberté le prévenu entièrement disculpé ?

Le silence de la loi du 13 brumaire an 5 devait donner lieu à cette difficulté ; car l'article 22 enjoint bien au capitaine rapporteur de rendre compte de la procédure, mais elle n'investit pas le commandant du droit d'examiner s'il y a prévention suffisante ; et comme le commissaire du roi, par suite de la communication qui lui a été préalablement donnée de la procédure, a dû apprécier les charges qui pesaient sur l'inculpé, il pouvait croire qu'il entrait dans ses attributions de requérir la mise en liberté d'un homme dont l'innocence lui était démontrée.

Cependant il fut décidé, avec raison, que le ministère public ne peut s'immiscer dans des attributions qui n'appartiennent qu'à un tribunal, et l'art. 22 de la loi du 13 brumaire an 5, prescrit même au commandant de convoquer le conseil lorsque la procédure est complète ; en sorte que, du moment qu'une procédure est commencée, il faut absolument que le conseil de guerre prononce, car il n'existe pas de chambre du conseil, comme dans les tribunaux ordinaires, pour examiner s'il y a lieu à suivre.

---

nistre de la guerre, au commissaire du pouvoir exécutif, est la possibilité, en temps de guerre et au camp surtout, de perdre les pièces ou d'occasioner des lenteurs, ne fut-ce que par la difficulté de rencontrer l'officier chargé des fonctions de commissaire du roi, que le besoin du service peut appeler successivement dans différens endroits.

Enfin on soumit encore cette dernière question : *Le commissaire du roi peut-il retarder la convocation du conseil parce que des pièces essentielles ne seraient pas arrivées ?*

La solution fut négative, attendu que l'action de la justice ne peut pas être laissée à l'arbitraire de l'homme, et que quand sa marche est réglée, il n'est pas permis d'en suspendre ou d'en arrêter le cours ; qu'un tribunal composé de plusieurs juges doit seul avoir le pouvoir de déterminer si telle ou telle pièce est essentielle ; car c'est par un examen sérieux que la raison s'éclaire, et c'est du conflit des opinions différentes que sort la vérité. Les Romains ont dit : *Res judicata pro veritate habetur.*

Mais, dans le cas qui nous occupe, le commissaire du roi doit requérir la remise de la cause, motivée sur ce que des pièces essentielles ne sont pas encore parvenues. Alors le conseil de guerre statue sur cette réquisition, et si la cause éprouve des retards, ce n'est qu'en vertu d'une décision qui ne peut faire craindre ni l'arbitraire ni l'ir-réflexion.

COMMISSIONS ROGATOIRES. — Le capitaine rapporteur peut-il commettre un autre militaire pour recevoir sur les lieux les réponses de l'accusé ou les déclarations des témoins ?

L'article 5 de la loi du 18 prairial an 2, en ne désignant que *l'accusateur militaire* et *l'officier de police de sûreté militaire,* donna lieu à cette question. On pouvait croire, en effet, que la loi n'avait entendu confier les commissions rogatoires qu'aux officiers revêtus des fonctions ci-dessus spécifiées ; mais il fut décidé, dès l'an 5, que le capitaine rapporteur pouvait désigner un autre officier que ceux dont la loi s'est particulièrement occupée; et la raison de cela fut que tout officier pouvant exercer les fonctions de juge, de rapporteur ou de commissaire du roi dans les tribunaux militaires, il était apte à recevoir les dépositions de témoins qui, à raison de l'éloignement et de l'exigeance du service, ne pouvaient pas se présenter devant l'officier chargé d'instruire la cause, ou devant le tribunal compétent, pour la juger. Toutefois il faut ajouter, et ce fut l'objet d'une décision récente, que, d'après le texte et surtout l'esprit de la loi du 18 prairial an 2, les commissions rogatoires doivent être adressées de préférence aux officiers de gendarmerie, qui, suivant le Code d'instruction criminelle, sont officiers de police judiciaire, auxiliaires du procureur du roi, et possèdent généralement, pour la rédaction des actes, plus de connaissances ou au moins plus d'habitude des formes judiciaires que les officiers des autres armes, à qui cependant, à défaut des officiers de gendarmerie, les commissions rogatoires sont transmises. Les magistrats peuvent encore en être chargés par les capitaines rapporteurs; mais sur les réclamations qu'ils élevèrent, et qui furent appuyées par le ministre de la justice, il fut convenu qu'afin de ne pas les détourner de leurs fonctions habituelles, les commissions rogatoires ne leur seraient envoyées que lorsque, sur les lieux, il ne se trouverait aucun officier à qui elles pussent être transmises.

— Une autre question qui résulte de celle-ci, mais qui tient essentiellement à cette hiérarchie militaire dont la prérogative jalouse ne peut souffrir aucune atteinte, consiste à savoir si un capitaine rapporteur peut adresser une commission rogatoire à un officier son supérieur en grade. — *Voyez* le mot *Chef d'escadron de la Gendar-merie.*

COMPLICES. — Les citoyens non militaires, complices des jeunes gens réquisitionnaires pris dans des rassemblemens, sont-ils justiciables des conseils militaires ?

A l'énoncé de cette question, on voit qu'il s'agit de faits que les circonstances d'alors pouvaient faire apprécier autrement qu'ils ne le seraient aujourd'hui. C'est en l'an 4 que cette question se présenta ; elle fut résolue affirmativement en se fondant sur l'article 15 de loi du 4 brumaire an 4, additionnelle de la loi du deuxième jour complémentaire de l'an 3, qui porte que « tous « citoyens complices des militaires seront jugés par les « conseils militaires, comme ils l'étaient par les tribu- « naux militaires. » Mais bientôt la loi du 22 messidor an 4 vint rétablir un principe qui n'avait pu céder qu'à l'exigence momentanée de la politique de cette époque. Depuis, les complices non militaires entraînèrent toujours les militaires devant les tribunaux communs ; et le Code pénal de 1810, en déterminant par ses articles 59, 60, 61 et 62 ce qui constitue la complicité, rendit certaine sur cet objet la jurisprudence des conseils de guerre.

COMPLICITÉ. — L'innocence ou la culpabilité peuvent-elles résulter d'un *sens implicite ?*

Deux militaires, les nommés Diebold et Striff, entrent dans un café. Tandis que Striff passe au comptoir pour payer la dépense faite, Diebold vole une petite cuiller.

Au sortir de là , ils entrent dans un autre café , et pendant que Diebold paye la dépense , Striff vole une petite cuiller.

Le conseil de guerre où les deux prévenus furent traduits , jugea que le vol avait été commis de complicité , et appliqua l'article 386 du Code pénal ordinaire ; en conséquence , il condamna les deux individus à cinq années de réclusion , à la dégradation militaire et aux dépens.

Sur le pourvoi qu'ils formèrent, le conseil de révision décida qu'il y avait eu fausse application de la loi ; que chacun des deux accusés n'était coupable que d'un vol individuel , et qu'il n'y avait pas lieu à appliquer l'article 386 ; *chacun de ces deux accusés ayant été implicitement déchargé de la complicité dans le vol commis par son camarade ;* que c'était le cas d'appliquer la loi du 25 juin 1824 ; par ces motifs , le jugement du conseil de guerre fut annulé.

Le conseil de guerre, par l'organe de son rapporteur, soutint qu'il avait bien jugé. La discussion s'engagea , et dans l'avis qu'ils demandèrent, on exposa :

Qu'il est de principe rigoureux en matière pénale , que rien ne doit être laissé à l'interprétation , et que l'innocence ou la culpabilité ne doivent pas résulter d'un *sens implicite ;* que tout doit être positif.

Cette opinion est celle de Carnot, dans son Commentaire sur le Code pénal , et la cour de cassation a plusieurs fois consacré ce principe , notamment par ses arrêts des 9 avril et 15 juillet 1813.

Celui du 9 avril porte en substance : que le vol commis par *une seule personne ,* tandis que l'autre fait sentinelle à la porte , doit être considéré comme fait par deux personnes, quoique cependant l'une seulement ait réellement commis l'acte de main-mise, le vol proprement dit.

L'arrêt du 15 juillet est relatif à un vol commis par les nommés Dietrich et Hartenrod. Le premier avait été déclaré coupable, et le second acquitté. Dietrich, condamné à la réclusion comme coupable de vol avec l'assistance de son coaccusé, se pourvut en cassation et soutint que du moment qu'Hartenrod avait été acquitté, lui Dietrich avait *implicitement* été reconnu seul auteur du vol, et que dès-lors l'article 386 ne lui était point applicable.

La cour rejeta le pourvoi, attendu qu'il n'existait pas de contradiction dans la déclaration du jury; la culpabilité se composant *du fait et de la moralité*, le jury avait pu trouver dans la défense de Hartenrod des causes morales de non culpabilité qui ne détruisaient pas le fait de son assistance au vol.

Cette doctrine avait été invoquée par le capitaine rapporteur, et le conseil de guerre, en condamnant les deux militaires dont nous avons parlé, s'était conformé à la jurisprudence établie par la cour régulatrice.

En effet, de ce que deux accusés ont commis un vol chacun, dans deux cafés différens, il n'en résulte pas moins qu'ils étaient ensemble; qu'ils avaient réciproquement connaissance du vol, et qu'ils s'assistaient pour opérer la soustraction frauduleuse. Il est évident qu'ils étaient tour-à-tour complices, aux termes de l'article 60 du Code pénal ordinaire, et cette complicité constituait précisément l'une des circonstances dont parle l'article 386; dès-lors la loi du 25 juin 1824 ne leur était pas applicable; le conseil de guerre avait bien jugé.

CONCIERGES DES PRISONS MILITAIRES,

débitant des boissons dans l'intérieur des maisons d'arrêt, sont-ils sujets à la visite des employés des impositions indirectes, et doivent-ils en conséquence acquitter les droits de débit ?

Cette question, qui n'est point du ressort des tribunaux militaires, fut agitée en 1807, et résolue affirmativement par l'administration.

Les visites que voulurent faire les employés des impositions chez les concierges des maisons d'arrêt qui débitaient des boissons dans l'intérieur de ces établissemens, et l'opposition qu'ils rencontrèrent, firent naître la difficulté.

La régie invoquait le principe que tous les débitans de boissons sont sujets à l'exercice de ses employés, sauf les exceptions déterminées par la loi; que tous sont tenus à acquitter les droits de débit. Les concierges des maisons d'arrêt objectaient que leur débit n'était point public, mais spécial aux maisons à la garde desquelles ils étaient préposés, et qu'il ne s'étendait pas au-delà des besoins et de la consommation des prisonniers; ils excipaient des termes de l'article 14 du décret du 5 mai 1806, qui veut que les débitans indiquent au public leur qualité par une enseigne au bouchon, et soutenaient que l'article 15 de ce même décret, qui assujettit aux droits de débit et à la visite les cantiniers de troupes, ne leur était pas applicable, attendu qu'ils ne sont point cantiniers dans le sens légal de ce mot.

A ces argumens, on répondit que l'article 15 du décret du 5 mai 1806 contient la seule exception qui puisse être admise ; et que du moment qu'il n'a affranchi des droits de vente en détail, que les cantiniers établis dans les camps, forts et citadelles, il a entendu y assujettir tous les autres ; que la raison de cette exception résulte de la nature même des choses, puisqu'il est évident que les visites des employés de la régie pourraient avoir de graves inconvéniens, en nécessitant l'introduction dans les camps, forts ou citadelles, d'étrangers qui en sont toujours exclus ; que d'ailleurs ces cantiniers ne pouvaient jouir de cette franchise qu'à la condition de ne recevoir que des militaires ; qu'enfin toute exception étant de droit étroit, ils n'avaient point à invoquer des dispositions qui ne les concernaient pas. Il fut décidé qu'ils étaient sujets à la visite des employés, et tenus à l'acquittement des droits de débit.

CONGÉ. — Voyez *Absent.*

CONGÉ PROVISOIRE. — Voyez *Libération provisoire.*

CONNEXITÉ. — Voyez *Délit connexe.*

CONSEIL D'ADMINISTRATION. —Voy. *Gendarmerie.*

CONSEIL DE GUERRE jugeant avant faire droit. — Voyez *Avant faire droit.*

CONSEIL MILITAIRE. — Voyez *Gendarmes.*

CONTREBANDE. — Les militaires prévenus de ce délit, sont-ils justiciables des conseils de guerre ?

Tout délit commis par un militaire présent à son corps est de la compétence des conseils de guerre ; il ne peut

être jugé par les tribunaux ordinaires qu'en cas de complicité d'un individu non militaire.

Dans la question dont il s'agit, la contrebande avait
été faite par des militaires en garnison et présens à leur
régiment. Les conseils de guerre purent se croire compétens pour juger ce délit, et l'information fut commencée ; mais la justice ordinaire s'était saisie de l'affaire :
les premiers actes de l'instruction étaient faits. L'autorité militaire réclama en invoquant le principe que nous
avons énoncé plus haut. L'autorité civile refusa de se
dessaisir, et allégua que la contrebande est un délit d'une
nature tout-à-fait particulière ; qu'elle est réprimée par
des lois spéciales qui en attribuent la connaissance exclusivement aux tribunaux ordinaires.

Le conflit étant élevé, une demande en règlement de
juges fut formée, et la cour de cassation, par un arrêt
rendu le 18 septembre 1829, décida « que la compétence
« des conseils de guerre ne peut s'étendre aux matières
« spéciales dont la connaissance est attribuée, sans ex-
« ception, aux tribunaux ordinaires ; que c'est ainsi
« qu'il en a été décidé par un avis du conseil d'état
« du 4 janvier 1806, relatif aux délits de chasse, qui at-
« tribue la poursuite de ces délits commis par des mili-
« taires en garnison, aux tribunaux correctionnels. »

« Que les douanes sont régies par des lois spéciales
« qui ne se rattachent sous aucun rapport ni aux délits
« militaires, ni aux délits communs prévus par le Code
« pénal ; que cette matière est absolument spéciale, uni-
« quement relative à la perception des droits bursaux
« établis, même dans l'intérêt du commerce français ;
« que les perceptions et la répression du délit de contre-
« bande sont l'objet de lois spéciales ; que ces délits sont

« constatés par des procès-verbaux que l'omission ou la
« violation de certaines formes frappent de nullité ; qu'ils
« peuvent être attaqués par la voie de l'inscription de faux ;
« que les marchandises saisies peuvent être réclamées
« par des tiers non militaires ; que ces réclamations peu-
« vent donner lieu à des expertises ; que ces diverses pro-
« cédures sont étrangères aux formes établies devant les
« conseils de guerre, etc.....; que d'après ces considé-
« rations qui tiennent aux règles de la police générale du
« royaume, il faudrait une disposition de loi claire, précise,
« absolue, pour fonder en cette partie la compétence des
« conseils de guerre, tandis que les lois existantes attri-
« buent ces matières à la juridiction correctionnelle ordi-
« naire, etc..... »

En conséquence, la cour renvoya l'affaire devant le
tribunal correctionnel qui s'en était déjà saisi.

Voir la loi sur les finances, du 28 avril 1816, —
Douanes, titre V, article 41 et suivans.

CONTUMAX. — Conscrit condamné par con-
tumace comme déserteur, peut-il se faire remplacer avant d'avoir purgé sa contumace ?

C'est en l'an 9 que cette question se présenta. Alors
les déserteurs étaient jugés par contumace. Mais le décret du 14 octobre 1811 changea la législation à cet
égard ; il consacra un principe contraire à celui qui avait
été admis jusqu'à cette époque.

Toutefois, dans l'état où étaient les choses en l'an 9,
la difficulté dont il s'agit amenait nécessairement à examiner s'il n'était pas dans l'intérêt de l'Etat d'admettre
un remplaçant qui offrirait ce double avantage : de re-

présenter l'homme déserteur, et de réparer ainsi le tort du contumax, en ce sens qu'il fût à l'abri de toutes poursuites judiciaires. En effet, disait-on, d'un côté, le conscrit condamné par contumax ne sert point, il a fui ; d'un autre côté, lorsqu'il serait arrêté, pris, jugé et condamné contradictoirement, il ne compterait pas dans les rangs de l'armée dont il resterait éloigné au moins pendant toute la durée de sa peine ; donc il est peut-être avantageux et conforme au vœu de la loi de la conscription militaire d'admettre le remplaçant, et de considérer le délit comme réparé, puisqu'en dernier résultat un homme sera sous les drapeaux.

Ce raisonnement était spécieux, mais ne pouvait être admis, aussi la question fut résolue négativement. La raison en est, que du moment que la société a été blessée par un fait quelconque de l'homme, elle a le droit d'en demander réparation ; mais cette réparation ne consiste pas à faire ce qu'on a d'abord refusé ; le refus a constitué le délit, et c'est pour le refus de servir que la loi impose, dans la peine qu'elle inflige, l'obligation de travailler. Si le contumax se présente pour être jugé ou s'il est arrêté et acquitté, alors la loi ayant déclaré par le tribunal qui est son organe, qu'il n'est pas coupable du délit qu'on lui avait imputé, mais lui ordonnant de reprendre son service militaire, il peut fournir un remplaçant, parce que la loi veut un homme sous les drapeaux, et il lui est indifférent que ce soit Pierre plutôt que Paul. Mais si le contumax, au lieu d'être acquitté, est condamné, le remplacement n'est plus possible, car ce n'est plus du service militaire qu'il s'agit, c'est d'une peine personnelle qu'il faut subir en réparation d'un fait personnel, celui de la désertion.

; On voit que ce fut sagement que l'on décida qu'un conscrit condamné par contumace, comme déserteur, ne peut pas se faire remplacer avant d'avoir purgé sa contumace.

Comme nous l'avons dit plus haut, le décret du 14 octobre 1811 changea la législation, et défendit de juger par contumace les militaires déserteurs. Le principe qu'il proclama, est différent de celui qui avait été suivi jusque là. En effet, pour qu'il y ait lieu à poursuivre par contumace, il faut qu'un crime ait été commis et constaté par les actes voulus par la loi. Or, avant le décret du 14 octobre 1811, la désertion était assimilée aux crimes, et ce crime était commis le jour qui suivait l'expiration des délais de grâce; en sorte que le militaire qui avait fui de son régiment, avait commis le crime de désertion le jour de sa fuite seulement; dès-lors, la conséquence nécessaire était, que pour qu'il y ait désertion, il fallait réunion de ces circonstances : d'abord, présence au corps, puis abandon du drapeau par une fuite clandestine.

Dans cet état, on jugeait par contumace; mais il faut observer que par une contradiction qui tient à l'incohérence des lois militaires, après avoir admis le principe de la contumace, on en refusait les conséquences. Ainsi, on n'admettait pas la prescription contre la désertion, parce que l'on disait, et avec raison, que c'est une infraction qui se perpétue, qui se renouvelle chaque jour d'absence illégale, et que pour qu'il y ait prescription possible, il faut pouvoir indiquer l'époque précise où le fait a eu lieu; ou, en d'autres termes, qu'on ne peut prescrire que contre un délit commis, et non contre un délit qui se commet; ensuite, la désertion qualifiée crime n'entraîne cependant qu'une peine correctionnelle qui n'exclut pas de l'armée, en sorte qu'on jugeait par contumace l'auteur d'un simple délit, tandis qu'on aurait dû le juger par défaut seulement; et enfin, bien que la désertion parut devoir se composer de ces deux circonstances : la présence au régiment, puis l'abandon furtif, cependant on avait été forcé de reconnaître un autre genre de désertion, celui du refus de marcher, l'insoumission des jeunes conscrits.

Ce dernier genre de désertion est une fiction de la loi ; elle assimile le retardataire au militaire en congé, qui, en laissant dépasser le terme de son congé, est censé, par ce fait, manifester l'intention d'abandonner son régiment.

Ces contradictions choquantes existèrent jusqu'au moment où le décret du 14 octobre 1811 vint abolir les jugemens par contumace pour désertion.

Par cette disposition, le décret déclare implicitement, que la désertion ne peut être constatée par des actes judiciaires, qu'au moment où elle s'arrête ; et, dès-lors, que ce n'est qu'à partir de ces actes que la prescription peut courir.

Telle est en effet la conséquence nécessaire de la désertion. Il est incontestable qu'une infraction à la loi militaire qui n'entraîne qu'une peine correctionnelle, puisque les travaux publics ou avec boulet ne portent point le caractère des peines afflictives ou infamantes, qu'une infraction qui commence au jour de la fuite ou de l'insoumission, et qui ne cesse qu'au jour de l'arrestation ou de la présentation volontaire, ne peut donner lieu à un jugement par contumace.

Toutefois, il ne faut pas dissimuler qu'il résulte de

ce système un inconvénient grave, celui de rendre imprescriptible un délit qu'il est de l'intérêt de l'ordre public de ne pas laisser éternellement subsister. On sentit qu'il fallait poser des limites, et dans le projet de Code pénal présenté aux Chambres pendant la session de 1829, on déclara communs aux crimes et délits militaires, les prescriptions établies par le Code d'instruction criminelle, en ajoutant que l'action publique résultant de la désertion, ne serait prescrite que par huit ans révolus, à compter du jour de l'expiration du temps de service que devrait le déserteur au moment de sa disparition.

Cette disposition paraît avoir concilié ce que la raison réclame, avec ce que la nature du délit comporte; on a pris pour point de départ de la prescription, non le jour où commence le délit, mais celui où finirait le temps de service exigé par la loi.

Voyez le mot *Prescription en matière de désertion*.

CORRÉLATION DES DÉLITS. — Voyez *Délits connexes*.

D.

DÉGRADATION MILITAIRE.— Doit-elle remplacer l'exposition au carcan lorsque les travaux forcés ou la réclusion sont prononcés contre des militaires?

Depuis la promulgation du Code pénal ordinaire, cette question se présenta plusieurs fois. Les conseils de guerre ne pouvant s'habituer à combiner entre elles diverses lois, et s'imaginant qu'il faut changer de jurisprudence, selon qu'ils appliquent les lois civiles ou les lois militaires, prononcèrent tantôt le carcan, tantôt la dégradation militaire.

Cette variation dans les jugemens ne vient pas du défaut de savoir; elle tient à un ordre d'idées qui est la conséquence de l'habitude d'obéir et de commander. En effet, tout, pour les militaires, est distinct, ponctuel, absolu. Un ordre est exécuté à la lettre; une théorie étudiée exclusivement; une circulaire ou une instruction ministérielle est suivie dans toutes ses conséquences, car on n'a point à examiner si cette circulaire ou cette instruction est contraire à ce qui l'a précédé; il suffit d'exécuter.

Cette exactitude, cette ponctualité dans l'exécution, est le premier devoir des militaires, et l'on ne saurait trop leur donner d'éloges pour l'admirable constance avec laquelle ils le remplissent; mais lorsqu'ils sont juges dans un conseil de guerre, ils devraient se dépouiller, pour un moment, de ces sortes d'idées, et ne plus voir, dans une seule loi, dans un seul arrêté, dans un seul décret, l'unique objet de leurs méditations.

La législation militaire actuelle est informe, sans doute, mais puisqu'elle existe, il faut s'y conformer. Son application est difficile, on ne peut le nier, parce qu'elle ne se compose que de principes que l'exigeance des circonstances de cette époque faisait décréter; elle laissait à la jurisprudence le soin d'en déduire les conséquences, et aucune de ces différentes lois ne dit tout ce que les juges militaires voudraient y trouver. Toutefois, il est un principe qu'on ne devrait pas oublier. c'est que tout droit exceptionnel a ses règles particulières.

Ainsi, dans la question qui nous occupe, question sur laquelle les ministres de la guerre et de la justice consultés, se bornèrent à répondre, jusqu'en 1829, que la dégradation militaire est la seule flétrissure que puissent prononcer les conseils de guerre, sans entrer dans aucune autre explication ; il y a un principe bien certain, c'est que le législateur n'a pas voulu infliger l'infamie aux militaires de la même manière qu'aux autres individus. Dans l'article 21 de la loi du 21 brumaire an 5, il a dit que tout militaire condamné aux fers serait préalablement dégradé. Ici, les juges ont quelquefois été dupes des mots ; du moment qu'ils voyaient *les fers*, ils pensaient que ce n'était pas la même peine que les travaux forcés, et sans faire réflexion que les mots ne font pas les choses, ils prononçaient l'exposition au carcan.

Nul n'est censé ignorer la loi ; c'est un principe que nous dirons même d'ordre public, mais qui s'applique dans un sens bien plus précis aux citoyens qui sont appelés à remplir les fonctions de magistrats. Si les membres des conseils de guerre se rappelaient, lorsqu'ils vont prononcer les travaux forcés, que le Code des délits et des peines du 3 brumaire an 4, auquel succéda le Code pénal ordinaire promulgué en 1810, et qui nous régit aujourd'hui, s'ils se rappelaient que ce Code du 3 brumaire an 4 ne parle que de la peine des fers (art. 603, 612 et suivans), ils comprendraient facilement que cette peine des fers est la même que celle des travaux forcés dont parle notre Code pénal de 1810, et ils sentiraient pour quelle raison la loi militaire du 21 brumaire an 5, postérieure au Code des délits et des peines du 3 brumaire an 4, et antérieure de quatorze ans au Code pénal de 1810, se sert des mots *les fers* pour exprimer ce que nous entendons actuellement par les travaux forcés. Il suffirait encore de considérer comment les condamnés subissent la peine des fers et celle des travaux forcés. Les uns et les autres ne sont-ils pas enchaînés, renfermés dans un bagne, appliqués aux mêmes travaux, confondus tous ensemble sous la dénomination de forçats?

Toutes ces réflexions qui ne peuvent point échapper aux juges militaires, leur indiquent avec certitude la marche qu'ils doivent suivre, et quand ils empruntent aux lois pénales ordinaires des châtimens qui ne sont point prescrits par les lois militaires où ne se trouvent pas prévus les crimes ou délits qu'ils ont à punir, ils ne doivent pas perdre de vue qu'ils ne cessent point d'être des tribunaux militaires régis par un droit exceptionnel qui a ses principes particuliers, et que l'article 18 du titre 13 de la loi du 3 pluviôse an 2, l'article 10 du décret du 1er mai 1812, et l'avis du conseil d'état du 14 août 1812, approuvé le 22 septembre même année, en leur indiquant qu'ils doivent recourir aux lois ordinaires dans les cas non spécifiés par les lois militaires, n'ont pas entendu les transformer en tribunaux correctionnels ou en cours d'assises. Ces actes législatifs ont de nouveau consacré ce principe incontestable, que tout ce qui n'est pas réglé par le droit exceptionnel est régi par le droit ordinaire ; et dire d'emprunter à ce dernier la nomenclature des peines, ce n'est pas ordonner de suivre son mode d'application. Ainsi, lorsqu'on applique la peine des travaux forcés, comme elle est exactement la même que celle des fers, et que, d'après l'art. 21 de la loi du 21 brumaire an 5, la peine des fers doit être précédée de la dégradation militaire, on peut citer dans le jugement l'article 21, en disant, si l'on veut, dans le dispositif : « *Attendu que la peine des travaux forcés est* « *la même, quant à ses effets, que celle des fers pro-* « *noncée par les lois militaires, le conseil condamne le* « *nommé* N.... *à être préalablement dégradé, confor-* « *mément à l'article* 21 *de la loi du* 21 *brumaire an* 5, « *ainsi conçu : etc....*

Cette manière de juger serait régulière, conforme à la raison et aux règles du droit.

Mais s'agit-il de la réclusion? c'est alors que l'incertitude des juges augmente. Cette peine n'est ni prescrite ni même indiquée par les lois militaires, et elle n'est infamante que parce qu'elle entraîne l'exposition au carcan.

Ici encore, c'est le défaut d'examen qui amène l'incertitude. Pourquoi l'exposition au carcan constitue-t-elle l'infamie? n'est-ce pas parce qu'elle est le moyen que la justice emploie pour dégrader aux yeux de la société, l'individu qui s'est rendu indigne d'elle en commettant un crime? Du moment qu'il a subi cette exposition, il est privé de l'exercice de certains droits civils et de famille; il est, pendant la durée de sa peine, en état d'interdiction légale. Or, qu'est-ce que la dégradation militaire? n'est-ce pas le mode prescrit par la loi militaire, pour déclarer infâme aux yeux de l'armée l'individu qui a forfait à l'honneur en commettant un crime? Si la loi civile et la loi militaire veulent toutes deux qu'une dégradation quelconque précède et commence l'exécution de toute peine afflictive et infamante, il ne reste plus qu'à rechercher si le droit exceptionnel qui est particulier aux gens de guerre, a déterminé un genre spécial de dégradation. C'est alors que nous trouvons l'article 21 de la loi du 21 brumaire an 5 qui ne contient, comme nous l'avons dit des lois militaires en général, que le principe, car rien n'indique comment doit s'opérer cette dégradation. La jurisprudence qui n'est que l'usage dans l'application des lois, en a fixé le mode, et partout la dégradation s'exécute de la même manière : les individus qui la subissent sont dépouillés des insignes militaires, en présence de la troupe rassemblée sous les armes, et au moment de la parade.

Il est incontestable que l'exposition au carcan et la dégradation militaire produisent des effets semblables. L'une et l'autre mettent le condamné en interdiction légale pendant toute la durée de sa peine ; et de plus, la dégradation militaire l'exclut à jamais des rangs de l'armée ; ce qui répond exactement aux termes de l'article 28 du Code pénal ordinaire, qui le déclarent *déchu du droit de servir dans les armées du Roi.*

Ce n'est donc pas scinder les dispositions de la loi que de prononcer la réclusion et d'ordonner la dégradation préalable, puisqu'on n'emprunte au Code pénal ordinaire que la nomenclature et la durée de la peine, et qu'on l'applique suivant les principes spéciaux du droit militaire, qui sont maintenus par le Code pénal ordinaire lui-même, dont l'article 5 s'exprime ainsi : « *Les dispositions du présent Code ne s'appliquent pas* « *aux contraventions, délits et crimes militaires.* » D'où il suit évidemment que lorsqu'en vertu de la loi du 3 pluviôse an 2, ou des décrets de 1812, on applique une peine prescrite par les lois ordinaires, en prenant sa dénomination et sa durée, on l'applique sans déroger aux principes du droit militaire, puisque c'est ce droit qui régit exclusivement l'action des conseils de guerre. Cette conséquence est encore bien plus rigou-

reusement juste, lorsque c'est une loi militaire qui prononce la réclusion ou les travaux forcés, sans s'expliquer
sur le mode d'exécution de ces peines.

Cette doctrine, qui nous paraît fondée en droit,
est du reste actuellement professée par la plus grande
partie des conseils de guerre du royaume. L'embarras
de la rédaction du dispositif des jugemens, est peut-être
la cause de l'erreur dans laquelle tombent quelques
conseils qui pensent se tirer d'affaire, soit en ne prononçant que la réclusion purement et simplement,
sans exposition au carcan ni dégradation, soit en l'appliquant avec exposition au carcan. Il serait pourtant
facile d'aplanir cette difficulté, en motivant le jugement ainsi : « Mais, attendu que la réclusion est une
« peine afflictive et infamante, et que la dégradation
« est, à l'égard d'un militaire, le préalable obligé de
« l'exécution de toute condamnation à une peine afflic-
« tive et infamante, le conseil faisant application au
« nommé N.... du principe posé dans l'article 21 de la
« loi du 21 brumaire an 5, ainsi conçu : Toute con-
« damnation d'un militaire à la peine des fers emportera
« dégradation aussitôt après la sentence rendue, or-
« donne qu'il sera préalablement dégradé devant la
« troupe rassemblée sous les armes, etc. »

Les jugemens ainsi motivés, seraient conformes aux
principes que nous avons développés plus haut, et qui
ne nous paraissent pas susceptibles d'être contestés. En
cela, d'ailleurs, nous n'aurions fait qu'adopter ce qui
existait chez les Romains : la loi 3 *au Digeste*, §. 1ᵉʳ,
nous apprend que l'infamie attachée aux crimes militaires n'était point imprimée aux soldats romains de la
même manière qu'aux autres condamnés ; elle s'exprime

ainsi : « Pœnæ militum hujuscemodi sunt : castigatio ,
« pecuniaria multa , munerum indictio , militiæ muta-
« tio , gradûs dejectio, *ignominiosa missio : nam in*
« *metallum, aut in opus metalli non dabuntur, nec*
« *torquentur.* » Le paragraphe 10 de la même loi pu-
nissait les transfuges du supplice de la torture , ou les
condamnait aux bêtes , c'est-à-dire à combattre les bêtes
féroces , ou à être attachés sur une fourche; ces peines
ne leur étaient infligées que parce qu'ils n'étaient plus
considérés comme militaires. Toutefois , l'empereur
Léon abrogea les dispositions de ce paragraphe , par sa
Novelle 67, et décida que les transfuges qui reviendraient
de leur volonté spontanée , dans leur patrie , obtien-
draient leur grâce pour la première fois, et deviendraient
ensuite esclaves pour un temps plus ou moins long ,
suivant qu'ils seraient une ou plusieurs fois en état de
récidive. « Si quis transfuga in patriam recurrat , quum
« semel duntaxat transfugerit , veniam consequatur :
« si iterum id fecerit , in triennalem servitutem diven-
« datur : si verò tertio transfugerit : reversùs in perpe-
« tuam ac æternam servitutem addicatur, etc. »

Si , après avoir exposé ces principes en théorie , nous
passons à l'application , nous voyons la vérité de cette
doctrine démontrée par les faits , et confirmée par l'expérience.

Supposons, en effet, un conseil de guerre qui condamne
un militaire à la réclusion et à l'exposition au carcan.

Le condamné ne forme point de pourvoi. Le jugement
est exécutoire quarante-huit heures après qu'il a été
rendu, aux termes des articles 8 et 9 de la loi du 15
brumaire an 6. Comment ce jugement sera-t-il exécuté?
Le général commandant la division fera-t-il élever un

carcan sur la place publique? Mais l'autorité municipale et judiciaire dont il usurperait les droits s'y opposerait. Chargera-t-il le procureur général de cette exécution? Mais ce magistrat n'aurait aucune qualité pour faire exécuter une sentence dont il lui est défendu de connaître, et qui est rendue par un tribunal sur lequel il n'a aucun droit de contrôle. L'inexécution du jugement est donc la conséquence inévitable. C'est aussi ce qui arriva dans la 16e division militaire. Le jugement fut dénoncé à la cour de cassation qui, par son arrêt du 10 juin 1830, consacra les principes que nous avions déjà plusieurs fois mais vainement développés. Cet arrêt est conçu en ces termes :

« La cour de cassation a rendu l'arrêt suivant, sur le « réquisitoire dont suit la teneur :

A LA COUR DE CASSATION.

Chambre criminelle.

« Le procureur général expose qu'il est chargé par « M. le garde des sceaux ministre de la justice, en « vertu de l'article 441 du Code d'instruction crimi- « nelle, de requérir la cassation du jugement du pre- « mier conseil de guerre de la 16e division militaire, « rendu le 22 décembre 1829 contre les nommés *Bon-* « *nefoi, Vernouillet* et *Hénault,* soldats au 12e régi- « ment d'infanterie de ligne, ensemble de la décision « du conseil de révision, en date du 7 janvier dernier, « confirmatif dudit jugement.

« La condamnation prononcée contre les trois indi- « vidus susnommés, est de cinq ans de travaux forcés,

« *avec exposition*, pour vol avec violence envers un
« autre soldat.

« Le conseil de guerre a appliqué les articles 385 et
« 22 du Code pénal ordinaire.

« Mais l'article 22 relatif à l'exposition était incom-
« patible avec la nature d'un jugement militaire et le
« mode tracé pour son exécution.

« En effet, que porte l'article 22 ? nous y lisons :
« Quiconque aura été condamné à l'une des peines des
« travaux forcés à perpétuité, des travaux forcés à
« temps, ou de la réclusion, avant de subir sa peine,
« sera attaché au carcan sur la place publique : il y
« sera exposé aux regards du peuple durant une heure :
« au-dessus de sa tête sera placé un écriteau portant en
« caractères gros et lisibles, ses noms, sa profession,
« son domicile, sa peine et la cause de sa condamna-
« tion.

« Jamais jugement militaire n'a été exécuté sur la
« place publique, jamais il n'a été entendu que le con-
« damné serait nécessairement exposé aux regards du
« peuple.

« Et cela n'est pas seulement dans l'usage. Le prin-
« cipe se trouve encore dans la loi. L'article 38 de la
« loi du 13 brumaire an 5 porte : Le rapporteur, muni
« de la copie du jugement, ira de suite en faire lecture
« à l'accusé, en présence de la garde rassemblée sous
« les armes. Aussitôt après cette lecture, le rapporteur
« se rendra auprès de l'officier commandant; il lui
« donnera communication de la sentence et le re-
« querra, au nom du conseil, de donner les ordres sur-
« le-champ, pour le lieu et l'heure de l'exécution,

4*

« et le nombre d'hommes en armes qui devra s'y trou-
« ver.

« Nous ajouterons que le projet du nouveau Code
« pénal militaire, déjà adopté par la Chambre des
« Pairs, projet qui maintient la compétence militaire
« pour plusieurs délits communs, présente en l'article 6
« une disposition ainsi conçue : Toutes les fois que les
« peines des travaux forcés et de la réclusion seront
« prononcées par les tribunaux militaires, le condamné
« sera préalablement dégradé, et il n'y aura pas lieu à
« l'application d'aucune autre peine.

« C'est précisément cette dégradation que prescrivait
« l'article 21, titre 8 de la loi du 21 brumaire an 5,
« en ces termes : Toute condamnation d'un militaire à
« la peine des fers, emportera dégradation aussitôt après
« la sentence rendue.

« Ce considéré, il plaise à la cour, vu les deux ex-
« péditions ci-jointes ; vu la lettre de M. le garde des
« sceaux en date du 1er de ce mois, et l'article 441 du
« Code d'instruction criminelle, casser et annuler en la
« disposition dont il s'agit, le jugement du conseil de
« guerre et la décision confirmative.

« Fait au parquet le 4 juin 1830.

« *Signé* MOURRE. »

« Ouï, M. Brière, conseiller, en son rapport, et
« M. Fréteau de Pény, avocat général, en ses conclu-
« sions :

« Vu le réquisitoire du procureur général en la cour,
« sous la date du 4 de ce mois ;

« Vu la lettre de Son Excellence le garde des sceaux,
« ministre de la justice, sous la date du 1er de ce mois,

« adressée au procureur général en la cour , et conte-
« nant aux termes de l'article 441 du Code d'instruction
« criminelle, l'ordre formel de requérir la cassation ,
« en ce qui concerne l'application de l'article 22 du
« Code pénal , du jugement rendu le 22 décembre
« 1829 , par le premier conseil de guerre permanent de
« la seizième division militaire contre les nommés Bon-
« nefoi , Vernouillet et Hénault, soldats au douzième
« régiment d'infanterie de ligne , par lequel ces trois
« militaires ont été condamnés en cinq ans de travaux
« forcés , à l'exposition au carcan pendant une heure ,
« par application des articles 385 , 19 et 22 du Code
« pénal de 1810, pour crime de vol commis avec vio-
« lence et de complicité envers un autre soldat; et
« pareillement la cassation au même chef de la décision
« du conseil de révision du 7 janvier suivant , confir-
« matif dudit jugement:

« Vu lesdits jugement et décision sous-mentionnés ;
« Vu l'article 441 du Code d'instruction criminelle ;
« Vu l'article 22 du Code pénal de 1810 , portant :
« Quiconque aura été condamné à l'une des peines
« des travaux forcés à perpétuité , des travaux à temps
« ou de la réclusion , avant de subir sa peine sera at-
« taché au carcan sur la place publique. Il y demeurera
« exposé aux regards du peuple pendant une heure ;
« au-dessus de sa tête sera placé un écriteau portant,
« en caractères gros et lisibles , ses noms, sa profes-
« sion, son domicile , sa peine et la cause de sa con-
« damnation. »

« Vu l'article 21 du titre 8 du Code militaire des dé-
« lits et des peines , du 21 brumaire an 5 (11 novem-
« bre 1796) , ainsi conçu :

« Toute condamnation d'un militaire à la peine des
« fers, emportera dégradation, aussitôt après la sen-
« tence rendue.

« Attendu que si les conseils de guerre permanens
« doivent appliquer les peines fixées par le Code pénal
« ordinaire aux crimes commis par des militaires et non
« prévus par les lois militaires, cela ne peut s'entendre
« que de la peine proprement dite, et non de l'acces-
« soire relatif à l'exécution de toute condamnation à une
« peine afflictive et infâmante ; que si l'article 21 de la
« loi du 21 brumaire an 5, ne fait mention que de la
« peine *des fers*, c'est parce qu'à cette époque cette
« peine était commune au Code pénal ordinaire, et la
« même quant à ses effets, que celle *des travaux forcés*
« substituée nominativement dans le Code pénal de
« 1810 ; que, dès-lors, en prononçant contre les soldats
« susnommés, la peine principale des travaux forcés à
« temps, le conseil de guerre permanent devait or-
« donner seulement leur dégradation préalable, peine
« accessoire prévue par le Code pénal militaire, et par-
« faitement conciliable avec la peine principale des
« travaux forcés à temps.

« Attendu que si tout militaire condamné à une peine
« afflictive et infâmante d'après le Code pénal ordi-
« naire, pouvait l'être accessoirement à l'exposition et
« au carcan, il devrait, en conformité de l'article 21
« ci-dessus transcrit, subir la dégradation avant que
« d'être livré à l'exécuteur des jugemens criminels
« pour l'exposition, et qu'il résulterait de ce cumul
« une aggravation de peine non autorisée par la loi.

« D'où il suit que le premier conseil de guerre per-
« manent, en appliquant, par le jugement dénoncé,

« l'article 22 du Code pénal de 1810, et le conseil de
« révision en confirmant ce jugement dans toutes ses
« dispositions, ont fait une fausse application dudit ar-
« ticle, et violé l'article 21 du titre 8 du Code militaire
« des délits et des peines du 21 brumaire an 5 ;

« En conséquence, statuant sur le réquisitoire du
« procureur général ;

« La cour casse et annule le jugement rendu le 22
« décembre 1829, par le premier conseil de guerre
« permanent de la seizième division militaire, contre
« les nommés Bonnefoi (Jean-Pierre-Liberté), grena-
« dier au deuxième bataillon ; Vernouillet (Pierre), fusi-
« lieur à la sixième compagnie du deuxième bataillon,
« et Hénault (Henri-Bernard), fusilier à la première
« compagnie du deuxième bataillon, tous trois du
« douzième régiment d'infanterie de ligne, au chef seu-
« lement par lequel les susnommés ont été condamnés
« à *l'exposition et au carcan* pendant une heure ; casse
« et annule pareillement la décision du conseil perma-
« nent de révision de la même division, rendue le 7
« janvier 1830, en tant que par la confirmation dudit
« jugement dans tous ses chefs, elle a confirmé cette
« disposition pénale ;

« Ordonne qu'à la diligence du procureur général en
« la cour, le présent arrêt sera imprimé et transcrit sur
« les registres du conseil de guerre permanent, et du
« conseil permanent de révision de la seizième division
« militaire.

« Ainsi jugé et prononcé par la chambre criminelle
« de la cour de cassation, en son audience publique du
« 10 juin 1830 ; présens, sa seigneurie le comte de
« Bastard d'Etang, pair de France, président, et

« MM. Brière, rapporteur; Ollivier, Gaillard, Mey-
« ronnet de Saint-Marc, Rives, Dupaty, le baron de
« Crouseilhes, Choppin, Chilhaud de la Rigaudie et
« Clausel de Coussergues, conseillers en la cour.
   « Mandons et ordonnons, etc. , etc... »

DÉLIT commis par un militaire embarqué sur un navire de commerce nolisé par l'Etat. — Le délinquant est-il justiciable des conseils de guerre des divisions territoriales ?

S'il est de principe, et cela est incontestable, que l'on est tenu de respecter et d'observer les lois qui commandent dans les lieux où l'on se trouve, il est certain qu'un militaire qui commet un délit sur un navire est justiciable des lois maritimes qui prévoient et punissent ce délit. Un bâtiment de commerce nolisé par l'Etat est, pendant tout le temps que dure ce louage, considéré comme faisant partie de la marine militaire du royaume; dès-lors il est soumis la juridiction maritime, et le militaire qui commet à son bord une infraction aux lois maritimes doit être jugé par les tribunaux qui le condamneraient s'il avait commis le délit sur un vaisseau de guerre de l'Etat.

Ce raisonnement, qui paraît juste, n'est pourtant que spécieux. Les conséquences sont rigoureuses, mais le principe d'où elles sont tirées ne doit pas être admis. En effet, un navire de commerce nolisé par l'Etat ne passe point, par suite de ce contrat, sous l'empire de la juridiction maritime, lorsque ce navire, comme dans l'espèce dont il est question, n'est loué que pour servir de transport aux troupes; il ne cesse point d'être navire de commerce; seulement il fait, pendant le temps convenu, le service qui a été l'objet de la convention, et ce nolissement ne peut être fait qu'en se conformant aux dispositions du Code de commerce.

Cette question s'est présentée lors du transport des troupes de Cadix en France, après la campagne de 1823. Un militaire commit un délit sur un bâtiment de commerce que le gouvernement français avait frété pour transporter les troupes qui étaient à Cadix. Les tribunaux maritimes voulaient le juger; mais les conseils de guerre revendiquaient la connaissance de ce procès, et prétendaient que le militaire délinquant était justiciable des tribunaux militaires des divisions territoriales. Le conflit s'étant élevé, la cour de cassation prononça, et, par son arrêt du 11 décembre 1828, elle attribua la connaissance de ce délit aux conseils de guerre permanens, en se fondant sur les raisons suivantes :

« Attendu qu'il résulte de la combinaison des art. 57
« et 15 du titre II de la loi du 21 août 1790, de l'art. 21
« du titre III, section première, du décret du 22 juillet
« 1806, de l'article 20 du titre Ier de la loi du 21 août
« 1790, que si les officiers et sous-officiers des troupes
« sont assujettis, comme les officiers de la marine, of-
« ficiers mariniers et matelots, aux lois pénales et à la
« juridiction maritime, lorsqu'ils sont embarqués sur
« des bâtimens de guerre, ce principe ne peut être étendu
« aux officiers, sous-officiers et soldats des troupes de
« terre étant à bord de bâtimens de commerce nolisés
« pour le transport desdites troupes, naviguant en con-
« voi ou à la suite d'une escadre, *qu'autant que par ce*
« *mode de nolis et de navigation lesdits bâtimens de*
« *commerce devraient être considérés comme bâtimens*
« *ou vaisseaux de guerre;*

« Attendu que, dans ces circonstances, un bâtiment
« de commerce nolisé, c'est-à-dire frété par le gouver-
« nement pour le transport de terre, ou pour tout objet,
« tel que transport de munitions, vivres, etc., ne perd
« point sa qualité de bâtiment de commerce, qu'elle lui
« est même implicitement conservée par le prix stipulé
« du nolissement ou frêt, puisque le gouvernement n'en
« peut avoir aucun à payer pour les transports qui ont
« lieu à bord de ses bâtimens et vaisseaux de guerre ;
« que dès-lors les troupes de terre transportées sur des
« bâtimens de commerce nolisés en convoi ou à la suite
« d'une escadre, ne sont point assujetties aux lois pé-
« nales et à la juridiction maritime ; que cette distinction
« est pleinement confirmée par l'article 20 du titre Ier de
« la même loi du 21 août 1790, qui assujettit à la juri-
« diction d'une cour martiale maritime tout capitaine
« d'un bâtiment de commerce en convoi ou à la suite
« d'une escadre, qui serait prévenu d'un délit ; disposi-
« tion exceptionnelle du droit commun, qui aurait été
« surabondante si cette juridiction maritime s'était ap-
« pliquée, par une disposition générale, à tous ceux qui
« étaient à bord dudit bâtiment de commerce noli-
« sé, etc..... »

De cet arrêt il résulte deux conséquences : la première,
que tout bâtiment de commerce nolisé pour servir de
transport n'est point soumis à la juridiction maritime,
excepté la personne du capitaine ; la deuxième, que,
pour que des troupes cessent d'être justiciables des conseils de guerre permanens, il faut qu'elles montent des
bâtimens de guerre et qu'elles y soient affectées au service militaire de la marine.

DEL 59

DÉLIT commis pendant la détention dans un établissement militaire. — Voyez *Militaire condamné à l'emprisonnement*, etc.

DÉLIT CONNEXE.—Y a-t-il connexité lorsque un délit est commis immédiatement après deux autres délits ; de telle sorte que ce délit n'est que la conséquence des deux autres qui l'ont précédé ?

Les auteurs de ces divers délits, étant les uns militaires et les autres non militaires, y a-t-il lieu de saisir les tribunaux ordinaires ?

Cette question présentait des difficultés. Sans offrir le caractère de la connexité telle qu'elle est définie par l'article 227 du Code d'instruction criminelle, cependant elle paraissait résulter également de la succession des divers délits dont se composait cette affaire, et qui étaient réciproquement, l'un à l'autre, cause et effet.

Par suite d'une dispute entre un officier nommé Depigny, et un habitant de Montauban, appelé Fraissinet, il y avait eu successivement violation de domicile et arrestation arbitraire de la part de l'officier : puis attaque et résistance avec violence et voies de fait envers la force publique, de la part de l'habitant. Ces divers délits avaient été constatés par un seul et même procès-verbal ; une seule procédure devait s'instruire. Les tribunaux civils et les conseils de guerre s'attribuaient la connaissance du procès ; enfin, le juge d'instruction du tribunal de Montauban et le capitaine rapporteur du deuxième conseil de guerre de la 10ᵉ division militaire faisaient chacun de leur côté les actes de l'instruction.

Ce conflit arrêta bientôt la marche de la justice; mais la cour de cassation, statuant en règlement de juges, rendit, le 18 juillet 1828, un arrêt dont voici le dispositif :

« Vu les art. 527 et 532 du Code d'instruction crimi-
« nelle; vu l'article 227 du même Code; vu les lois des
« 5 pluviôse an 2, 2ᵉ jour complémentaire an 3, 22 mes-
« sidor an 4, et l'avis du conseil d'Etat du 30 thermidor
« an 12, approuvé le 7 fructidor suivant, etc....;

« Attendu que de l'ensemble de tous les faits, il en ré-
« sulte trois délits : 1° la violation de domicile; 2° l'arres-
« tation arbitraire; 3° l'attaque, la résistance avec vio
« lence et voies de fait contre la force publique, sauf
« l'appréciation des circonstances; et pour caractériser
« ce délit d'après l'article 209 du Code pénal, si cette
« force publique agissait pour l'exécution des lois, des
« ordres ou des ordonnances de l'autorité publique;

« Que ces trois délits sont corrélatifs, en ce sens que
« le troisième n'aurait pas eu lieu si les deux premiers,
« et le deuxième notamment, n'avaient pas été commis,
« mais qu'ils ne présentent entre eux aucune connexité
« telle qu'elle est déterminée et fixée par l'article 227 du
« Code d'instruction criminelle;

« Qu'en supposant même qu'on voulût caractériser la
« scène antécédente entre Depigny et Fraissinet, à cause
« du jet de pierres commis par ce dernier, dans les cir-
« constances données, cette qualification n'établirait
« qu'une corrélation et non une connexité avec les délits
« postérieurs, puisque Fraissinet ne pourrait, sous au-
« cun rapport, être complice de violation de domicile,
« dont Depigny serait prévenu, ni d'une arrestation arbi-
« traire exercée contre lui-même;

DEL 61

« Attendu enfin que le sieur Depigny, lieutenant au
« 57ᵉ régiment de ligne, en garnison à Montauban, était
« à sa garnison et à son corps au jour des délits dont il
« est prévenu ; qu'il n'a aucun complice non militaire,
« et que dès-lors il ne doit être jugé, à raison des délits
« dont il est prévenu, que par les tribunaux militaires ;

« En conséquence, la cour joint la demande en règle-
« ment de juges formée par le capitaine rapporteur du
« deuxième conseil de guerre de la 10ᵉ division militaire,
« à la demande en règlement de juges du procureur du
« roi près le tribunal de première instance de Montau-
« ban ; et y statuant, renvoie le sieur Depigny, lieute-
« nant au 57ᵉ de ligne, devant le deuxième conseil de
« guerre permanent de la 10ᵉ division militaire, saisi par
« le lieutenant général commandant ladite division, pour
« l'instruction être continuée sur les délits dont il est pré-
« venu, et être procédé conformément à la loi ;

« Renvoie devant le juge d'instruction du tribunal de
« première instance de Montauban, pour l'instruction
« être continuée, et être, par suite, procédé et statué,
« conformément à la loi, sur les autres délits mention-
« nés comme commis le 22 mars dernier, dans la soirée,
« dans la ville de Montauban, et dont sont prévenus les
« individus non militaires :

« Ordonne, etc. »

Comme on l'a vu, bien que le rassemblement d'un
assez grand nombre d'habitans de la ville de Montauban
ait eu pour cause l'arrestation de Fraissinet, il n'en est
pas moins vrai que la résistance qu'opposèrent à la garde
ces habitans n'avait aucune connexité ni avec le délit
dont avait pu se rendre coupable Fraissinet, ni avec celui dont pouvait être prévenu le lieutenant Depigny. Il

y avait corrélation en ce que si Fraissinet n'avait pas injurié l'officier, celui-ci n'aurait pas commis la violation de domicile et l'arrestation arbitraire ; le rassemblement formé aux cris de Fraissinet n'aurait pas eu lieu, et, par suite, la résistance à la force armée.

Ces délits découlaient les uns des autres, mais n'avaient aucune connexité entre eux, puisqu'ils ne tendaient pas au même but, qu'ils n'avaient pas été commis par les mêmes personnes, et que ces différentes personnes n'avaient point agi en conséquence d'un plan arrêté ou d'un concert formé entre elles.

DÉLIT CORRÉLATIF. — Voyez *Délit connexe.*

Nous ferons remarquer ici que pour bien saisir la différence qui existe entre un *délit connexe* et un *délit corrélatif*, il faut se rappeler que le mot *connexe* signifie : « relation, sous tous les rapports, de différentes « choses entre elles tendant toutes au même but » (*Voyez* l'article 227 du Code d'instruction criminelle) ; et le mot *corrélatif*, « relation réciproque, sous quelques rap- « ports, de choses opposées entre elles. »

DÉPOSITION ORALE. — Le conseil de guerre peut-il juger sur la déposition écrite des témoins, ou doit-on les assigner à comparaître à la séance afin d'y déposer oralement ?

L'information n'étant autre chose que l'audition des témoins, constatée par un procès-verbal, on pensa que pour abréger encore et ajouter à la célérité, il était permis de se dispenser d'appeler les témoins à l'audience,

pour y renouveler oralement les dépositions déjà faites
devant le capitaine rapporteur. Cette doctrine était
prise dans la loi du 18 prairial an 2 , qui parle des commissions rogatoires ; et comme l'article 10 de cette loi dit
que les déclarations données par écrit de cette manière ,
seront considérées comme dépositions orales , sans plus
long examen , on en concluait qu'il n'était pas nécessaire de faire entendre en personne les témoins à l'audience. Mais on ne faisait pas attention que les commissions rogatoires ne sont prescrites par la loi que dans
les cas où les témoins sont à une trop grande distance
du lieu où se juge le procès dans lequel ils doivent être
entendus , et lorsque le besoin du service rend impossible leur absence , même pour un moment. Les articles
12 et suivans de cette même loi auraient résolu la difficulté , puisqu'ils donnent au tribunal le droit d'ordonner la comparution en personne des témoins entendus
par commission rogatoire , et que l'article 17 , conforme en cela aux règles du droit ordinaire , permet de
surseoir à statuer jusqu'à ce que le témoin dont la déposition est jugée indispensable , puisse comparaître en
personne. Mais on n'abandonne jamais entièrement ses
idées ; et malheureusement nous avons déjà eu occasion de remarquer que les militaires sont naturellement
disposés à ne voir jamais qu'une seule loi , qu'un seul
article , et à ne faire qu'un seul argument. Ce n'est point
un reproche qu'on leur fait ; le genre de leurs études ,
et surtout la nature de leurs occupations , n'ont guère
de rapport avec les connaissances qu'on exige dans un
jurisconsulte. Cependant ces connaissances seraient
peut-être particulièrement nécessaires dans l'application
du droit exceptionnel qui régit l'armée , où l'on ne

trouve, dans les nombreuses lois qui le composent, que des principes, et où toutes les règles, dans l'application, doivent être posées par la jurisprudence.

C'est en l'an 5 que la question qui nous occupe se présenta : il fut décidé que les dépositions écrites constituant l'information proprement dite, ne suffisaient pas ; qu'en thèse générale, tous les témoins doivent être entendus oralement à l'audience, et qu'il n'y a d'exception que lorsque la distance qui sépare les témoins du lieu où siége le conseil de guerre, est trop considérable, ou quand l'exigence du service bien constatée rend impossible leur déplacement.

DÉPOTS DES RÉGIMENS SPÉCIAUX passés provisoirement au compte de la marine, sont-ils justiciables des conseils de guerre des divisions territoriales ?

En raison de ce que les régimens passaient au compte de la marine, on pouvait croire que leurs dépôts cessaient d'être considérés, pour le moment du moins, comme appartenant à l'armée de terre, et, dès-lors, qu'ils tombaient sous l'empire de la juridiction maritime. Cette opinion était d'autant plus probable, que ces régimens exclusivement consacrés au service de la marine, payés par elle, astreints à la discipline des bâtimens, ne se recrutent que par leurs dépôts qui ne peuvent stationner ailleurs que dans les divisions territoriales.

Toutefois, une raison préremptoire domine toutes ces objections, c'est que ces régimens ne sont affectés que momentanément au service de la marine et qu'ils comptent toujours parmi les troupes de l'armée de terre. En conséquence, les dépôts de ces régimens *prêtés* à la marine, restant dans les divisions territoriales, soumis à la discipline militaire, payés sur les fonds de la solde des troupes, doivent continuer d'être justiciables des conseils de guerre.

C'est dans ce dernier sens que fut résolue la question ci-dessus.

Cependant, cette décision semblerait n'être pas conforme aux principes consacrés par un arrêt de la cour de cassation (1), en date du 11 décembre 1828, qui déclare que de la combinaison des articles 57 et 15 du titre 2 de la loi du 21 août 1790 ; de l'article 21, titre 3, section 1re du décret du 22 juillet 1806 ; de l'article 20 du titre 1er de la loi du 21 août 1790, il résulte que les officiers et sous-officiers des troupes, sont assujettis comme les officiers de la marine, officiers mariniers et matelots, aux lois pénales et à la juridiction maritimes, lorsqu'ils sont embarqués sur des bâtimens de guerre. D'où il suit, que leurs dépôts ne devraient pas rester soumis à la juridiction militaire, puisque ces dépôts ne sont composés que d'hommes appartenant à ces régimens spéciaux.

Mais la contradiction n'est qu'apparente. Les régimens qui passent sur les bâtimens de guerre pour y faire le service de la marine, doivent y être nécessairement soumis aux lois maritimes, puisqu'ils entrent momentanément dans un régime exceptionnel qui a ses principes, sa police, ses usages particuliers. Dans l'intérêt de

---

(1) *Voyez* cet arrêt au mot *Délit* commis par un militaire embarqué sur un bâtiment de commerce, etc.

la discipline, qui n'est autre chose que la police militaire ou maritime, et en vertu de cet axiome que l'on doit respect et obéissance aux lois qui commandent dans les lieux où l'on se trouve, les régimens embarqués sur les bâtimens de guerre sont, pendant tout le temps qu'ils y résident, soumis de fait, à la juridiction maritime, mais leurs dépôts représentant, pour l'armée de terre, les régimens passés au compte de la marine, ne peuvent être soustraits à l'action des conseils de guerre permanens.

DÉSEMPARER. — Le conseil de guerre qui ordonne, avant faire droit, un plus ample informé, est-il censé désemparer? — Voyez *Avant faire droit.*

DÉSERTION. — Voyez *Vols domestiques.*

DETTES DES OFFICIERS. — Les dispositions de l'article 65, tit. 5, de la loi du 10 juillet 1791, sont-elles applicables aux officiers à demi-solde ou en disponibilité?

La position provisoire dans laquelle se trouvent des officiers mis à la demi-solde ou en disponibilité, avait fait penser que les dispositions de l'article 65, titre 5 de la loi du 10 juillet 1791, ne leur étaient point applicables, parce que cet article ne parle que des militaires *en activité*, et que ces mots comparés à ceux-ci: *demi-solde, disponibilité,* semblaient établir une différence que le législateur avait voulu créer. Car, disait-on, ce n'est que durant l'exercice de leur emploi que les dettes réclamées peuvent avoir pour conséquence, lorsqu'il y a prise de corps, la perte de l'emploi. Or, l'officier en disponibilité, n'a que son grade qu'on ne peut lui ôter que par suite d'une condamnation criminelle, mais il n'a plus d'emploi; dès-lors, la loi serait sans effet contre lui.

On répondait que l'article 63 précité, détruisait ce raisonnement, en déclarant que l'officier contre lequel il y avait prise de corps, qui ne satisferait pas son créancier dans le délai de deux mois, était considéré, après l'expiration de ce terme, comme *démissionnaire de son emploi*. Or, ajoutait-on, un officier qui donne sa démission, ne renonce pas seulement à son emploi; il se démet aussi de son grade, et cela est si vrai qu'il est rayé des contrôles de l'armée et qu'il n'a plus droit à aucune retraite ou pension en raison de ses années de service; donc un officier mis en disponibilité est toujours, dans le sens légal du mot, en activité, puisque d'un moment à l'autre il peut être chargé d'un commandement, et qu'il figure sur les contrôles de l'armée.

Cette doctrine fut partagée par le conseil d'état (comité de la guerre), qui, consulté à ce sujet, décida la question dans ce sens le 22 décembre 1817.

L'ordonnance du 15 mai 1818, portant règlement sur le service intérieur, la police et la discipline des troupes d'infanterie, a reproduit les dispositions de l'article 63, titre 3 de la loi du 10 juillet 1791. Cette ordonnance, toutefois, ne fut point insérée au *Bulletin des lois*, comme ne traitant que d'un objet d'un intérêt particulier (la loi du 30 thermidor an 2, ne prescrivant l'insertion au *Bulletin des lois*, que pour les choses d'un intérêt général), mais elle confirma l'avis du conseil d'état.

Cette doctrine, qui nous paraît, en effet, résulter des termes mêmes de l'article 63, titre 3 de la loi du 10 juillet 1791, a été généralement adoptée.

DIVISIONS TERRITORIALES. — Voyez *Loi du 2ᵉ jour complémentaire de l'an 3.*

DURÉE DE SERVICE des effets d'habillement et de petit équipement. — Voyez *Effets*, etc.

E.

EFFETS D'HABILLEMENT ET DE PETIT ÉQUIPEMENT. — Quelle est leur durée légale de service ? Un militaire rentré à son corps, après un congé d'un an, est-il tenu de les représenter, même lorsque ces effets ont atteint leur durée de service pendant le temps de ce congé ?

Il paraissait rigoureux de condamner un militaire pour dissipation d'effets d'habillement, lorsqu'il ne représentait pas des vêtemens qui, pendant la durée de son congé d'un an, avaient dépassé le terme de service prescrit par les règlemens. D'un autre côté, n'infliger aucune punition pour ce fait, c'était ouvrir la porte à tous les abus et occasioner à l'Etat une énorme dépense, puisque tous ces vieux effets d'habillement servent, soit à réparer les neufs qui en ont besoin, soit à augmenter la masse des militaires, soit enfin à indemniser le trésor des dépenses qu'il fait pour l'armée, car ces effets après avoir dépassé le terme de leur durée légale, sont vendus par les soins de l'intendance militaire. Toutefois, on objectait qu'il y a certains effets d'habillement qui sont déclarés la propriété du soldat, et on en concluait que, bien que les règlemens disent que ces effets ne seront point vendus par eux, comme le produit de la vente est appliqué à leur profit, il leur est loisible de renoncer, puisqu'ils sont propriétaires des objets, au profit de cette vente, et permis d'en disposer autrement s'ils le jugent convenable; d'où il suit, que sous ce rapport, les militaires qui ne représentent point ces effets ne commettent aucun délit.

Ce raisonnement qui d'abord paraît sans réplique, s'écroule cependant devant cette objection, que le soldat n'est propriétaire qu'en vertu des règlemens qui imposent des conditions à cette propriété; or, ces règlemens font son titre; on ne peut diviser son titre ni contre lui, ni en sa faveur, donc il n'est propriétaire de certains effets d'habillement qu'à la charge de ne pouvoir les vendre lui-même.

Mais maintenant, s'il fait cette vente ou s'il dissipe d'une manière quelconque ces effets, commet-il un délit ?

Il nous paraît juste d'établir une distinction. Une circulaire ministérielle, du 30 avril 1817, dit que les pantalons de grande et petite tenue, les caleçons et les bottes appartiennent aux sous-officiers et soldats, à l'expiration de la durée déterminée par les règlemens; qu'ils n'ont pas le droit de les vendre personnellement; que les corps font cette vente des vieux effets appartenant aux sous-officiers et soldats, lorsque ces objets ont atteint une durée de service double de celle qui est prescrite par les règlemens pour les effets neufs.

La conséquence qui découle de ce principe, c'est que

les sous-officiers ou soldats qui vendent ou dissipent ces effets, ne commettent ni crime, ni délit, mais bien une infraction aux règlemens sur cette matière ; cette infraction constitue une faute contre la discipline, et il nous paraît évident qu'elle ne peut être punie que des peines de discipline.

Mais à l'égard des autres effets également fournis par l'État, et qui ne deviennent pas la propriété des militaires, l'arrêté des consuls du 17 frimaire an 8, dans ses articles 9, 10 et 11 combinés ; le règlement du 12 octobre 1807, portant défense aux corps de vendre ni d'échanger, sans l'autorisation du ministre, aucun des effets qu'ils auront reçus ou achetés pour l'habillement, le grand et petit équipement, etc., etc. règlement qui n'est que le corollaire de l'arrêté des consuls, et dont les articles 1, 2 et 3, rapprochés des articles 9, 10 et 11, de l'arrêté du 17 frimaire an 8, démontrent que l'État reste propriétaire des vieux effets d'habillement ; qu'après l'expiration de leur durée légale de service, ils sont encore appliqués à un usage habituel, ou bien qu'ils servent aux réparations, ou enfin qu'ils ne peuvent être vendus qu'avec l'autorisation du ministre.

Il suit de là, que les sous-officiers et soldats sont tenus de les représenter, même après l'expiration de la durée légale de service, et qu'en ne les reproduisant pas, ils peuvent être traduits devant un conseil de guerre pour dissipation d'effets d'habillement.

De cet exposé, il résulte clairement la distinction dont nous avons parlé : les objets déclarés la propriété des sous-officiers et soldats, ne donnent lieu à aucune action devant les conseils de guerre ; le fait de les vendre ou de les dissiper n'est qu'une infraction passible des peines de discipline.

Les effets qui restent la propriété de l'Etat, ne peuvent être vendus ni dissipés par les militaires, sans qu'il en résulte un délit prévu et réprimé par les lois militaires; ainsi les conseils de guerre en appréciant les faits suivant cette distinction, jugeraient, selon nous, d'après les règles de l'équité et du droit.

EFFETS VOLÉS, restés dans les greffes des conseils de guerre et non réclamés, quelle destination doivent-ils recevoir ?

Les objets volés qui avaient servi de pièces de conviction, restaient dans les greffes des conseils de guerre, et l'on ne savait quelle destination leur donner. L'administration consulta M. le garde des sceaux en 1817. Le ministre répondit que, conformément à la loi du 11 germinal an 4, et à une décision du ministre des finances, en date du 9 octobre 1813, les effets déposés aux greffes comme pièces de conviction, et qui n'ont pas été réclamés depuis le jugement définitif ou depuis que l'action est prescrite, peuvent et doivent être vendus à la diligence des préposés de la régie de l'enregistrement, sauf aux propriétaires à en réclamer le prix dans l'année de la vente.

Le directeur général de l'enregistrement et des domaines, peut donc seul faire retirer des greffes des conseils de guerre, les effets qui y sont déposés.

Une circulaire du 27 juin 1829 rappelle une ordonnance du 23 février 1829 (*Bulletin des Lois*, n° 280), dont les dispositions sont conformes à la décision ci-dessus.

EMBAUCHEURS jugés par les conseils de guerre,

peuvent-ils invoquer le bénéfice de la loi du 18 vendémiaire an 6, pour faire réviser leurs jugemens?

Les 'principes qui ont fait résoudre affirmativement cette question, se trouvent développés aux articles *Assassins sur les grands chemins* et *Chauffeurs.*

EMBAUCHEURS NON MILITAIRES, sont-ils justiciables des conseils de guerre?

Nous avons déjà eu occasion de dire qu'on ne peut faire une juste application des lois militaires, qu'en les combinant entre elles. Presque toutes créées sous des influences diverses, elles se trouvaient modifiées dans leurs principes suivant les circonstances qui, tour-à-tour, étendaient et restreignaient la juridiction des tribunaux militaires.

La loi du 12 mai 1793, appelée *Code pénal militaire,* fut la première qui attribua au tribunal militaire, la connaissance du crime d'embauchage. A cette époque, les affaires de cette nature étaient jugées par un jury de jugement.

La loi du 4 nivôse an 4, rendit les embaucheurs justiciables des conseils militaires tels que les établit la loi du 2ᵉ jour complémentaire de l'an 3, et déclara rapporté l'article 11 (1) du Code pénal militaire.

Les choses étaient dans cet état, lorsque la loi du 22 messidor an 4 parut. Elle posa en principe que : « *nul*

____

(1) Art. 11, tit. 1ᵉʳ de la loi du 12 mai 1793.

« *délit n'est militaire, s'il n'a été commis par un in-*
« *dividu qui fait partie de l'armée : tout autre indi-*
« *vidu ne peut jamais être traduit comme prévenu*
« *devant les juges délégués par la loi militaire.* »

Dès-lors les embaucheurs non militaires rentrèrent dans la juridiction commune. Toutefois, l'état de guerre avec les puissances étrangères; les divisions intestines suscitées par ces lâches partisans du droit divin, qui, constamment les mêmes, se retrouvent à toutes les époques, avec leurs fureurs, leurs complots et leurs seides, motivèrent les dispositions de l'article 9 de la loi du 13 brumaire an 5 , et les embaucheurs furent de nouveau jugés par les tribunaux militaires.

En l'an 9, la loi du 18 pluviôse créa un tribunal spécial, et lui donna *exclusivement à tous autres juges* (1) , la connaissance du crime d'embauchage. Mais le 17 messidor an 12 un décret auquel, illégalement, on attribua force de loi, abrogea les dispositions de la loi de l'an 9 , et rendit les espions et embaucheurs justiciables des commissions militaires qu'il institua.

La législation militaire resta ainsi, jusqu'à ce que la Charte *octroyée* de 1814, vint effacer les traces du despotisme impérial, en posant cependant les bases d'un gouvernement absolu que devait faire disparaître seize ans plus tard , la lutte sanglante de juillet. Par cette Charte, les tribunaux spéciaux furent abolis ; elle proclama le principe que nul ne peut être distrait de ses juges naturels , et la loi du 22 messidor an 4 reprit son autorité. Plus de doute, alors , que les embaucheurs ne dussent être traduits devant une cour d'assises.

---

(1) Art. 11 de la loi du 18 pluviôse an 9.

La Charte de 1830, en rendant impossible, sous quelque dénomination que ce puisse être, le rétablissement des tribunaux extraordinaires, a confirmé le principe de la loi du 22 messidor an 4; toutefois la cour royale de Toulouse ayant évoqué, en janvier 1831, une affaire de tentative d'embauchage dont se trouvaient prévenus deux individus non militaires, décida contrairement aux conclusions du ministère public, que les faits reprochés aux prévenus ne constituaient pas le crime d'embauchage, mais seulement de provocation à la désertion. Le procureur général près cette cour avait conclu à ce que la cour se déclarât incompétente pour le crime d'embauchage, conformément à l'article 9 de la loi du 13 brumaire an 5.

Par un arrêt du 14 février, chambre des mises en accusation, la cour de Toulouse renvoya les prévenus devant la cour d'assises du Tarn, sous l'accusation de provocation à la désertion, par les motifs suivans :

« Quoiqu'il résulte de l'ensemble de la procédure, et
« notamment des dépositions du caporal *Segl* et du
« soldat *François*, que les propositions qui leur ont
« été faites eussent pour but *d'éloigner les soldats de*
« *leurs drapeaux pour les faire passer* A L'ÉTRANGER,
« ces propositions ne sauraient constituer le crime
« d'embauchage, attendu que la France étant en paix
« avec toutes les puissances de l'Europe, il n'y a pour
« elle aucun ennemi à l'extérieur, ni aucun rebelle au
« dedans; que d'ailleurs rien ne prouve ni même n'an-
« nonce qu'il y ait en Espagne un corps de rebelles
« destiné à agir contre la France, et auquel les soldats
« embauchés puissent se rallier. »

Cet arrêt fut dénoncé à la cour de cassation, mais

après qu'il fut passé en force de chose jugée. Toutefois, sur les conclusions de M. Dupin, procureur général, la cour, sur la demande en cassation, statua ainsi, le 2 avril 1831 :

« Vu les articles 1er, 2 et 4 de la loi du 4 nivôse an 4, portant :

« Art. 1er. Tout embaucheur pour l'ennemi, pour « l'étranger, ou pour les rebelles, sera puni de mort.

« Art. 2. Sera réputé embaucheur celui qui, par ar- « gent, par des liqueurs enivrantes, ou tout autre « moyen, cherchera à éloigner de leurs drapeaux les « défenseurs de la patrie pour les faire passer à l'en- « nemi, à l'*étranger* ou aux rebelles.

« Art. 4. Celui qui, sans être embaucheur pour l'en- « nemi, l'étranger ou les rebelles, engagerait cepen- « dant les défenseurs de la patrie à quitter leurs dra- « peaux, sera puni de neuf années de détention. »

« Attendu qu'il résulte des faits déclarés dans l'arrêt « dénoncé, que Mazas fils et Pignol, ex-abbé, étaient « suffisamment prévenus d'avoir, dans ces derniers « temps, par les moyens énoncés en l'article 2 ci-des- « sus transcrit, cherché à éloigner de leurs drapeaux « des militaires français, défenseurs de la patrie, en « garnison à Castres, pour les faire passer en Espagne, « et par conséquent à l'étranger; que dès lors les faits « de la prévention suffisante devaient constituer contre « ces individus l'accusation du crime d'embauchage ;

« Que peu importaient pour la qualification du crime, « ces motifs de l'arrêt, que la France était en paix « avec toutes les puissances de l'Europe, qu'il n'y avait « pour elle aucun ennemi à l'extérieur, ni aucun re- « belle au dedans, que rien ne prouvait et même

« n'annonçait qu'il y eut en Espagne un corps de re-
« belles destiné à agir contre la France, et auquel les
« soldats embauchés pussent se rallier ; qu'il s'ensui-
« vait seulement que l'accusation ne devait pas porter
« sur l'embauchage à l'ennemi ou aux rebelles, mais
« sur l'embauchage à l'étranger ; d'où il suit que la
« chambre des mises en accusation de la cour royale
« de Toulouse, en restreignant, par l'arrêt dénoncé,
« l'accusation au simple engagement proposé à des
« militaires français de quitter leurs drapeaux, a violé
« l'article 2 de la loi du 4 nivôse an 4, et fait une
« fausse application de l'article 4 de la même loi, et
« qu'en conséquence cet arrêt doit être cassé.

. . . .
. . . .

« Attendu que, dans l'espèce, l'arrêt de la chambre
« des mises en accusation de la cour royale de Tou-
« louse, non attaqué en temps de droit, ni par les ac-
« cusés, ni par le procureur général près cette cour,
« et n'y ayant point de conflit, a formé un errement
« irréfragable en ce qui les concerne ; que la cassation
« ne peut, dès-lors, être prononcée que dans l'intérêt
« de la loi, et que l'arrêt doit être exécuté à l'égard
« des parties, et procédé par suite en conformité de ce
« qui est prescrit par le Code d'instruction criminelle ;
« Que, d'après ce qui précède, la cour n'a point à
« déterminer devant quelle juridiction, soit ordinaire,
« soit militaire, un renvoi aurait dû être ordonné, le cas
« échéant, *d'autant plus que si les nommés Mazas et*
« *Pignol eussent été accusés du crime d'embauchage,*
« *d'après les motifs exprimés sur le chef de la compé-*
« *tence dans le réquisitoire du procureur général, que*

« *la cour adopte, le renvoi devrait être pareillement*
« *ordonné devant la cour d'assises du département du*
« *Tarn;*

« En conséquence, la cour casse et annule, dans l'in-
« térêt de la loi seulement, etc..... »

Les motifs du réquisitoire du procureur général, que
la cour adopta, sont basés sur les lois dont nous avons
donné l'historique au commencement de cet article. La
cour, comme on le voit, a bien décidé que les embaucheurs non militaires ne pouvaient être jugés que par
les tribunaux ordinaires.

La cour de cassation est en ce moment saisie de la
même question qu'elle est appelée à juger au fond, par
suite d'un conflit négatif élevé entre un conseil de guerre
et la chambre du conseil d'un tribunal civil.

Nous ne devons pas dissimuler, toutefois, que la cour
de cassation elle-même n'a pas toujours suivi la doctrine
qu'elle consacre aujourd'hui. Un arrêt du 22 août 1822,
rendu dans l'affaire Caron et Roger, accusés d'embauchage, au moyen de l'une de ces conspirations imagi-
naires inventées par le gouvernement haineux et vindica-
tif de Louis XVIII, consacra le principe que les embaucheurs non militaires sont justiciables des conseils de
guerre. Mais *quod verò contra rationem juris receptum
est, non est producendum ad consequentias* (1). Cet
arrêt restera comme monument de l'esprit de parti. Il
ne peut être considéré que comme un fait isolé qui marque le passage sanglant d'une restauration odieuse, et qui
n'est dans nos annales judiciaires que pour justifier cette

---

(1) *L. 14. ff. de legibus.*

pensée de Vauvenargues : « La tyrannie avilit l'homme
« jusqu'à s'en faire aimer. »

Nous avons dit plus haut que la cour de cassation était
saisie de la question que nous venons de traiter, et qu'elle
était appelée à la juger au fond. Nous nous empres-
sons de donner ici le texte entier de l'arrêt qu'elle vient
de rendre (le 17 juin 1851), et qui confirme la doctrine que nous avons exposée.

« LOUIS-PHILIPPE, Roi des Français, à tous présens et à venir, salut :

« La cour de cassation a rendu l'arrêt suivant, sur le
réquisitoire dont suit la teneur :

A LA COUR DE CASSATION.

Chambre criminelle.

« Le procureur général expose que le nommé Joseph
Vincentius, âgé de trente-six ans, dentiste, domicilié à
Pont-à-Celles, a été poursuivi comme prévenu du crime
d'embauchage ;

« Que la chambre du conseil du tribunal de première
instance séant à Rocroy, département des Ardennes, par
ordonnance du 17 mars 1851, s'est déclarée incompétente ; qu'en conséquence, le prévenu a été traduit devant le deuxième conseil de guerre permanent de la
2ᵉ division militaire ; que ce conseil de guerre, par jugement du 26 avril 1851, s'est également déclaré incompétent, attendu la qualité du prévenu qui, n'appartenant
pas à l'armée, ne saurait être justiciable de la juridiction militaire.

« Le procureur général pense que le deuxième conseil
de guerre permanent de la 2ᵉ division militaire a fait une
juste application de la loi du 22 messidor an 4 (art. 1ᵉʳ).

de celle du 10 mars 1818 (art. 25), et de ce principe constitutionnel déjà établi par la Charte de 1814, et proclamé avec une force nouvelle, et sans restriction, par celle de 1830, *que nul ne peut être distrait de ses juges naturels.*

« Cependant, le cours de la justice se trouvant interrompu par le conflit négatif élevé entre le tribunal de première instance de Rocroy et le deuxième conseil de guerre de la 2ᵉ division militaire,

« Le procureur général requiert pour le Roi qu'il plaise à la cour statuer sur ce conflit, et renvoyer le prévenu devant les juges compétens.

« Fait au parquet, le 30 mai 1831.

« *Signé* Dupin aîné. »

« Ouï M. Brière, conseiller, en son rapport, et M. Fréteau de Penny, avocat général, en ses conclusions ;

« Vu le réquisitoire du procureur général en la cour, tendant à ce qu'il soit réglé de juges dans le procès du nommé Joseph Vincentius, prévenu du crime d'embauchage ;

« Vu la lettre de M. le garde-des-sceaux, ministre de la justice, sous la date du 24 mai dernier, par laquelle il charge le procureur général, en lui faisant l'envoi des pièces, de faire statuer sur le conflit négatif qui s'est élevé dans cette affaire entre le tribunal de première instance de Rocroy et le deuxième conseil de guerre de la 2ᵉ division militaire ;

« Vu l'ordonnance de la chambre du conseil du tribunal de première instance de Rocroy, sous la date du 17 mars dernier, par laquelle ce tribunal se déclare incompétent pour connaître du procès du nommé Joseph Vin-

centius, par le motif que le fait imputé au prévenu cons-
tituerait le délit d'embauchage prévu par l'article 2 de
la loi du 4 nivôse an 4, et que, d'après l'article 6 de la
même loi, la connaissance de ces sortes de délits appartient exclusivement aux conseils de guerre, et le renvoie, mandat de dépôt tenant, devant qui de droit;

« Vu le jugement du 2ᵉ conseil de guerre permanent de
la 2ᵉ division militaire, rendu le 26 avril suivant, par lequel il s'est déclaré incompétent, par le motif que l'art. 6
de la loi du 4 nivôse an 4 a été abrogé par la loi du 22 messidor an 4, qui a consacré en principe que les individus
non militaires sont soumis à la juridiction ordinaire; que
la loi du 13 brumaire an 5 n'a reproduit que temporairement l'exception de l'article 6 de la loi du 4 nivôse
an 4, en rendant les embaucheurs justiciables des conseils de guerre, disposition successivement abrogée et
par la loi du 18 pluviôse an 9, art. 11, et par le décret
du 17 messidor an 12, art. 1ᵉʳ; que la Charte de 1814 et
celle de 1830, ayant définitivement aboli les tribunaux
spéciaux, le principe de la loi du 22 messidor an 4 a été
rétabli, et qu'en conséquence les embaucheurs non militaires sont soumis à la juridiction des cours d'assises;

« Attendu que l'ordonnance de la chambre du conseil
du tribunal de première instance de Rocroy, et le jugement du deuxième conseil de guerre permanent de la
2ᵉ division militaire susmentionnés, non attaqués en
temps de droit, ont acquis l'autorité de la chose jugée;
qu'il résulte de leur contrariété un conflit négatif inter-
rompant le cours de la justice, qu'il importe de rétablir
par un règlement de juges;

« Vu les articles 525 et suivans du Code d'instruction
criminelle sur les règlemens de juges;

« Vu l'art. 1er de la loi du 22 messidor an 4, portant :

« Nul délit n'est militaire, s'il n'a été commis par un « individu qui fait partie de l'armée : tout autre individu « ne peut jamais être traduit comme prévenu devant les « juges délégués par la loi militaire ; »

« Adoptant les motifs insérés dans le jugement du conseil de guerre ci-dessus analysés et qu'il est inutile de répéter ; adoptant pareillement les motifs du réquisitoire du procureur général, et attendu qu'il est reconnu en fait que Joseph Vicentius, prévenu, dentiste de sa profession, n'est point militaire ni attaché à l'armée ;

La cour, sans s'arrêter à l'ordonnance de la chambre du conseil du tribunal de première instance de Rocroy, du dix-sept mars mil huit cent trente-un, qui sera considérée comme non avenue, renvoie les pièces du procès et ledit Joseph Vicentius en état de mandat de dépôt, devant la chambre des mises en accusation de la cour royale de Metz, pour, sur l'instruction faite et le complément qu'elle ordonnera, s'il y a lieu, être statué sur la prévention du fait d'embauchage imputé audit Vicentius, et, au cas de prévention suffisante, le renvoyer devant la cour d'assises compétente, aux fins d'y être procédé et statué conformément à la loi ;

« Ordonne qu'à la diligence du procureur général en la cour, le présent arrêt sera notifié à qui de droit. »

Ainsi jugé et prononcé par la chambre criminelle de la cour de cassation, en son audience publique du dix-sept juin mil huit cent trente-un ; présens : MM. le comte DE BASTARD D'ESTANG, pair de France, président ; BRIÈRE, rapporteur ; OLLIVIER, GAILLARD, DE SAINT-MARC, RIVES,

Dupaty , Gilbert de Voisins , Choppin , Rocher , Isambert , conseillers en la cour.

Mandons et ordonnons , etc., etc.

EMPLOYÉS d'un magasin militaire de fourrages , sont-ils justiciables d'un conseil de guerre ?

La loi du 13 brumaire an 5 , dans le n° 4 de son article 10 , semblait avoir compris tous les employés des administrations pour le service des troupes , sans distinguer entre les employés soldés par le gouvernement et ceux préposés par les fournisseurs et payés par eux.

Deux employés d'un fournisseur de fourrages de la 10ᵉ division militaire , se trouvèrent complices d'un délit commis par des fourriers d'un régiment d'artillerie. Le deuxième conseil de guerre de cette division condamna tous les prévenus ; mais , sur un pourvoi formé contre ce jugement , le conseil de révision annula , renvoya les militaires devant le premier conseil de guerre , et les deux employés devant le juge d'instruction de Toulouse. La décision de ce conseil fut dénoncée à la cour de cassation qui cassa et annula à son tour, « attendu , dit cet « arrêt en date du 16 décembre 1825 , qu'il résulte du « renvoi devant le premier conseil de guerre de la 10ᵉ « division militaire , par jugement rendu par le conseil « de révision , de quatre individus militaires prévenus « du même délit , dont deux autres individus également « militaires, et des employés d'un magasin de fourrages, « traduits devant le juge d'instruction de Toulouse, « sont prévenus ; que des prévenus d'un même délit sont « traduits devant des juridictions différentes.

« D'où il suit qu'il y a lieu à régler de juges aux
« termes de l'article 527 du Code d'instruction crimi-
« nelle.

« Attendu que les employés du magasin militaire de
« fourrages dont il s'agit, sont justiciables des conseils
« de guerre, aux termes du n° 4 de l'article 10 de la loi
« du 13 brumaire an 5. »

Cet arrêt qui statuait sur la qualité des employés du
magasin de fourrages, sans que ces derniers qui se prétendaient toujours non militaires, fussent parties principales ou intervenantes, fut attaqué par eux par voie
d'opposition. En conséquence, l'affaire revint à la cour.
Mais alors, mieux éclairée, elle rendit le 11 mars 1826
un arrêt qui réforma celui du 16 décembre 1825,
« attendu, dit-il, que les opposans établissent qu'ils
« sont les employés d'un simple fournisseur de four-
« rages, et que l'un d'eux est même l'associé de ce
« fournisseur ;

« Que leur service a eu lieu auprès d'un détachement
« de troupes employées dans l'intérieur et qui n'était
« point organisé en corps d'armée, ni mis sur le pied
« de guerre ;

« Que dès lors le n° 4 de l'article 10 de la loi du
« 13 brumaire an 5 ne leur était pas applicable.

« Que le n° 10 du même article n'est applicable qu'au
« munitionnaire d'un détachement de troupes organisé
« en corps d'armée ou mis sur le pied de guerre ;

« Que, dans l'espèce, le fait dont les opposans sont
« inculpés, est prévu par l'art. 433 du Code pénal ; que,
« dès lors, les opposans n'étaient point, à raison de leur
« qualité, justiciables des conseils de guerre, et ne le
« sont pas davantage à raison de la nature du délit. »

Il résulte de cet arrêt qui fixe la jurisprudence sur ce point, que les employés particuliers d'un simple fournisseur de fourrages, ne peuvent être justiciables des conseils de guerre qu'autant que le fournisseur lui-même, considéré comme munitionnaire d'un détachement organisé en corps d'armée, ou mis sur le pied de guerre, serait soumis à la juridiction militaire.

Hors ce cas, et en temps de paix, dans les divisions territoriales, il ne peut y avoir d'employés justiciables des conseils de guerre, que ceux qui sont commissionnés par le gouvernement, et préposés par lui au service des troupes.

ESPIONS jugés par les conseils de guerre. — Peuvent-ils invoquer le bénéfice de la loi du 18 vendémiaire an 6 pour faire réviser leurs jugemens ?

Cette question a déjà été traitée aux mots *Assassins sur grands chemins* et *Chauffeurs.*

Toutefois, nous ferons observer ici que les espions non militaires seraient justiciables des cours d'assises. Les raisons que nous avons déduites au mot *Embaucheurs non militaires, etc.*, sont applicables aux espions non militaires. Il suffit, pour s'en convaincre, de se rappeler les termes du décret du 17 messidor an 12, qui rendait les espions et embaucheurs justiciables des commissions militaires. Or, ces commissions militaires et tous autres tribunaux extraordinaires ayant été abolis par la Charte de 1814, et leur rétablissement étant impossible d'après la Charte de 1830, il est évident que la loi du 22 messidor an 4 doit être suivie, et que les individus non militaires ne pouvant pas être distraits de

leurs juges naturels, les espions qui ne sont pas militaires doivent être jugés par les tribunaux ordinaires.

Cette opinion se trouve conforme à la jurisprudence
de la cour de cassation ; car, du moment que la question
est décidée, dans ce sens, pour les embaucheurs, elle
l'est certainement en faveur des espions qui ne font pas
partie de l'armée.

ÉTAT-MAJOR. — Voyez *Chef d'état-major.*

ÉTRANGERS. —Voyez *Officiers des bataillons
étrangers.*

EXÉCUTION DES JUGEMENS.—L'exécution
d'un jugement doit-elle, *dans tous les cas,*
être suspendue pendant tout le temps que dure
la faculté du recours en révision ?

Cette question s'éleva et fut résolue affirmativement
en l'an 6. La promulgation alors récente des lois des 18
vendémiaire et 15 brumaire an 6, qui apportaient une
modification très-importante à la loi du 13 brumaire an 5,
avait jeté dans l'incertitude plusieurs conseils de guerre
où les connaissances du droit étaient beaucoup moins
répandues qu'aujourd'hui.

En effet, les tribunaux militaires étaient habitués
avec la loi du 13 brumaire an 5, à juger sans appel, et
à faire exécuter leurs jugemens sur-le-champ. Dès que
l'on eut reconnu ce qu'avait de barbare une pareille
manière de rendre la justice, on voulut retirer aux conseils de guerre le caractère odieux de tribunaux d'exception, de *prévôtés sanglantes,* dont la redoutable
juridiction ne s'exerce qu'au milieu des fureurs des par-

tis qui se déchirent ; et par les lois des 18 vendémiaire et 15 brumaire an 6, on modifia les dispositions des articles 31 et 38 de la loi du 13 brumaire an 5.

D'abord, pour régulariser tout ce qui avait été fait, l'art. 11 de la loi du 18 vendémiaire an 6 donna au droit de se pourvoir en révision, un effet rétroactif qui remonta jusqu'à une époque antérieure à la loi du 13 brumaire an 5 ; puis l'article 12 posa la règle pour l'avenir, en déclarant que le commissaire du roi n'aurait que vingt-quatre heures, en cas d'acquittement du prévenu ou de l'accusé, pour former son pourvoi en révision.

Le droit de se pourvoir en révision, résultait, pour le condamné, implicitement des termes de cet article 12, mais il n'était pas formellement exprimé ; aussi la loi du 15 brumaire an 6 s'expliqua d'une manière précise à cet égard, dans son article 8, où elle accorde au condamné un délai de vingt-quatre heures, passé lequel son pourvoi ne serait plus recevable. Par son article 9, cette loi ajoute un nouveau délai de vingt-quatre heures après celui accordé au condamné, pour que le commissaire du roi puisse se pourvoir d'office dans le cas où le condamné ne le ferait pas. Ainsi, non-seulement ces lois ne veulent pas qu'un jugement soit exécuté sans examen, mais celle du 15 brumaire impose comme devoir, au commissaire du roi, de se pourvoir d'office contre un jugement portant un vice de formes ou une violation de la loi, lorsque le condamné qui seul peut y avoir intérêt, ne l'a point fait dans le délai des vingt-quatre heures qui lui est accordé par l'article 8.

Les termes de ces deux lois de l'an 6 étaient assez clairs et assez positifs, pour que l'on ne dût pas craindre des difficultés sur leur application ; cependant il n'en fut pas ainsi, et la question que nous examinons prouve combien peu ils furent compris. Aujourd'hui même certains conseils de guerre semblent ne point les connaître, et paraissent toujours disposés à rentrer dans les ornières vicieuses que leur avait laissé creuser une administration insouciante, jusqu'au moment où un administrateur éclairé (1) vint porter une attention toute particulière sur la manière dont la justice militaire était rendue en France.

Le principe que l'on ne devait pas perdre de vue, c'est que tout pourvoi en matière criminelle est essentiellement suspensif de l'exécution. Mais, pour exercer le droit que donne la loi, de se pourvoir contre la décision d'un conseil de guerre, il faut bien avoir le temps nécessaire durant lequel le condamné n'ait point à redouter l'exécution de son jugement. Or, pendant les vingt-quatre heures prescrites par l'article 12 de la loi du 18 vendémiaire an 6, et pendant les quarante-huit heures déterminées par les articles 8 et 9 de la loi du 15 brumaire an 6, les jugemens sont *in suspenso,* et ne peuvent être mis à exécution qu'après l'expiration de l'un ou de l'autre de ces délais, suivant que la sentence acquitte ou condamne.

Il n'est peut-être pas hors de propos de relever ici quelques erreurs dans lesquelles tombent encore plusieurs conseils de guerre. Il n'est pas rare d'y voir confondre les mots *absoudre* et *acquitter,* en parlant des individus; et *exécutoire* et *exécuté* en parlant des jugemens. Il nous paraît d'autant plus essentiel de le faire,

____

(1) M. le vicomte de Caux, ministre de la guerre en 1828 et 1829.

que le décret du 8 frimaire an 6 semble lui-même avoir
fait cette confusion en se servant du mot *absoudre* pour
désigner dans les formules qu'il prescrit, les jugemens qui
absolvent et ceux qui *acquittent.* Ces deux mots ne peuvent cependant pas être synonymes. *On est absous lorsque
le fait dont on est déclaré coupable n'est pas défendu par
une loi. On est acquitté lorsque l'on est déclaré non coupable du fait qui avait donné lieu à l'accusation.* Ainsi,
dans le premier cas, il faut qu'il soit démontré que le fait
a été commis; et dans le second, que le fait n'a pas été
commis. Cette distinction fort importante est établie par
les articles 358 et 364 du Code d'instruction criminelle.

Quant aux mots *exécutoire* et *exécuté*, il serait pué-
ril d'entrer dans des explications à cet égard, s'il n'arrivait pas chaque jour que des conseils de guerre dési-
gnent comme exécutoires des jugemens exécutés, et
comme exécutés des jugemens exécutoires. *Un jugement est exécutoire quand il ne peut plus être attaqué
par un pourvoi;* ce qui arrive immédiatement après
l'expiration des délais prescrits par l'article 12 de la loi
du 18 vendémiaire, et par les articles 8 et 9 de la loi du
15 brumaire an 6.

*Un jugement est exécuté lorsqu'on a fait l'acte pré-
liminaire à partir duquel la peine commence à courir.*

Ici il est essentiel d'entrer dans quelques détails.

Il y a deux genres de jugemens; les uns correctionnels, prononçant un emprisonnement; les autres criminels, infligeant la peine de mort, celle des fers ou travaux forcés, celle de la réclusion, et enfin celles de la
déportation et du bannissement.

L'exécution des jugemens portant une peine correctionnelle, consiste dans l'écrou, c'est-à-dire dans la

mention du jugement qui est faite sur le registre du concierge de la prison ; ou, en d'autres termes, c'est l'inscription du nom du condamné sur le registre des emprisonnemens avec la mention de la sentence qui le condamne.

Cette formalité ne peut être remplie qu'après l'expiration du délai pendant lequel on peut former un pourvoi en révision. (Art. 8 et 9 de la loi du 15 brumaire an 6.)

Quand il s'agit d'un acquittement, l'exécution a lieu par la décharge de l'écrou, suivie de la mise en liberté. Ce qui ne peut se faire toutefois, qu'après l'expiration des vingt-quatre heures prescrites par l'article 12 de la loi du 18 vendémiaire an 6, et accordées au commissaire du roi pour se pourvoir contre le jugement.

L'exécution des jugemens criminels consiste dans un acte extérieur. Cet acte extérieur est lui-même une peine accessoire : c'est la dégradation militaire.

Nous ne parlons point des condamnations à mort; cette peine, dans la législation qui nous régit encore, n'est point infamante pour les militaires (1). Nous n'avons donc à nous occuper que de l'exécution des jugemens qui prononcent une peine afflictive et infamante. Dans ce cas, l'exécution consiste dans la peine accessoire de la dégradation militaire; c'est du moment

---

(1) Aucun article des lois militaires n'attache l'infamie à la peine de mort. On pourrait peut-être soutenir, avec raison, que quand la peine de mort est subie pour un crime prévu par le Code pénal ordinaire, et par application de ce Code, l'infamie frappe alors le condamné. C'est en effet notre opinion. Autrement, ce serait une exception injuste en faveur des militaires.

qu'elle a été subie que commence à courir la durée de la peine principale.

La dégradation militaire ne peut s'effectuer qu'après l'expiration du délai prescrit par les articles 8 et 9 de la loi du 15 brumaire an 6.

Nous nous étions livrés à une discussion de droit pour établir que la dégradation militaire doit être subie à la place de l'exposition au carcan et de la marque avec un fer chaud, toutes les fois qu'une peine afflictive et infamante est prononcée contre un militaire ; mais la cour de cassation ayant enfin mis un terme aux difficultés par un arrêt parfaitement motivé et contenant l'exposé des principes du droit criminel en cette matière, nous nous bornerons à y renvoyer. (Voyez le mot *Dégradation militaire.*)

Désormais la jurisprudence est fixée, et les conseils de guerre, en se conformant à l'arrêt de la cour de cassation qui est l'autorité régulatrice pour tous les tribunaux de France, se borneront à emprunter au Code pénal ordinaire la peine proprement dite, et l'appliqueront suivant les principes du droit militaire.

EXÉCUTION d'une condamnation à mort. —

Peut-elle avoir lieu dans une ville autre que celle où le jugement a été rendu ?

Rien, dans la législation militaire, ne prescrit de faire exécuter les jugemens qui prononcent la peine de mort, dans le lieu où le crime a été commis ; rien aussi ne le défend.

Un conseil de guerre auquel la question de l'indication du lieu avait été soumise, décida :

« 1° Que l'article 26 du Code pénal ordinaire n'était
« point applicable , vu l'article 5 du même Code ;

« 2° Que l'article 36 de la loi du 13 brumaire an 5 ,
« voulant que le jugement soit exécuté de suite , c'est
« dans le lieu même où il a été rendu que l'exécution
« doit se faire ;

« 3° Que l'article 38 de la même loi ne laisse aucun
« doute à cet égard ;

« 4° Enfin , que d'après les formules de jugemens dé-
« terminées par la loi , on ne saurait introduire dans le
« dispositif du jugement , l'indication du lieu de son
« exécution. »

Au simple énoncé de cette réponse , on s'aperçoit que
la question ne fut pas comprise.

L'article 26 du Code pénal ordinaire était applicable ,
et l'article 5 du même Code n'y met aucun obstacle ;
car il ne s'agit pas d'emprunter une peine au droit ordinaire , mais bien une disposition législative déterminant
un mode d'exécution ; disposition qui n'est contredite
par aucune loi militaire ; et il est presque superflu de
rappeler que tout ce qui n'est pas formellement exprimé
dans le droit militaire , rentre dans le droit commun.

L'argument tiré des articles 36 et 38 de la loi 13 brumaire an 5 , est précisément celui que l'on emploirait
pour établir le contraire de la prétention du conseil
de guerre.

En effet , l'article 36 enjoint au rapporteur de faire
ses diligences pour l'exécution du jugement. L'article
38 indique en quoi consistent les diligences du rapporteur. Muni de la copie du jugement , il doit aller en
donner lecture au condamné , en présence de la garde
rassemblée sous les armes , puis il se rend immédiate-

ment après cette lecture, auprès du commandant en chef, lui donne communication de la sentence, et le requiert, au nom du conseil, de donner des ordres sur-le-champ, pour *le lieu* et l'heure de l'exécution. Vainement voudrait-on prétendre que par ces mots : *le lieu;* le législateur a entendu le terrain où doit se faire l'exécution, et que ce terrain doit être partie intégrante du lieu où siége le conseil de guerre ; car si le général commandant est à dix lieues de l'endroit où siége le conseil de guerre, et qu'il lui paraisse indispensable, dans l'intérêt de la discipline, d'ordonner l'exécution, devant le régiment du condamné, régiment que nous supposons stationné là où réside le général? Quelle est la loi qui lui empêche d'user de cette faculté?

Il est donc évident que l'officier commandant a le droit de déterminer le lieu, quand le conseil de guerre qui peut le désigner en vertu de l'article 26 du Code pénal ordinaire, ne l'a pas fait ; mais il faut remarquer aussi que ce droit a pour limite l'humanité qui s'opposerait à ce qu'un condamné à mort allât subir sa condamnation a vingt ou trente lieues de l'endroit où il aurait été jugé. Ce serait une aggravation de peine que rendrait horrible l'agonie prolongée du coupable.

F.

FLAGRANT DÉLIT. — Un militaire arrêté en flagrant délit, ou sur la clameur publique, par des patrouilles, doit-il être immédiatement conduit devant un officier de police judiciaire, ou devant le commandant militaire ?

L'esprit de corps qui règne et qui doit régner parmi

les militaires, la différence orgueilleuse que mettent les soldats français entre eux et les citoyens non militaires, puis la pensée qu'ils sont soumis à une législation spéciale, firent naître des difficultés au sujet des arrestations de militaires pris en flagrant délit, ou saisis sur la clameur publique. Ces hommes étaient conduits par la force armée, devant le commandant militaire; en sorte que s'ils avaient commis un crime ou un délit dont les traces dussent être recueillies et constatées, il était impossible d'y parvenir, puisqu'il fallait attendre que l'autorité militaire instruisît le procureur du roi de l'arrestation et de ses circonstances, pour que les officiers de police judiciaire pussent dresser acte des faits.

Cette manière de procéder donna lieu à des plaintes fondées. On réclamait surtout contre la violation du principe posé dans l'article 106 du Code d'instruction criminelle, qui prescrit à tout dépositaire de la force publique de conduire devant le procureur du roi tout prévenu surpris en flagrant délit, ou poursuivi par la clameur publique, ou enfin qui se trouve dans les cas assimilés au flagrant délit; mais l'autorité militaire invoquait de son côté sa justice exceptionnelle, et répondait que les prévenus ne pouvaient pas échapper à la justice, puisqu'ils restaient en état d'arrestation et que les premiers actes étaient faits par ses soins.

Dans cet état de choses, le conseil d'état fut consulté par le ministre de la guerre. Les trois comités de législation, de l'intérieur et de la guerre réunis, décidèrent que, conformément à la législation existante et particulièrement à l'article 106 du Code d'instruction criminelle, les chefs de patrouilles ou de postes doivent conduire devant le procureur du roi ou tout autre officier de police judiciaire, les militaires arrêtés en flagrant délit ou sur la clameur publique ; et que la seule exception à cette règle du droit commun, résultant de l'article 51 de la loi du 10 juillet 1791, ne peut être appliquée qu'aux individus revêtus de l'uniforme de l'un des corps en garnison dans le lieu où le délit a été commis ; que, dans ce cas, ces individus *peuvent* être conduits devant le commandant militaire.

Il faut remarquer, à l'occasion de cet avis du conseil d'état, que la décision des trois comités n'a aucun caractère officiel ni même légal. Cette assertion peut paraître singulière, mais elle est tout entière dans l'avertissement imprimé en marge de ces sortes d'avis, et résulte particulièrement du défaut d'organisation légale du conseil d'état.

Ce corps n'ayant plus l'interprétation des lois ne peut émettre, en effet, qu'une opinion particulière ; aussi ses décisions ne sont-elles adressées aux ministres qui les demandent, que comme de simples conseils et en rappelant quelles ne sont que pour le ministre seul qui les a réclamées, qu'on ne peut en délivrer copie à personne et qu'elles ne peuvent même pas être citées dans les actes des ministères. Ces décisions n'existent donc pas ostensiblement, et ne peuvent devenir, comme dans la question dont il s'agit, règle à suivre ou matière à discussion, qu'autant que le ministre les a données comme ses opinions personnelles. C'est considérées sous ce dernier rapport, que nous les avons consignées ici. Nous ajouterons que cette décision du ministre de la guerre est conforme aux principes du droit commun, et que l'article 106 du Code d'instruction criminelle est obligatoire pour tous les Français, dont l'égalité devant la loi n'admettant aucune distinction, ne peut faire craindre ni infraction aux lois de police et de sûreté, ni violation du droit public, tandis que l'on pourrait les redouter, si la juridiction exceptionnelle des militaires dérobait à l'action des magistrats civils, les prévenus de crimes ou délits portant atteinte à la société toute entière.

FLÉTRISSURE. — Un militaire convaincu du crime de faux, doit-il subir la flétrissure prononcée par le Code pénal ordinaire?

Cette question se présenta quelquefois, et notamment en 1820, où elle fut décidée négativement, comme à différentes époques antérieures. Toutefois, on se bornait à dire que la flétrissure ou marque avec un fer chaud, doit être remplacée par la dégradation militaire prononcée par l'article 21 de la loi du 21 brumaire an 5. On ne déduisait aucun motif, en sorte que la question restait toujours la même pour les conseils de guerre.

Nous supprimons ici la discussion à laquelle nous nous étions livrés, pour démontrer que la dégradation militaire est, dans la pensée du législateur, la peine accessoire qui doit commencer l'exécution de toute sentence qui prononce contre des militaires une peine afflictive et infamante; l'arrêt récemment rendu par la cour de cassation règle désormais ce point important de la jurisprudence militaire, et nous dispense d'entrer dans de plus longs développemens. Il est rapporté en en entier au mot *Dégradation.* Cet article contient d'ailleurs tous les principes que nous n'aurions fait que reproduire ici sous une autre forme. Voyez *Dégradation militaire.*

G.

GAGISTES. — Musiciens gagistes. — Voy. *Trompettes.*

GARDES-COTES. — Voyez *Notaires.*

GENDARMES. — Peut-on former un conseil militaire de la gendarmerie de l'intérieur, pour instruire et juger des procès militaires ?

Avant la loi du 13 brumaire an 5 qui a établi les conseils de guerre tels qu'ils existent aujourd'hui, les tribunaux militaires avaient porté différens noms, et reçu diverses formes. Nous en avons parlé en tête de cet ouvrage, et nous avons vu que les conseils militaires dont il est ici question, durent leur établissement à la loi du deuxième jour complémentaire de l'an 3. Cette loi n'ayant fait aucune distinction entre les différens corps de troupe, on se demanda si la gendarmerie de l'intérieur pouvait composer un conseil militaire. Le motif de ce doute venait de ce que les gendarmes étaient, comme à présent, préposés spécialement à la sûreté publique et chargés de la recherche des crimes et délits. Toutefois, aucune prohibition n'étant portée dans cette loi; les gendarmes étant, à cette époque, aussi bien qu'à celle-ci, considérés comme militaires et faisant partie de l'armée; on répondit, en l'an 4, affirmativement à la question proposée, car il est de principe que tout ce qui n'est pas défendu est permis.

GENDARMES qui ont dressé et signé des procès-verbaux ou qui sont témoins, peuvent-ils
être juges ?

En l'an 4 où cette question se présenta, l'on trouvait
dans le Code des délits et des peines du 3 brumaire
an 4, les dispositions du droit criminel ordinaire qui, à
cette époque, comme aujourd'hui, défendaient d'être
juge et partie en même temps. Les articles 484 et 502
de ce Code contenaient le principe qui fut du reste invoqué dans la solution donnée à cette question; mais,
bien que les lois militaires fussent muettes à cet égard,
la raison et l'équité qui doivent être les seuls guides
pour suppléer la loi, indiquaient assez que celui qui a
été accusateur, ne peut pas être juge dans la même
affaire; et le droit commun, auquel il faut toujours
recourir, lorsque le droit exceptionnel se tait, avait prévu la difficulté dans les articles que nous avons cités.
Maintenant, il suffirait de consulter l'article 44 du Code
de procédure civile, et l'article 383 du Code d'instruction criminelle, pour dissiper le doute qui pourrait s'é-
lever dans l'esprit de ceux qui sont peu familiarisés avec
la science du droit.

GENDARME prévenu d'assassinat envers un autre
gendarme ou tout autre militaire, est-il justiciable d'un conseil de guerre ?

La loi du 28 germinal an 6 dit, article 97 : « Les
« officiers, sous-officiers et gendarmes seront justicia-
« bles des tribunaux criminels, pour les délits relatifs
« au service de la police générale et judiciaire dont ils
« sont chargés; et des conseils de guerre, pour les dé-

« lits relatifs au service et à la discipline militaires. »
L'article 98 ajoute que s'il y a prévention, tout à la fois,
d'un délit militaire et d'un délit relatif au service de la
police générale ou judiciaire, la connaissance en appartiendra au tribunal criminel.

Cette loi a bien déterminé, en thèse générale, *et ratione materiæ*, la compétence des conseils de guerre et
des tribunaux ordinaires, relativement aux crimes ou
délits commis par des gendarmes, mais elle semble n'a-
voir rien décidé pour la question dont il s'agit; car la
prévention d'assassinat n'est pas nécessairement relative
soit au service de la police générale et judiciaire, soit
au service et à la discipline militaires. Toutefois, il faut
remarquer que la compétence des tribunaux et des conseils de guerre, est encore réglée *ratione personæ*.
Ainsi elle se détermine non-seulement en raison de la
matière, mais aussi en raison de la personne; et dès-lors,
un gendarme soumis, comme militaire, au régime particulier et à la législation spéciale de cette profession,
rentre dans le principe général du droit militaire qui
veut que tout délit commis par un militaire présent à
son corps, soit jugé par un conseil de guerre. Ce principe puise lui-même son motif dans la nécessité que
commande l'intérêt public, de ne point enlever à son
drapeau le soldat qui s'est rendu coupable d'un délit,
et de faire prononcer promptement sur le sort d'un
homme que la loi a préposé pour un temps à la sûreté
de tous et à la défense du pays.

C'est donc avec raison que, dès l'an 7, on résolut affirmativement la question qui nous occupe, en s'appuyant
des termes de la loi du 28 germinal an 6, qui ne renvoie les gendarmes devant la juridiction ordinaire que

lorsque les délits dont ils se sont rendus coupables sont relatifs au service de la police générale et judiciaire dont ils sont chargés, parce qu'en effet, cette police étant exercée dans l'intérêt de la loi commune et des tribunaux ordinaires, c'est à eux qu'il appartient de prononcer sur les infractions qui leur sont préjudiciables, et qui sont commises par des individus qu'ils emploient comme agens spéciaux.

GENDARMERIE. —La gendarmerie qui a marché et combattu contre des particuliers, peut-elle composer un conseil militaire?

L'énoncé seul de cette question prouve que si la politique de cette époque fit décider affirmativement, en l'an 4, l'équité et la conscience protestaient contre un pareil principe. Le défaut de troupes suffisantes sur les points du territoire intérieur de la France, justifiait peut-être cette mesure, mais la preuve la plus certaine qu'elle était contraire à la justice, c'est que la question de l'adopter fut faite. En effet, soit que ce conseil militaire eût à juger des militaires sur la plainte des citoyens, soit qu'il eût à prononcer sur le sort des citoyens considérés comme rebelles, les membres de ce tribunal n'en étaient pas moins à la fois juges et parties; l'impartialité de leurs décisions pouvait être justement suspectée.

Aujourd'hui cette question serait résolue en sens inverse. Si les habitans d'une division territoriale déclarée en état de guerre devenaient, par là, justiciables d'un conseil de guerre, ce tribunal ne serait pas composé de juges pris dans les rangs de ceux qui auraient marché

et combattu contre ces particuliers. L'article 44 **du**
Code de procédure civile, et l'article 383 du Code d'instruction criminelle, contiennent les principes qui seraient invoqués. L'article 44 du Code de procédure civile dit : « Les juges de paix pourront être récusés :
« 1° *quand ils auront intérêt personnel à la contesta-*
« *tion, etc.* » L'article 383 du Code d'instruction criminelle s'exprime ainsi : « *Nul ne peut être juré dans*
« *la même affaire où il aura été* officier de police judiciaire, témoin, interprète, expert ou *partie*, à
« peine de nullité. »

Evidemment, un militaire qui aurait marché et combattu contre des particuliers dont il deviendrait ensuite le juge, *aurait eu un intérêt personnel*, *aurait été partie* dans l'affaire, puisque ce ne serait qu'en raison de l'état de guerre, et par suite de la résistance armée des particuliers, que ceux-ci se trouveraient prévenus de crimes ou de délits et justiciables d'un tribunal militaire.

GENDARMERIE.—Le conseil d'administration de la gendarmerie dont on a formé le conseil militaire, peut-il nommer un capitaine rapporteur choisi parmi les officiers d'un autre département ?

L'insuffisance des officiers de gendarmerie dans le département où siégeait le conseil militaire, donna lieu à demander, en l'an 4, s'il était permis de prendre dans un autre département, un capitaine de gendarmerie pour remplir les fonctions de rapporteur, attendu que ce conseil, composé par la gendarmerie seule, paraissait croire que tous ses membres devaient appartenir à la même arme, et ne voyait pas d'ailleurs de moyen d'obéir à l'article 6 de la loi du deuxième jour complémentaire de l'an 3, qui déterminait alors la composition et la compétence des tribunaux militaires, puisque le conseil d'administration formait le conseil militaire, et que c'était ce conseil d'administration qui, d'après l'article précité, devait nommer à son choix le capitaine rapporteur.

Cette question, comme l'on peut bien le croire, fut résolue négativement, en se fondant sur ce que la loi ne disait pas et ne pouvait pas dire qu'un tribunal militaire serait composé d'officiers du même corps ou de la même arme, car les conseils militaires ou conseils de guerre, sont établis pour toute l'armée et doivent être composés de militaires appartenant à ses différens corps ; seulement ils doivent être choisis parmi les troupes de la division où siége le tribunal, parce que, autrement, le service militaire en souffrirait ; il n'y aurait plus rien de régulier dans le mouvement des troupes, et l'action de la justice serait fréquemment entravée par les mutations et les difficultés qui en résulteraient.

Cette question ne pourrait pas se présenter aujourd'hui, la loi du 13 brumaire an 5 ne saurait donner lieu à aucune difficulté sous ce rapport, mais nous l'avons rapportée ici à cause du principe qu'elle a fourni l'occasion de rappeler dès cette époque, principe qui veut que les tribunaux militaires soient composés de juges pris dans des corps différens, et choisis parmi ceux qui résident dans la division où siégent ces tribunaux.

GENDARMERIE. — Voyez *Perquisition*.

GÉNÉRAL. — Un général peut-il déléguer au commandant d'une subdivision, le droit d'ordonner l'information et de convoquer le conseil de guerre ?

La négative n'est pas douteuse, il suffit de se rappeler les termes de la loi du 13 brumaire an 5, pour se convaincre que c'est l'officier investi du commandement en chef, qui, seul, doit nommer les membres du conseil de guerre, peut les convoquer, et a le droit d'ordonner une information.

Cependant de la comparaison entre eux des différens articles de cette loi, il semblerait résulter que le législateur n'a exigé le concours du commandant en chef, que dans certains cas ; et que dans beaucoup d'autres, il a laissé au commandant supérieur du lieu, quelque fût son grade, le droit de faire les actes prescrits par la loi. Ainsi les articles 4 et 5 disent, que *le commandant en chef de chaque division* nommera le rapporteur et le commissaire du roi, et qu'il est autorisé à changer tout ou partie des membres du conseil de guerre qui doivent être également nommés par lui, lorsqu'il le croira nécessaire pour le bien du service, etc... ; puis les articles 12, 22 et 58 donnent à *l'officier supérieur commandant sur le lieu,* le droit d'ordonner l'information, de convoquer le conseil de guerre et d'ordonner l'exécution des jugemens. En opposant les mots : *Commandant en chef de chaque division,* aux mots : *Officier supérieur commandant sur le lieu,* l'on peut croire que c'est à dessein que le législateur s'est servi de ces expressions, et qu'il a entendu, par exemple, que le maréchal de camp commandant une subdivision, eût le droit d'ordonner une information , de convoquer le conseil de guerre , parce qu'il est l'officier supérieur en grade , commandant sur le lieu même où nous supposons que le délit aurait été commis.

Oui , c'est bien à dessein que le législateur s'est servi de ces expressions , mais il ne faut pas en induire que le commandant d'une subdivision ait le droit de convoquer le conseil de guerre , d'ordonner l'information et de faire exécuter les jugemens. La loi du 13 brumaire an 5 ne pouvant ni ne devant spécialiser tous les cas qui peuvent se présenter , se sert des mots : *Officier supérieur commandant sur le lieu,* comme étant les termes génériques exprimant le mieux , en thèse générale , l'officier revêtu du suprême commandement dans le lieu où siége un tribunal militaire. Autrement , il eût fallu entrer dans des détails inutiles à rencontrer dans une loi, si l'on eût voulu tout prévoir et tout expliquer. En temps de guerre , par exemple, lorsqu'un même corps d'armée est divisé en plusieurs détachemens séparés les uns des autres , sans moyen de communication possible avec le général en chef; lorsqu'une ville est assiégée ; lorsque le commandant supérieur est tué ou quitte la division qu'il commande , pour passer momentanément dans un autre lieu où sa présence est nécessaire, l'officier qui commande à sa place peut se trouver d'un grade que les chances de la guerre rendront plus ou moins éloigné du sien , mais sera toujours *l'officier supérieur commandant sur le lieu;* aucune autre autorité, supérieure à la sienne , n'exercera le commandement sur lui , et en conséquence le vœu de la loi sera rempli. Mais dans les divisions territoriales de l'intérieur , et en temps de paix , lorsque le commandant de la division est toujours sur les lieux ou censé y être, lorsque le commandement est exercé en son nom et sous son autorité, il ne peut déléguer à un commandant de l'une des subdivisions de sa division militaire, un droit que la loi veut impérativement qu'il conserve, et dont il n'est permis qu'à lui seul de faire usage.

Un dernier fait justifie cette doctrine qui nous paraît d'ailleurs résulter des termes mêmes de la loi, c'est l'ordonnance du 25 janvier 1822 qui investit les lieutenans généraux commandant les divisions militaires, du droit de statuer définitivement sur les plaintes en désertion, et les autorise à refuser l'information. L'article 1er de cette ordonnance se sert des mots génériques : *Commandant supérieur*, et ensuite, dans l'article 2, des expressions : *Lieutenans généraux commandant les divisions militaires*, ce qui prouve, qu'en général, la loi n'entend parler que de l'officier revêtu de l'autorité supérieure ayant seule le droit d'agir comme pouvoir exécutif.

GÉNÉRAL DE BRIGADE commandant un régiment et n'exerçant dans la division où il se trouve, d'autres fonctions que celles propres aux chefs de corps, doit-il être considéré comme général de brigade, ou seulement comme chef de corps, et en cette dernière qualité peut-il être employé à la présidence d'un conseil de guerre ?

D'après la hiérarchie militaire, l'autorité n'est conférée et le respect n'est dû qu'en raison des fonctions remplies. Le titre donne bien le droit, mais le fait en détermine la nature et en prouve l'exercice. C'est en raison du grade dont on exerce les fonctions, que la loi du 13 brumaire an 5 veut que les membres des conseils de guerre soient choisis, puisque ce choix doit se faire parmi les militaires en activité dans la division où siége le conseil de guerre. On pourrait objecter que cette loi ne dit pas que les militaires désignés pour être juges, seront en activité de service; mais c'est ce qui résulte de loi du 14 fructidor an 7, qui ne fut rendue que pour des circonstances particulières à cette époque, et qui créa des conseils de guerre spéciaux dans les départemens déclarés en état de troubles. L'article 2 de cette loi du 14 fructidor an 7, dit que : « Les membres de « ces conseils *pourront* être pris et choisis parmi les « militaires des grades exprimés en l'article 2 de la loi « du 13 brumaire an 5, retirés avec la pension natio- « nale, et ayant fait une ou plusieurs campagnes dans la « guerre de la liberté. »

Il suit de là, que l'exception portée dans cet article de la loi du 14 fructidor an 7, qui relate d'ailleurs la loi du 13 brumaire an 5, prouve que la règle tracée par cette dernière loi, est que les membres des conseils de guerre doivent être en activité de service, et que leur grade n'est déterminé que par cette même activité dans l'emploi qu'ils exercent de fait.

C'est dans ce sens que la question qui nous occupe fut résolue en l'an 6, et la loi du 14 fructidor an 7 vint une année après confirmer cette décision. Toutefois, ainsi que nous l'avons remarqué au mot *Brevet*, l'administration de la guerre adopta une jurisprudence contraire. Elle pensa qu'on ne peut pas arguer dans les conseils de guerre du droit de commandement. Ces expressions auraient eu besoin de commentaires. Si elle a entendu parler, comme la question au mot *Brevet* le prouve, d'un officier qui possède le titre d'un grade supérieur à l'emploi dont il remplit les fonctions, elle s'est trompée, s'est mise en contradiction avec elle-même, et s'est servi d'expressions dont elle semblerait n'avoir pas compris le sens. Si au contraire, elle a voulu dire qu'un officier qui, momentanément, exerce les fonctions du grade supérieur au sien, ne doit pas arguer du droit de commandement ; qu'un lieutenant, par exemple, qui commande sa compagnie pour le capitaine, ne doit pas arguer de ce droit de commandement, elle a eu raison, mais alors elle a répondu à une question toute contraire à celle qui lui était soumise.

Il ne faut pas oublier cependant que cette étrange solution est de 1823, mais que depuis, et notamment en 1829, on revint aux vrais principes émis dès l'an 6, et que la jurisprudence judiciaire et administrative est, à cet égard, désormais certaine.

Nous avons parlé plus haut de la question de savoir si les membres des conseils de guerre doivent être choisis parmi les militaires en activité de service. Cette question se trouve spécialement traitée au mot *Officier attaché à un dépôt, en attendant sa retraite,* etc.

GRACE. — Peut-on faire remise, par voie de grâce, des frais de procédure auxquels on a été condamné ?

Comme il arrive ordinairement que les militaires condamnés aux frais de la procédure, n'ont d'autre moyen de les acquitter, que celui de la retenue sur leur faible solde, retenue qui est encore impossible quand la masse est endettée, on fit plusieurs fois des demandes en grâce dans lesquelles on sollicita en même temps la remise des frais. A cet égard on faisait remarquer que le recouvrement des frais pouvant se faire même par contrainte par corps, ce n'était pas seulement la remise d'une peine fiscale que l'on sollicitait de la clémence du roi, mais bien aussi une peine corporelle. En conséquence, la question que nous rapportons se présenta. Mais comme elle n'était ni de la compétence des tribunaux militaires, ni de celle de l'administration de la guerre, puisque c'est M. le garde des sceaux qui soumet au roi les propositions de grâce ou de commutation de peines faites en faveur des militaires condamnés, elle fut renvoyée au ministre de la justice, qui répondit, le 15 décembre 1818, que le condamné même gracié, n'est dispensé d'acquitter les frais que lorsque son insolvabilité est constatée, et que c'est le ministre des finances seul qui peut juger de cette insolvabilité.

GRADE. — Voyez *Brevet*.

GREFFES. — Voyez *Effets volés restés dans les greffes*, etc.

H.

HOMME DE SERVICE A GAGES. — Cette qualification peut-elle être donnée à un militaire en activité de service et présent sous les drapeaux?

Il est d'usage, comme on le sait, que les officiers prennent un soldat pour remplir auprès d'eux les fonctions de domestiques. Ordinairement, c'est un homme du régiment où ces officiers commandent. Mais ici le soldat appartenait au 9e régiment d'infanterie de ligne, et il était entré, en qualité d'homme de confiance, chez un lieutenant de gendarmerie, qui lui donnait des gages pour faire tout le service de sa maison. Il commit une infidélité et fut mis en jugement. Le conseil de guerre le condamna comme homme de service à gages, et lui appliqua l'article 386 du Code pénal de 1810.

Cette qualification fut critiquée avec raison. On fit observer qu'admettre qu'un soldat pût être homme de service à gages, ce serait enfreindre la loi du recrutement, qui oblige tout Français désigné par le sort, à servir l'Etat en qualité de militaire pendant un temps déterminé, durant lequel il ne lui est pas permis d'embrasser une autre profession, puisque son service militaire est une dette qu'il doit payer à la patrie.

On objectait le fait, les fonctions de domestique que ce soldat remplissait auprès du lieutenant de gendarmerie, et l'on disait que quelque illégale que fût cette position, elle n'en existait pas moins de fait, et qu'en conséquence, le conseil de guerre n'avait dû apprécier que le fait qui constituait la culpabilité. A cela on répondait, que pour qu'une position quelconque ajoutât à la gravité d'un crime ou d'un délit, il fallait que cette position fût possible aux yeux de la loi, et que l'action matérielle du vol commis chez l'officier de gendarmerie, n'entraînait pas nécessairement la qualification d'homme de service à gages ; que pour être domestique, il fallait pouvoir se louer, et par conséquent être libre de donner ses services en échange des gages que l'on recevait ; que du moment où ce contrat ne pouvait pas exister, la qualification d'homme de service à gages était fausse, et qu'il ne restait que celle d'*homme travaillant habituellement dans la maison* de l'officier de gendarmerie, qui pût être donnée au coupable ; par la raison qu'aucune loi sur le service militaire n'empêche un soldat d'exercer une industrie quelconque pendant les momens qu'il a de libres, et que quant à l'application de la peine, le résultat était le même, puisque l'article 386 du Code pénal ordinaire prescrit le même châtiment.

On ajouta que par cette qualification d'homme de service à gages, on constituait l'officier de gendarmerie en contravention à une loi non abrogée, celle du 12 brumaire an 3, qui défend à tout officier d'employer des soldats dans ses bureaux, sans une permission expresse du gouvernement ; d'où l'on tirait la conséquence qu'il était encore plus rigoureusement interdit à un officier de s'attacher un soldat en qualité de domestique, et de le dispenser de tout service militaire.

Cette solution est en effet conforme à la raison et à tous les principes du droit. Les conseils de guerre en s'en écartant, établiraient une fausse doctrine que la cour régulatrice serait bientôt appelée à rectifier.

HORS DE SON CORPS (Militaire). — Voyez *Militaire en route.*

HORS DES LIMITES DE LA GARNISON. —
Un militaire qui commet un délit hors des limites de la garnison, est-il justiciable d'un conseil de guerre ?

Le dernier considérant de l'avis du conseil d'état du

3o thermidor an 12, approuvé le 7 fructidor même année, qui dit que les délits commis par des militaires, hors de leurs corps et de leur garnison ou cantonnement, ne sont pas *des délits de militaires*, etc., fut entendu dans le sens le plus restreint. On comprit que du moment qu'un soldat était hors des limites de sa garnison, il devenait justiciable des tribunaux ordinaires pour tous les délits qu'il pouvait commettre. Cette doctrine erronée, suivie et controversée tour-à-tour, fit rendre cependant des jugemens contraires à la loi et à tous les principes du droit militaire; ils furent dénoncés à la cour de cassation qui, ramenant à une saine doctrine, expliqua des termes qui n'auraient jamais dû paraître ambigus, et déterminant le sens des mots : *hors du corps, de la garnison ou cantonnement,* jugea, le 14 décembre 1827, « qu'aux termes de l'avis
« du conseil d'état du 7 fructidor an 12, si le fait dont
« est prévenu le nommé Doyen, présente un délit com-
« mun, *la prévention porte contre un militaire étant*
« *à son corps;* que si le délit a été commis à quelques
« kilomètres au-delà de la limite assignée à la garnison,
« cette circonstance, qui présente une contravention
« susceptible d'être réprimée par une peine de disci-
« pline, ne peut constituer ce militaire en état de congé
« ou *d'absence de son corps*, ni le soustraire à la juri-
« diction militaire. »

En effet, en combinant entre eux les différens considérans de cet avis du conseil d'état, il résulte que *hors du corps, de la garnison ou cantonnement,* signifie *absent du corps, de la garnison ou du cantonnement,* soit en vertu d'un congé, soit illégalement; et indique que le militaire n'est plus astreint à la discipline de son régiment et à la surveillance active et sévère de ses chefs. Mais l'arrêt de la cour régulatrice est le meilleur commentaire, puisqu'il a l'avantage de fixer la jurisprudence des conseils de guerre.

I.

INFIRMIER attaché à un hôpital militaire en entreprise, est-il justiciable d'un conseil de guerre ?

Au simple énoncé de cette question, et après l'avoir rapprochée des termes du n° 9 de l'article 10 de la loi du 13 brumaire an 5, elle semblerait devoir être résolue affirmativement, car la loi du 13 brumaire an 5 parle des médecins, chirurgiens et *infirmiers des hôpitaux militaires,* sans spécifier si ces infirmiers doivent être réputés militaires lorsqu'ils sont attachés à des hôpitaux militaires en entreprise, ou s'il faut, pour qu'ils deviennent justiciables d'un conseil de guerre, qu'ils aient été commissionnés par le gouvernement.

Cette question aurait pu être controversée jusqu'à l'époque où parut l'ordonnance du 18 septembre 1824, portant réorganisation du personnel du service de santé et des hôpitaux de l'armée de terre ; cette ordonnance, dans son article 27 s'exprime ainsi :

« Les infirmiers entretenus sont ceux qui, ayant été
« admis par notre ministre secrétaire d'état de la guerre,
« contracteront devant les officiers de l'état civil, et
« sous les formes et conditions déterminées par les lois,
« l'engagement de servir huit années dans les hôpitaux
« militaires et ambulances de nos armées. »

« Ils sont soumis aux lois et règlemens sur la disci-
« pline militaire.

« Les infirmiers de remplacement ne contractent
« point d'engagement : ils sont nommés par les inten-
« dans militaires, et sont licenciés dès que leurs services
« ne sont plus reconnus nécessaires. »

En exécution de cette ordonnance, un règlement sur
le personnel du service de santé et des hôpitaux de
l'armée de terre fut redigé ; et dans l'article 156, on
détermina la proportion suivant laquelle les infirmiers
entretenus, doivent être répartis dans les hôpitaux militaires régis par économie.

De ce qui précède, il demeure bien démontré que
la juridiction des conseils de guerre ne peut s'étendre
que sur les infirmiers commissionnés par le ministre de
la guerre, et que ceux qui se trouvent faire partie du
personnel d'un hôpital civil momentanément transformé
en hôpital militaire, par suite d'une entreprise faite,
d'un marché passé, restent soumis à la juridiction ordinaire.

Ainsi, le n° 9 de l'article 10 de la loi du 13 brumaire
an 5, ne se trouve donc expliqué que par l'ordonnance
du 18 septembre 1824, et cette question offre de nouveau l'exemple que les lois militaires ne peuvent point
être isolées ; c'est un avertissement que nous ne saurions
trop renouveler à quelques membres des conseils de
guerre : l'application des lois militaires est d'autant plus
difficile qu'il faut les combiner entre elles.

INVALIDES. — Les militaires invalides, en ce
qui concerne les faits d'indiscipline et d'insu-

bordination, sont-ils justiciables des conseils de guerre?

Cette question qui fut résolue affirmativement en décembre 1830, donnait lieu, en effet, à examiner si des militaires qui ne font plus partie de l'armée active, doivent rester soumis à la juridiction exceptionnelle des conseils de guerre. Toutefois, réunissant toutes les conditions qui constituent la qualité de militaires, c'est-à-dire, étant astreints à la discipline de leur établissement tout militaire, commandés par des chefs auxquels ils doivent obéissance; recevant une solde, des vivres; revêtus d'un uniforme et faisant un service militaires, les invalides doivent être considérés comme appartenant à l'armée, mais assujétis à un service particulier. Cela est si vrai, que ceux qui refusent d'entrer à l'hôtel des Invalides ou qui veulent en sortir, reçoivent une pension et restent ou rentrent dans la classe des autres citoyens.

Leur présence à l'hôtel des Invalides, qui n'est que volontaire, les assimile au militaire qui, incorporé dans un régiment sans aucun engagement de sa part et sans avoir été appelé par la loi du recrutement, y reste néanmoins volontairement et s'y rend coupable d'un délit. Ce militaire est justiciable d'un conseil de guerre, comme nous l'avons démontré au mot *Service militaire* (page 186). Les motifs de l'arrêt de la cour de cassation qui y est rapporté, sont applicables à la question qui nous occupe; et l'on pourrait encore tirer des argumens en faveur de l'opinion que nous soutenons, d'un autre arrêt de la cour de cassation, rendu le 3 mars 1831, et qui est rapporté au mot : *Militaires condamnés,* etc.

Voyez *Service militaire.* — *Militaire condamné à l'em-*

prisonnement, etc. — Militaires condamnés qui commettent un délit pendant leur détention, après avoir été libérés du service.

J.

JEUNE SOLDAT marchant à la place d'un autre. — *Voyez Substitution.*

JUGES dans les conseils de guerre. — Quel est l'âge fixé pour siéger en cette qualité ?

La loi du 13 brumaire an 5 en créant les conseils de guerre tels qu'ils existent aujourd'hui, n'a point parlé de l'âge nécessaire pour être juge. En remontant vers les premières lois qui, depuis l'époque de la première révolution, donnèrent à la justice militaire une forme régulière et une marche légale, on trouve que la loi du 3 pluviôse an 2 est la dernière qui se soit occupée de l'âge des juges militaires qu'elle fixait, dans son article 4, titre VII, à vingt-cinq ans au moins. Il est essentiel de remarquer que cet article ne s'occupe que du président, du vice-président, de l'accusateur militaire, de son substitut et du greffier. L'article 15, titre X fixe à vingt-un ans l'âge des jurés; mais la loi du 24 août 1790, sur l'organisation judiciaire, au titre II, intitulé : *des Juges en général*, veut, article 9, que nul ne puisse être juge ou suppléant, ou chargé des fonctions du ministère public, s'il n'est âgé de trente ans accomplis. La loi du 29 octobre 1790, article 19, prescrit de ne porter sur le tableau des jurés que les militaires âgés de vingt-cinq ans accomplis; la loi du 16 mai 1792, titre II, art. 5, fixe également cet âge, en renvoyant à la loi du 29 oc-

tobre 1790 ; et la loi du 12 mai 1793 consacre ce principe en déclarant titre IV, art. 8, qu'aucun militaire,
de quelque grade qu'il soit, ne peut être appelé comme
juré, s'il n'est âgé de vingt-cinq accomplis.

Ainsi toutes les lois antérieures à celle du 3 pluviôse
an 2, ont fixé à vingt-cinq ans au moins, l'âge des juges
ou des jurés militaires. Il est vrai que l'on peut objecter
que la loi du 3 pluviôse an 2, a changé ces dispositions
en n'exigeant que l'âge de vingt-un ans; mais il faut
faire attention, que la loi du 3 pluviôse an 2 ne veut
cet âge que pour les jurés de jugement, c'est-à-dire
pour les citoyens appelés à prononcer sur le délit
seul reproché au prévenu, abstraction faite de la peine
qu'il peut encourir; que cette loi, comme celles qui
l'ont précédée, avait institué deux sortes de jury;
l'un devant décider s'il y a lieu à accusation; l'autre,
déterminant la condamnation ou l'acquittement de
l'accusé; mais l'un et l'autre n'ayant à statuer que sur
la simple appréciation du fait, tandis que des juges ap-
pliquaient la peine; et pour ces juges, cette même loi
du 3 pluviôse an 2, exige l'âge de vingt-cinq ans.

Or, d'après la loi du 13 brumaire an 5, les juges des
conseils de guerre, sont tout à la fois, jurés pour l'appréciation du fait, et juges pour l'application de la loi;
dès-lors, il est certain qu'en admettant parmi ces juges,
un militaire seulement âgé de vingt-un ans, on contre-
vient au principe posé dans la loi du 3 pluviôse an 2 qui
détermine vingt-cinq ans pour l'âge des juges.

Ce principe fut d'ailleurs consacré en 1806, par un
décret du 22 juillet, relatif à l'organisation des conseils
de marine et à l'exercice de la police et de la justice à
bord des vaisseaux. L'article 39 porte que les conseils

de guerre maritimes seront composés de juges âgés de vingt-cinq ans accomplis.

La loi du 18 vendémiaire an 6, offrait encore une preuve que l'intention du législateur, en confiant aux juges militaires les fonctions de jurés et de juges, était de trouver dans leur âge, la garantie d'une raison exercée; elle exigea trente ans pour siéger au conseil de révision.

Le ministre de la guerre pénétré de ces principes, donna des instructions aux commandans de division pour que les conseils de guerre ne fussent composés que de juges âgés au moins de vingt-cinq ans. Cette jurisprudence fut suivie jusqu'en 1819.

A cette époque, l'administration fut consultée sur la question de savoir s'il y avait lieu d'annuler un jugement dans lequel avait figuré un juge âgé de vingt-trois ans. L'administration répondit, avec raison, que la présence d'un juge âgé de vingt-trois ans, n'était pas une cause d'annulation, mais oubliant ses précédens, elle décida que l'âge de vingt-un ans était suffisant pour siéger dans les conseils de guerre. Cette décision, contraire aux principes que nous avons developpés plus haut, prouva seulement que les choix administratifs sont plutôt le résultat de la faveur et du bon plaisir, que celui de la justice et du discernement. La jurisprudence n'en resta pas moins fixée, et les conseils de guerre, continuèrent à être composés de militaires âgés de vingt-cinq ans accomplis.

JUGES d'un conseil de guerre. — Peuvent-ils être changés dans l'intervalle qui s'écoule entre l'arrestation du prévenu et le jugement?

Les termes de l'article 5 de la loi du 13 brumaire an 5

ont donné lieu à cette question , qui fut décidée affirmativement en 1820. En effet , les expressions de la loi
prouvent que le législateur n'a eu pour but que d'empêcher la haine , l'esprit de parti ou la vengeance , de composer un tribunal tout exprès pour juger un prévenu
dont l'arrestation serait faite , ou contre lequel l'information serait commencée. Mais lorsque plusieurs prévenus sont en arrestation pour crimes ou délits différens , lorsque des procédures sont commencées pour les
uns , presque achevées pour les autres , il n'y a pas à
craindre que la partialité préside au jugement de tel
individu plutôt que de tel autre ; et le prévenu a toujours la faculté d'exercer des récusations ; car si la
loi militaire est muette à cet égard , comme elle ne
le défend pas , le droit commun est applicable , et les
récusations pour les causes énoncées dans le Code de
procédure civile , peuvent être exercées par tout prévenu. Ainsi , dans ce cas , le remplacement des juges récusés , aussi bien que de ceux qui seraient empêchés par
maladie , devient de nécessité absolue , et il peut arriver
qu'il y en ait cinq à remplacer sur sept ; en sorte que ce
serait un véritable changement de tribunal.

Cependant , si l'on entendait l'article 5 de la loi du
13 brumaire an 5 à la lettre , ces remplacemens ne pourraient pas s'opérer , puisqu'il serait possible qu'ils de-
vinssent nécessaires après l'ordre de convocation du conseil , et au moment de juger l'accusé.

Il faut donc reconnaître que , dans cet article de la loi
du 13 brumaire an 5 , le législateur n'a entendu parler
que d'un changement fait spécialement pour le jugement
d'un prévenu , et dans le but unique ou de le faire plus
sûrement condamner , ou au contraire plus sûrement ac-

quitter. Il suffit d'ailleurs de rappeler les termes de cet article ; ils sont ainsi conçus :

Art. 5. « Le commandant en chef de chaque division « est autorisé à changer tout ou partie des membres du « conseil de guerre, *lorsqu'il le croira nécessaire pour* « *le bien du service :* ce changement ne pourra néan- « moins avoir lieu *pour le jugement d'un délit à raison* « *duquel le prévenu sera arrêté ou l'information com-* « *mencée.* »

Ainsi, le commandant peut changer le tribunal lorsque, par exemple, ce tribunal a adopté une jurisprudence fausse, dans laquelle il s'obstine nonobstant les avertissemens ; mais il le fait alors dans l'intérêt de la justice et pour le bien du service ; ses motifs sont généraux et ne s'appliquent à aucun individu. Au contraire, s'il change le tribunal uniquement parce que tel individu vient d'être arrêté ; s'il est déterminé par la pensée que cet homme sera acquitté par les juges qui siégent en ce moment, tandis qu'il sera condamné par ceux qu'il veut désigner à leur place, et que son but soit de faire tomber sur ce prévenu en particulier toute la sévérité des lois, dans ce cas, la loi protége l'accusé contre l'injustice et la partialité. Il en serait de même si, faisant abstraction de la personne, le changement s'opérait dans l'unique vue de faire plus sévèrement ou moins sévèrement punir un délit en particulier.

De tout ce qui précède, nous devons conclure que le changement des membres d'un conseil de guerre peut s'opérer en totalité ou en partie, lorsqu'il a pour but l'intérêt général de la justice, et qu'il est défendu par la loi ; quand il ne concerne qu'un crime ou délit en particulier, ou qu'il est spécial à un prévenu.

L.

LIBÉRATION PROVISOIRE. — Un militaire porteur d'un congé ou libération provisoire, et qui se rend coupable d'un délit, est-il justiciable d'un conseil de guerre ?

La différence que semblait établir ces mots, *congé provisoire* et *congé définitif,* donna lieu à la question qui nous occupe. Un militaire dont le temps de service allait expirer reçut, pour une cause déterminée, un congé de libération provisoire, au mois d'octobre 1828, deux mois avant le terme fixé pour sa libération définitive. Il ne se rendit pas de suite dans ses foyers, et commit un délit avant de quitter la ville de Chartres où son régiment était en garnison. Constaté par le procès-verbal du commissaire de police, ce délit donna lieu à des poursuites qui furent simultanément exercées et par le procureur du roi et par l'autorité militaire. La chambre du conseil du tribunal de première instance saisie de l'affaire se déclara incompétente par ce singulier motif : « que ce militaire n'avait « obtenu qu'un congé de libération provisoire, et qu'ap- « partenant à l'armée jusqu'au 31 décembre 1828, ce « n'était qu'à cette époque qu'il pouvait lui être délivré « le congé définitif qui dût seul le soustraire à la juridic- « tion militaire. »

Le conseil de guerre, de son côté, se déclara incom- pétent par les motifs « que ce militaire n'était plus sous « les drapeaux à l'époque du délit; qu'il faisait un séjour « temporaire à Chartres comme il aurait pu le faire dans « toute autre ville; que ses chefs n'avaient plus aucune « surveillance à exercer sur lui, et n'en exerçaient en

« effet aucune » ; puis, à l'appui de ce raisonnement, le jugement du conseil de guerre cite le texte de l'avis du conseil d'état du 3o thermidor an 12, approuvé le 7 fructidor suivant.

Cette décision, qui était fondée sur la loi et sur la raison, ne pouvait cependant mettre fin à ce procès, puisqu'il y avait conflit négatif. L'affaire fut déférée à la cour de cassation, qui, jugeant en règlement de juges le 3 juillet 1829, décida : « qu'un congé de libération provisoire « a nécessairement les effets d'un congé ordinaire et tem- « poraire, et fait, pendant sa durée, rentrer le militaire « sous la direction ordinaire pour les délits communs. » La cour, se fondant sur les termes de l'avis du conseil d'état du 3o thermidor an 12, approuvé le 7 fructidor suivant, fixa, par son arrêt, un point de jurisprudence qui ne paraissait pas de nature à faire question.

Voyez aussi *Militaire condamné à l'emprisonnement*, etc.

LOI. — La loi du 3o prairial an 3, qui, d'après son article 7, semble n'avoir été rendue que contre les rebelles de la Vendée, est-elle applicable à quelques particuliers pris dans des rassemblemens autres que ceux de la Vendée, et n'ayant aucun rapport aux troubles de cette contrée ?

Les termes des différens articles de cette loi, et notamment des articles 2 et 3, combinés avec ceux de l'art. 7, devaient suffire pour démontrer qu'elle ne concernait pas seulement les rebelles de la Vendée.

Cette loi n'a point été abrogée ; et la solution donnée

en l'an 4, par laquelle on décide que la loi du 30 prairial
an 3 est applicable à tous les individus pris dans des rassemblemens armés, quels qu'ils soient, serait encore
celle que l'on donnerait aujourd'hui, dans le cas où un
département, une division territoriale, seraient déclarés
en état de guerre.

LOI. — La loi du 2ᵉ jour complémentaire de l'an 3,
qui semble n'être appliquable qu'aux armées,
doit-elle être suivie dans l'intérieur où il n'y
a de troupes que de la gendarmerie disséminée,
ou qui, même étant réunie, n'offre pas assez
d'officiers pour composer un second conseil militaire, conformément à l'article 21 de cette
loi ?

Rien, dans cette loi, ne fait présumer qu'elle ait été
rendue pour les armées seules qui seraient en campagne.
L'état de guerre dans lequel se trouvait la France à l'é-
poque où cette loi fut promulguée, fit penser qu'elle ne
concernait que les armées, et qu'elle n'était pas applicable aux troupes de l'intérieur. L'article 21 qui décla-
rait dissous tout conseil militaire dès qu'il avait prononcé, et qui défendait d'appeler au nouveau conseil qui
suivait immédiatement celui qui venait d'être dissous,
aucun des membres qui avaient composé celui-ci, donna
lieu à la question ci-dessus, à laquelle il fut répondu
affirmativement en l'an 4, en ajoutant que s'il ne se
trouvait pas, dans l'une des divisions de l'intérieur, un
nombre suffisant de militaires pour composer ce tribunal, on devait en appeler des divisions voisines.

Cette solution, que la raison indique, serait encore

aujourd'hui la même, si, d'après la loi du 13 brumaire an 5, il ne se trouvait pas un nombre suffisant de militaires pour composer un conseil de guerre ou de révision.

LOIS PÉNALES ORDINAIRES. — Doit-on y avoir recours lorsqu'on ne trouve pas dans les lois militaires des articles applicables aux délits commis?

Cette question qui fut faite au ministre de la guerre en l'an 7, prouve que ceux qui adressaient cette demande n'avaient pas lu la loi du 3 pluviôse an 2, qui, dans son article 18, titre XIII, s'exprime ainsi :

« Dans les cas non prévus par les lois pénales militaires, les tribunaux criminels et de police correctionnelle militaires appliqueront les peines énoncées dans *les lois pénales ordinaires*, lorsque le délit s'y trouvera classé. »

Si maintenant pareille question pouvait se représenter, on ajouterait à l'article précité, l'article 10 du décret du 1er mai 1812, et l'avis du conseil d'état du 14 août 1812, approuvé le 22 septembre même année.

M.

MARQUE. — Voyez *Flétrissure*.

MILITAIRES absens sans permission, — avec permission ou en congé. — Voyez *Absens*.

MILITAIRE attaché à un dépôt, etc. — Voyez *Officier*.

MILITAIRES condamnés à l'amende et à la prison, mais insolvables, peuvent-ils être mis en liberté à l'expiration de leur peine?

Cette question, qui intéressait le fisc, fut résolue en 1817, affirmativement, par le garde des sceaux. Il était évident, en effet, que des soldats condamnés à l'amende, et ne possédant que leur solde, ne pouvaient acquitter les frais et les autres condamnations pécuniaires prononcées contre eux. Toutefois cette décision ne pouvait être absolue; elle devait nécessairement être soumise au droit qu'a la régie de l'enregistrement d'exercer la contrainte par corps. Ainsi, un militaire reconnu insolvable peut être mis en liberté à l'expiration de sa peine, bien qu'il n'ait acquitté ni l'amende ni les frais, à moins qu'il ne soit retenu en prison par l'effet d'une recommandation expresse de la régie de l'enregistrement, en vertu de la contrainte par corps qu'elle a le droit d'exercer pour parvenir au recouvrement de l'amende et des frais.

MILITAIRE condamné à l'emprisonnement et détenu dans un établissement militaire, est-il justiciable d'un conseil de guerre pour les délits qu'il commet pendant qu'il subit sa peine, quand la durée de cette peine se prolonge au-delà du temps de service qu'il doit à l'État, et lorsque ces délits sont commis après que le délinquant a été rayé des contrôles, et que son congé de libération a été adressé à l'autorité compétente?

C'est une question grave, sous l'empire des lois de la

république, que celle de savoir si un militaire détenu est justiciable d'un conseil de guerre pour les délits qu'il commet en prison et à une époque où le temps de service exigé de lui est expiré.

Aucune loi militaire du temps de la première révolution n'a déduit du nombre d'années de service la durée des condamnations subies : c'est une lacune qui n'a été remplie que pour la désertion. A l'égard des autres délits, le militaire condamné à une peine qui ne l'exclut pas de l'armée, accomplit en prison la tâche honorable que la patrie impose à tous les Français ; en sorte qu'il est censé servir la société, tandis que c'est la société qui le punit.

Cette contradiction choquante a disparu dans le projet de Code militaire déjà soumis aux chambres ; mais elle existe encore, et la question qui nous occupe s'est présentée en juillet 1830.

L'administration qui était seule compétente pour la résoudre, puisqu'elle dépendait en quelque sorte de la durée légale du service militaire dû à l'Etat, répondit affirmativement.

Elle se fonda sur ce qu'un individu condamné correctionnellement par un conseil de guerre est soumis au régime de l'établissement militaire dans lequel il subit sa peine, et que s'il y commet un nouveau délit, il ne peut qu'appartenir à cette juridiction spéciale jusqu'au moment où un ordre de l'autorité militaire ordonne, à l'expiration de sa peine, la mise en liberté.

En effet, si un délit commis dans une prison militaire par un soldat qui y est détenu, mais dont le temps de service est expiré, n'était pas de la compétence des conseils de guerre, il faudrait mettre le condamné en liberté

du moment où le temps de service serait accompli, bien
que la durée de la peine ne le fût pas; car le délit commis et
la condamnation encourue, étaient la conséquence l'un
et l'autre de la qualité de militaire : et l'on pourrait dire
que la peine subie en raison de cette qualité ne doit pas
se prolonger au-delà du temps durant lequel le condamné
la possédait. Mais comme l'individu qui a été condamné
en qualité de militaire doit réparation à la société qu'il
a blessée dans l'infraction des devoirs de cette profession,
et que cette réparation consiste dans une peine dont la
durée excède le temps du service militaire dû à l'Etat, il
est évident qu'il reste soumis au régime exceptionnel pendant sa détention ; car l'expiration du temps fixé pour son
service ne le libère que de l'obligation de servir comme
militaire, mais ne le libère pas de la peine qu'il a encourue et qu'il subit en cette qualité; dès-lors, sujet à une
discipline sévère et spéciale, les crimes ou délits qu'il
peut commettre dans la prison sont du ressort des conseils de guerre.

Cette doctrine vient, au reste, d'être confirmée par
un arrêt de la cour de cassation, en date du 3 mars
1831.

Voyez la question suivante : *Militaires condamnés
qui commettent un délit pendant leur détention, etc.*

MILITAIRES condamnés qui commettent un
délit pendant leur détention, après avoir été
libérés du service, sont-ils justiciables des tri-
binaux militaires ?

Cette question, qui se rattache à la précédente, a été
décidée affirmativement par la cour de cassation. Son

arrêt, en date du 3 mars 1831 a désormais fixé ce point de jurisprudence.

Trois militaires, dont un Suisse du régiment de Bleuler, furent condamnés aux travaux publics comme déserteurs, et envoyés aux ateliers de Bellecroix pour y subir leur peine. Ils tentèrent de s'évader de ces ateliers, furent pris et traduits, pour ce fait, devant un conseil de guerre qui les condamna à une prolongation de leur peine. Sur leur pourvoi, ce jugement fut porté au conseil de révision qui annula pour cause d'incompétence, et renvoya les condamnés et la procédure devant les tribunaux ordinaires, attendu que le régiment suisse auquel appartenait l'un de ces trois militaires, ayant été licencié, ce prévenu n'était plus au service de France, ni justiciable des tribunaux militaires. Mais la chambre du conseil du tribunal civil de la Rochelle, auquel l'affaire fut renvoyée, se déclara, avec raison, incompétente. Le cours de la justice étant suspendu par ce conflit négatif, la cour de cassation dût régler de juges, et par son arrêt elle statua ainsi :

« Vu la requête du procureur du roi près le tribunal
« de première instance de la Rochelle tendant à ce
« qu'il soit réglé de juges sur le conflit négatif qui
« s'est élevé dans le procès des nommés *Russemberger,*
« *Nowack* et *Ruellan,* entre le conseil permanent de
« révision de la douzième division militaire séant à
« Nantes, et le tribunal de première instance de la Ro-
« chelle ;

« Vu le jugement du premier conseil de guerre per-
« manent de la douzième division militaire séant à la
« Rochelle, rendu le 17 décembre dernier, par lequel
« Martin Russemberger, condamné le 29 janvier 1830.

« par le conseil suprême du régiment suisse de Bleuler,
« à quatre ans de travaux publics pour désertion dudit
« régiment, entré à l'établissement de Bellecroix le
« 6 mai suivant, inscrit au registre matricule dudit éta-
« blissement sous le n° 4,887 ; Joseph Nowack, con-
« damné à sept ans de travaux publics par jugement du
« deuxième conseil de guerre de la neuvième division
« militaire, pour désertion du régiment de Hohenlohe,
« entré au même établissement, et inscrit sur le registre
« matricule ; et Joseph Ruellan, condamné le 11 mai
« 1830, par le premier conseil de guerre parmanent
« du quatrième arrondissement maritime, à sept ans de
« travaux publics pour désertion de la troisième com-
« pagnie des agens de surveillance des chiourmes, entré
« au même établissement et inscrit sur les registres
« matricules, ont été condamnés, savoir Russemberger
« et Nowach, en six mois de prolongation de la même
« peine, et Ruellan, à un an de prolongation comme
« coupables de tentative d'évasion desdits ateliers de
« Bellecroix, par application des articles 55 de l'arrêté
« du gouvernement du 19 vendémiaire an 12, et 2 de
« l'ordonnance du roi du 21 février 1816 ;

« Vu le jugement du conseil permanent de révision
« de la même division militaire, rendu à Nantes le 31
« décembre 1830, par lequel, sur la demande en révi-
« sion des trois condamnés susnommés, le jugement
« du conseil de guerre ci-dessus analysé a été annulé
« pour avoir outrepassé sa compétence, et les accusés
« renvoyés devant le tribunal civil séant à la Rochelle,
« et ce, par le motif que, d'après le dernier paragraphe
« de l'article 13 de la nouvelle Charte, aucune troupe
« étrangère ne pouvant être admise au service de l'état

« sans une loi, Russemberger s'est trouvé délié de
« toute obligation au service de France, qu'il ne peut
« plus être justiciable des tribunaux de l'armée, que
« la connaissance du délit dont il était accusé appar-
« tenait seule aux tribunaux civils, et qu'aux termes de
« l'article 2 de la loi du 22 messidor an 4, les individus
« accusés de complicité avec Russemberger, devaient
« appartenir, comme lui, à la justice civile;

« Vu l'ordonnance de la chambre du conseil du tri-
« bunal de première instance de la Rochelle, du 22
« janvier dernier, par laquelle elle s'est déclarée in-
« compétente, par le motif que les délits commis par
« les condamnés aux travaux publics ne peuvent être
« jugés que par les tribunaux militaires, qu'*il importe*
« *peu que Russemberger soit étranger et fût incorporé,*
« lors de sa condamnation, dans un régiment suisse,
« qui, aujourd'hui licencié, n'est plus au service de
« France; qu'il suffit que Russemberger soit présent
« aux ateliers de Bellecroix et maintenu sur le registre
« matricule des condamnés, pour que, dans cet état, il
« reste soumis au régime militaire, ou que du moins il
« ne puisse être jugé par les tribunaux ordinaires;

« Attendu que le jugement du conseil de révision de
« de la douzième division militaire, susdaté a l'autorité
« de la chose jugée, que l'ordonnance de la chambre
« du conseil du tribunal de la Rochelle, non attaquée
« en temps de droit, a acquis la même autorité; qu'il
« résulte du conflit négatif élevé, une suspension du
« cours de la justice qu'il importe de faire cesser, et
« qu'il ne peut l'être que par un règlement de juges;

« Vu les articles 527 et suivans du Code d'instruc-
« tion criminelle sur les règlemens de juges;

« Vu l'arrêté de gouvernement du 19 vendémiaire
« an 12, et l'ordonnance du Roi du 21 février 1816;

« Attendu que Russemberger était incorporé dans
« un régiment suisse au service de France lors de sa
« condamnation aux travaux publics pour cause de dé-
« sertion, que le licenciement postérieur de ce régi-
« ment étranger ne pouvait l'affranchir de plein droit
« de la condamnation contre lui légalement prononcée;
« que, détenu dans une maison de correction militaire
« en exécution d'une condamnation militaire, il ne
« pouvait être jugé pour délit commis pendant sa dé-
« tention, que par les tribunaux militaires, comme
« devaient l'être ses co-prévenus du même délit;

« Que le conseil de révision a décidé une question
« qui n'était pas de sa compétence, qui ne lui était pas
« soumise, qui ne pouvait être traitée et tranchée que
« de gouvernement à gouvernement, par suite et en
« conséquence du licenciement effectué.

« D'après ces motifs, et statuant sur la demande en
« règlement de juges;

« La cour, sans s'arrêter au jugement du conseil per-
« manent de révision de la douzième division militaire,
« du trente décembre mil huit cent trente, qui sera
« considéré comme non avenu, renvoie les pièces du
« procès, etc., etc. »

Cet arrêt, qui n'a pas besoin de commentaire, confirme la doctrine émise par l'administration de la guerre,
doctrine fondée sur les principes du droit. (*Voyez* la
question qui précède.)

MILITAIRE en route, voyageant isolément, est-il justiciable d'un conseil de guerre ?

Cette question qui se présenta en l'an 7, pouvait alors offrir quelque difficulté. En effet, on devait considérer comme présent sous les drapeaux, un militaire voyageant seul, mais par ordre de ses chefs, et pour le service de l'État. A cette époque, comme aujourd'hui encore, aucune loi ne réglait cette question de compétence, et il pouvait ne pas paraître sans inconvénient de rendre justiciables des tribunaux ordinaires, un militaire porteur d'ordres importans, et qui, durant son voyage, se rendrait coupable d'un délit entraînant son arrestation. Car, par une fiction de la loi, il était permis de supposer que les mots *Militaires présens sous les drapeaux*, comprenaient aussi ceux que l'exigeance du service éloigne momentanément de leurs corps, mais qui restent néanmoins soumis à la discipline militaire.

Cette doctrine ne fut point adoptée. On décida avec raison, en l'an 7, qu'un militaire en route, qui voyage isolément, est soumis à la juridiction ordinaire, parce que le délit qu'il peut commettre, ne constitue point une infraction aux lois militaires, mais bien une infraction aux lois générales qui obligent tous les citoyens, et que la présence au corps ne peut pas résulter d'une fiction de la loi, puisqu'il s'agit d'une juridiction exceptionnelle qui ne peut étendre sa compétence que par une dérogation formelle au droit commun. Que, d'ailleurs, le droit militaire ne peut offrir aucune garantie pour les citoyens contre le militaire voyageant isolément, tandis que la loi générale protége également tous les habitans du royaume, et que cette garantie de leurs droits et de leurs propriétés, trouve sa sanction dans les peines que peuvent infliger aux délinquans les tribunaux établis dans les lieux mêmes où les délits ont été commis, et où il existe nécessairement des officiers auxiliaires des magistrats, pour constater toutes les contraventions.

Toutefois, l'incertitude qui régnait sur la compétence en pareille matière, et l'absence de toute disposition législative, fit consulter, plus tard, le conseil d'état qui, par son avis du 30 thermidor an 12, approuvé le 7 fructidor suivant, régla ce point de jurisprudence, et traça d'une manière sage la ligne de démarcation qui sépare la juridiction exceptionnelle des lois militaires, de celle de la loi commune.

MILITAIRES hors de leurs corps, sont-ils justiciables d'un conseil de guerre ? — Voyez *Militaires en route*.

MUSICIENS GAGISTES. — Voy. *Trompettes*.

N.

NAVIRE DE COMMERCE nolisé par l'État. — Voyez *Délit commis par un militaire embarqué*.

NOTAIRES. — Doivent-ils être dispensés du service de canonniers gardes-côtes ?

En 1807, cette question se présenta. L'administration de la guerre, sous laquelle se trouvent placés les canonniers gardes-côtes, la résolva affirmativement en se fondant sur l'article 4 de la loi du 25 ventôse an 11, relative à l'organisation du notariat; article qui prescrit à chaque notaire de résider dans le lieu qui lui est fixé par le gouvernement, sous peine, en cas de contravention, d'être considéré comme démissionnaire.

Comme la fonction publique des notaires, ajoutait-on, exige une résidence non interrompue, ils ne doivent pas être appelés à faire le service de gardes-côtes; en conséquence, le décret du 8 floréal an 11, article 4, chargeant les préfets de désigner les individus destinés à composer les compagnies des gardes-côtes, ces administrateurs doivent former ces compagnies, de manière à ne donner lieu à aucune réclamation fondée comme l'est celle d'un notaire.

Cette décision de l'administration ne doit pas s'entendre, toutefois, dans un sens absolu, elle est soumise à la nécessité de la défense de la patrie; et, dans ce cas, l'intérêt particulier de la profession disparaît devant le danger commun et l'intérêt de tous. Dans le cas, disons-nous, où le pays est menacé, la loi du 25 ventôse an 11 ne pourrait être un obstacle à l'incorporation d'un notaire dans les compagnies de canonniers gardes-côtes, parce qu'il y a force majeure, et que le fonctionnaire n'est détourné de ses fonctions que pour un temps. Aussi y a-t-il une distinction à établir.

D'après l'article 4 du décret du 8 floréal an 11, relatif à l'organisation des canonniers gardes-côtes, un notaire peut, et doit même n'être pas désigné par le préfet, pour faire partie d'une compagnie astreinte au service militaire et dépendante du ministère de la guerre. Ce principe résulte d'ailleurs du dernier paragraphe de cet article 4 qui prescrit aux préfets de choisir de préférence les militaires qui ont obtenu leur congé ou leur retraite pour blessures ou infirmités provenant des événemens de la guerre, et qui ont encore les facultés nécessaires pour le service. Ces compagnies, ainsi composées, parce que l'on suppose que d'anciens militaires n'exercent pas des fonctions publiques qui exigent leur résidence continue, sont régies militairement, reçoivent une solde, et se recrutent au moyen d'engagement. (Art. 5.)

D'après l'article 7 du même décret, il y a des compagnies de *canonniers gardes-côtes sédentaires*, qui sont considérés comme *Gardes nationales*. Ceux-là, comme toutes les autres gardes nationales, sont tenus de faire le service en temps de guerre, et reçoivent une solde à titre d'indemnité, pendant tout le temps que dure ce service de guerre. Mais, composées des citoyens habitans du pays, ces compagnies ne se recrutent pas par engagement; les lois et règlemens relatifs aux gardes nationales en général, les régissent; et, à l'exception des incompatibilités établies et déterminées par ces lois et règlemens, entre certaines professions et le service civique de garde nationale, aucune autre profession ne peut en être exemptée, et celle de notaire ne peut revendiquer un privilége exclusif.

Ainsi, en résumé, un notaire ne doit pas être désigné par le préfet de son département, pour faire partie d'une compagnie de canonniers gardes-côtes, formée en vertu de l'article 4, du décret dn 8 floréal an 11, mais il fait nécessairement partie de celle qui pourrait être établie conformément à l'article 7 du même décret.

NULLITÉS DE PROCÉDURE. — Toutes les formalités de procédure sont-elles prescrites à peine de nullité ?

Quoique les tribunaux militaires n'aient point eu à s'occuper de cette question, nous avons cru utile de la traiter ici, ne serait-ce que pour mettre en garde certains conseils de révision contre cette opinion, qu'en fait de procédure criminelle, toutes les formalités sont prescrites à peine de nullité, bien que le législateur ne l'ait pas formellement exprimée.

Il est de principe qu'il n'y a que l'omission des formes substantielles des actes qui entraîne nullité; mais il est important d'établir en quoi consistent ces formes substantielles. Comme nous avons à parler du droit militaire, qui est un droit exceptionnel, et que, dans les cas non prévus par ce droit particulier, on a recours au droit commun; pour procéder logiquement, nous allons d'abord nous occuper du Code d'instruction criminelle, et indiquer les articles dont l'exécution est prescrite, à peine de nullité.

Il est peut-être superflu de dire qu'aucune nullité ne peut être demandée que lorsqu'un jugement a été rendu. Les articles 408 et 413 du Code d'instruction criminelle déterminent les causes de nullité de l'instruction et des jugemens, en réglant les manières de se pourvoir devant la cour de cassation.

Les articles dont l'observance est prescrite à peine de nullité sont,

Pour les tribunaux de simple police :

L'article 146, relatif au délai de la citation donnée devant le juge de paix comme juge de police;

L'article 153, sur l'obligation de faire publiquement l'instruction de chaque affaire à l'audience ;

L'article 154, sur la prohibition absolue d'être admis à faire preuve par témoins outre ou contre le contenu aux procès-verbaux ou rapports des officiers de police ayant reçu de la loi le pouvoir de constater les délits ou les contraventions jusqu'à inscription de faux ;

L'article 155, sur l'obligation, pour les témoins, de faire à l'audience le serment de dire toute la vérité, rien que la vérité ;

L'article 163, qui exige que tout jugement définitif de condamnation soit motivé, et que les termes de la loi appliquée y soient insérés.

Au chapitre des tribunaux en matière correctionnelle :

L'article 184, qui veut qu'un délai de trois jours au moins soit observé entre la citation et le jugement ;

L'article 190, qui veut que l'instruction soit publique à l'audience.

Pour les affaires soumises au jury, et jugées par les cours d'assises :

L'article 234, qui prescrit que la réquisition du ministère public et le nom de chacun des juges soient mentionnés dans les arrêts ;

L'article 257, qui défend aux membres de la cour royale qui ont voté sur la mise en accusation, de présider les assises ou d'assister le président dans la même affaire ; prohibition qui s'étend au juge d'instruction.

L'article 271 interdit au procureur général de porter à la cour aucune autre accusation que celle qui a été instruite suivant les formes prescrites.

L'article 294 impose au président de la cour d'assises ou au juge par lui délégué, l'obligation de nommer d'office , lorsque l'accusé ne l'a pas choisi, un conseil pour l'aider dans sa défense.

L'article 297, qui confirme le principe de l'article 294, déclare que la nullité n'est pas couverte par le silence de l'accusé, qui peut ne faire valoir ses droits qu'après l'arrêt définitif.

L'article 312 est relatif au serment des jurés.

L'article 317 exige des témoins le serment de parler sans haine et sans crainte, de dire toute la vérité, et rien que la vérité.

L'article 332 veut qu'un interprète soit nommé d'office par le président, dans le cas où l'accusé, les témoins ou l'un d'eux, ne parleraient pas la même langue ou le même idiome. Cet interprète doit être âgé de vingt-un ans au moins, et prêter serment de traduire fidèlement les discours à transmettre entre ceux qui parlent des langues différentes.

L'interprète ne peut, même du consentement de l'accusé et du procureur général, être pris parmi les témoins, les juges et les jurés.

L'article 333 , qui concerne l'accusé sourd-muet , ne sachant pas écrire, auquel le président doit nommer d'office pour interprète la personne qui a le plus d'habitude de converser avec lui.

Cette disposition s'applique aussi au témoin sourd-muet.

L'article 347 est relatif à la décision du jury, qui doit se former à la majorité.

Pour la formation du jury :

L'article 381 détermine la capacité par trente ans d'âge et par la jouissance des droits politiques et civils.

L'article 383 renferme la prohibition d'être juré dans

la même affaire où l'on a été officier de police judiciaire , témoin , interprète , expert ou partie.

Pour la convocation du jury :

L'article 394 veut que la liste des jurés soit notifiée à chaque accusé la veille du jour déterminé pour la formation du tableau.

L'article 406 prescrit de faire une autre liste de jurés lorsque, par quelque événement , l'examen des accusés sur les délits ou sur quelques-uns des délits compris dans l'acte ou dans les actes d'accusation , est renvoyé à la session suivante.

Enfin, l'article 410 indique par qui peut être poursuivie l'annulation d'un arrêt qui a prononcé une peine autre que celle appliquée par la loi à la nature du crime.

Voilà les seuls articles du Code d'instruction criminelle où la peine de nullité soit textuellement exprimée ; toutefois , il en est encore quelques autres dont l'observance est aussi à peine de nullité, bien que le législateur ne l'ait pas écrit dans chacun de ces articles , comme il l'a fait pour ceux que nous venons de citer. Bourguignon , dans sa *Jurisprudence des Codes criminels,* pense qu'il faut y ajouter les articles qui prescrivent des formalités à raison desquelles le législateur a employé la formule *ne pourront ,* équipollente à la peine de nullité , suivant la maxime de Dumoulin : *Particula negativa præposita verbo potest , tollit potentiam juris et facti designans actum impossibilem.*

Ainsi , il y aurait nullité dans la violation de ce qui est prescrit par les articles :

156 , si les personnes désignées en cet article étaient entendues en témoignage, nonobstant l'opposition soit

du ministère public, soit de la partie civile, soit du prévenu ;

246, lorsque le prévenu à l'égard duquel la cour royale aurait décidé qu'il n'y a pas lieu au renvoi devant la cour d'assises, y aurait cependant été traduit à raison du même fait, et sans qu'il fût survenu de nouvelles charges;

261, si les accusés qui ne seraient arrivés dans la maison de justice qu'après l'ouverture des assises, y étaient jugés sans que le procureur général l'eût requis, sans que les accusés y eussent consenti, et enfin sans que le président l'eût ordonné ;

315, si la liste des témoins présentée par le procureur général, et qui doivent être entendus soit à sa requête, soit à celle de la partie civile, soit à celle de l'accusé, contenait des témoins autres que ceux dont les noms, profession et résidence auraient été notifiés vingt-quatre heures au moins avant l'examen de ces témoins, à l'accusé, par le procureur général ou la partie civile, et au procureur général par l'accusé, et si ces témoins étaient entendus, nonobstant l'opposition soit du procureur général, soit de l'accusé;

322, lorsque les personnes désignées dans cet article ont été entendues comme témoins, nonobstant l'opposition soit du procureur général, soit de la partie civile, soit des accusés ;

350, dans le cas où l'on voudrait soumettre la déclaration du jury à un recours :

360, si une personne acquittée légalement était reprise et accusée à raison du même fait ;

382, lorsque les jurés sont choisis ailleurs que parmi les classes des citoyens désignés par la loi ;

384, quand les jurés sont pris parmi les hommes exer-

&ant des professions déclarées incompatibles avec celles
de juré ;

386, dans le cas où une personne voulant être admise
à remplir les fonctions de juré, serait comprise sur la
liste sans avoir obtenu du ministre une autorisation à cet
égard.

Carnot, dans son *Commentaire sur le Code d'instruction criminelle*, est d'une opinion contraire à celle de
Bourguignon. « Quelques jurisconsultes, dit-il, pensent
« que lorsque la loi est conçue en termes *négatifs*, elle
« renferme une prohibition *absolue*; que dès-lors il y a
« nullité, si l'on fait ce qu'elle défend.

« Mais il y aurait même raison de décider, si l'on ne
« faisait pas ce que la loi ordonne. Ce système boule-
« verserait toute la législation ; car il n'y a pas de loi qui
« n'ait pour objet d'*ordonner* ou de *défendre*. »

Toutefois il ajoute : « Le Code établit des règles *générales*, dont les articles qui le composent ne sont que
« les corollaires.

« Les règles générales qui coordonnent son système
« ont plus ou moins d'importance, suivant leur objet;
« c'est pour cela que l'observation des unes est prescrite
« à peine de nullité, tandis que l'observation des autres
« est simplement recommandée.

« Lorsque la règle *générale* dont l'article invoqué est
« le corollaire n'a pas été prescrite sous peine de nul-
« lité, ce serait entreprendre sur le pouvoir législatif que
« de la suppléer dans l'article auquel il a été contrevenu;
« car si le principe peut être violé sans que l'arrêt dans
« lequel se trouve cette violation puisse être annulé, la
« violation d'un des articles accessoires du principe peut
« moins encore être un motif d'annulation ; *mais il faut*

« *raisonner en sens contraire, lorsque l'article violé est*
« *la conséquence d'un autre article prescrit sous peine*
« *de nullité.* »

Ce raisonnement est juste; et loin de contrarier la doctrine professée par Bourguignon, elle la confirme; car les articles ci-dessus cités ne sont en effet que les corollaires de principes prescrits à peine de nullité. Il suffit, pour s'en convaincre, de combiner ces différens articles entre eux, et de rappeler les formalités, dans le Code d'instruction criminelle, dont l'inobservation n'entraîne qu'une amende contre les greffiers, ou au plus une prise à partie. En effet, l'art. 77 prononce l'amende de 50 francs contre le greffier, et même, s'il y a lieu, la prise à partie contre le juge d'instruction,

1° Lorsque le procès-verbal ne fait pas mention que les témoins, avant d'être entendus, ont représenté la citation qui leur a été donnée pour déposer;

2° Si les témoins n'ont pas prêté serment, devant le juge d'instruction, de dire toute la vérité, rien que la vérité; ou si le juge d'instruction ne leur a pas demandé leurs noms, prénoms, âge, état, profession, demeure, s'ils sont domestiques, parens ou alliés des parties, et à quel degré, ou s'il n'a pas été fait mention de la demande ou des réponses des témoins;

3° Si les dépositions n'ont pas été signées du juge, du greffier et du témoin, après que lecture lui en aura été faite, et qu'il aura déclaré y persister; s'il n'a pas été fait mention que le témoin n'a pas voulu ou n'a pu signer; si chaque page du cahier d'information n'a pas été signée par le juge et par le greffier.

L'article 78 inflige les peines portées par l'article précédent contre le greffier et le juge d'instruction, dans le cas où il y a des interlignes ; ou bien si les ratures et les renvois n'ont pas été approuvés et signés par le juge d'instruction, par le greffier et par le témoin.

L'article 112 punit le greffier d'une amende de 50 fr. au moins, et le juge d'instruction et le procureur du roi d'injonctions, même de prise à partie.

L'article 164 inflige une amende de 25 francs contre le greffier, et prononce la prise à partie tant contre lui que contre le président, dans le cas où la minute du ju gement n'a pas été signée dans les vingt-quatre heures au plus tard.

L'article 195 (1) punit le greffier de 50 fr. d'amende dans les cas suivans :

1° Lorsque, dans le dispositif du jugement de condam nation, ne se trouvent pas énoncés les faits dont les per sonnes citées ont été jugées coupables ou responsables, la peine et les condamnations civiles ;

2° Lorsque, dans le jugement, il n'est pas fait men tion que le président a lu à l'audience le texte de la loi appliquée ;

---

(1) Cet article 195 semblerait en contradiction avec l'article 163, qui dit que tout jugement définitif de condamnation sera motivé, *et les termes de la loi appliquée y seront insérés à peine de nullité* ; mais il faut faire attention que l'article 195 ne parle que de la for malité matérielle à remplir par le greffier. Le législateur a posé le principe dans l'article 163. Il ne s'est occupé que de la contravention que peut commettre le greffier dans la rédaction du jugement. Ainsi la citation de la loi pénale en vertu de laquelle la condamnation est prononcée, est la forme substantielle à cette condamnation, dont l'omission entraîne la nullité du jugement, puisque sans elle, le président ne prononce pas un jugement ; mais la transcription de cette loi pénale par le greffier, n'est qu'une formalité extérieure, dont l'omission ne donne lieu qu'à une amende.

3° Lorsque le texte de la loi n'est pas inscrit dans le jugement.

L'article 196 ordonne que la minute du jugement soit signée au plus tard dans les vingt-quatre heures, et prescrit de poursuivre comme faussaires les greffiers qui délivreraient copie d'un jugement avant qu'il ait été signé.

L'article 369 prononce cent francs d'amende contre le greffier qui écrit l'arrêt, et qui n'y insère pas le texte de la loi appliquée, texte dont le président a donné lecture publiquement.

L'article 370 frappe de cent francs d'amende le greffier qui n'aurait pas fait signer dans les vingt-quatre heures, la minute de l'arrêt, par les juges qui l'ont rendu. L'omission de cette formalité peut même donner lieu à prise à partie tant contre le greffier que contre les juges.

L'article 372 prescrit au greffier de dresser un procès-verbal de l'audience de la cour d'assises, lequel est signé par le président et par le greffier.

Le défaut de procès-verbal est puni de 500 fr. d'amende contre le greffier.

L'article 378 punit de 100 francs d'amende le greffier qui omettrait de dresser le procès-verbal d'exécution du condamné, ou qui ne le transcrirait pas dans les vingt-quatre heures au pied de la minute de l'arrêt, ou enfin qui ne ferait pas mention de l'accomplissement de ces formalités en marge du procès-verbal.

Dans les procédures relatives au faux en écriture;

L'article 448 prononce 50 francs d'amende contre le greffier:

1° Lorsqu'il n'a pas signé et paraphé à toutes les pages la pièce arguée de faux, déposée au greffe, dont il doit être dressé un procès-verbal détaillé, afin de constater son état matériel;

2° Lorsque la personne qui l'a déposée, n'a pas signé cette pièce aussi à toutes les pages, ou, quand ne sachant pas signer, la mention n'en a pas été faite.

L'article 449 rend passible de la même amende de 5o francs, le fonctionnaire employé dans un dépôt public d'où la pièce arguée de faux est tirée, lorsqu'il se dessaisit de cette pièce sans la signaler et la parapher ainsi qu'il est dit dans l'article précédent.

Article 45o, 5o francs d'amende sont encore prononcés contre le greffier qui omet ou néglige de faire signer le pièce arguée de faux :

1° Par l'officier de police judiciaire, et par la partie civile ou son avoué, si ceux-ci se présentent;

2° Par le prévenu au moment de sa comparution;

3° De mentionner dans son procès-verbal que les comparans ou quelques-uns n'ont pu ou n'ont voulu signer.

La même amende est aussi infligée par l'article 455, lorsque les pièces fournies pour servir de comparaison ne sont pas signées et paraphées comme il est dit dans les articles qui précèdent.

L'article 463 frappe le greffier d'une amende de 5o fr. lorsque, dans le délai de quinze jours à compter du jour du jugement ou de l'arrêt, les actes authentiques déclarés faux en tout ou en partie, n'ont point été rétablis, rayés ou réformés, et que du tout procès-verbal n'a point été dressé; lorsque les pièces de comparaison n'ont point été renvoyées dans les dépôts d'où elles ont été tirées, ou lorsqu'elles n'ont point été remises aux personnes qui les ont communiquées.

Au chapitre des contumaces, l'article 474 prononce

100 fr. d'amende contre le greffier qui n'a point dressé le procès-verbal qui doit précéder la remise des pièces de conviction déposées au greffe, et contenir la description des objets, lorsque ces objets sont réclamés par les propriétaires, et que la cour en a ordonné la remise.

Telles sont les dispositions du Code d'instruction criminelle que le législateur a prescrites à peine de nullité, ou seulement sous peine d'amende. Il nous reste maintenant à comparer ces dispositions avec celle de la loi du 13 brumaire an 5, et à déterminer les formalités qui doivent être observées à peine de nullité.

L'article 2 détermine la composition du conseil de guerre. Cet article doit évidemment être observé à peine de nullité, mais en le combinant :

1° Avec la loi du 4 fructidor an 5, additionnelle à celle du 13 brumaire même année, et qui détermine la composition du conseil, suivant le grade de l'accusé ;

2° Avec l'arrêté du 19 germinal an 10, qui règle la composition du conseil de guerre, lorsqu'il s'agit de juger un inspecteur aux revues, aujourd'hui intendant militaire ;

3° Avec le décret du 17 frimaire an 14, qui dispose que dans les villes de l'intérieur où il ne se trouve pas un nombre suffisant d'officiers généraux ou d'officiers supérieurs pour la formation des commissions militaires, *des conseils de guerre et des conseils de révision permanens,* on pourra, pour compléter ces tribunaux militaires, mettre un officier supérieur à la place du général de brigade (1), et un capitaine à la place de chaque officier supérieur manquant.

---

(1) Aujourd'hui maréchal de camp.

4° Avec le décret du 16 février 1807, qui permet , en cas d'insuffisance du nombre d'officiers du grade voulu pour former les conseils de guerre , de prendre parmi ceux de tout autre grade inférieur , ayant, toutefois , au moins celui de sous-lieutenant.

5° Avec le décret impérial du 24 janvier 1812 , qui autorise à suppléer les colonels par des majors en premier ou en second (1) , et qui leur confère le droit d'être membre des conseils de révision en remplacement des colonels.

6° Enfin , avec le décret du 3 février 1813 , qui accorde la faculté de faire remplir les fonctions de rapporteur près les conseils de guerre et de révision , par des chefs de bataillon ou d'escadron.

Ainsi , quelle que soit la modification qu'éprouve l'article 2 de la loi du 13 brumaire an 5 , dans la composition du conseil de guerre , comme la compétence de ce tribunal en dépend , toute infraction à cet égard entraînerait nullité , aux termes de l'article 16 , n° 1 , de la loi du 18 vendémiaire an 6.

L'article 3 est aussi à peine de nullité , car le tribunal serait imparfait s'il n'y avait point de commissaire du roi chargé des fonctions du ministère public.

L'article 4 veut que la nomination des membres du conseil de guerre soit faite par le général commandant en chef la division. Celle faite par le général commandant une subdivision , serait illégale et nulle.

L'article 5 autorise le commandant en chef de chaque

---

(1) Nous avons vu au mot : *Chef de brigade* , etc. , à quel grade correspond celui de major en 1ᵉʳ et en 2ᵉ.

division, à changer tout ou partie des membres du conseil de guerre, lorsqu'il le croit nécessaire pour le bien du service; mais il défend d'opérer ce changement POUR le jugement d'un délit à raison duquel le prévenu serait arrêté ou l'information commencée.

L'infraction à cette dernière disposition doit nécessairement entraîner nullité, car le changement n'est défendu par la loi, que lorsqu'il a lieu *pour le jugement,* c'est-à-dire, tout exprès, et *seulement à cause du jugement* d'un individu arrêté ou contre lequel l'information est commencée (1). Cette prohibition est une garantie contre la partialité.

L'article 7 s'oppose à ce que des officiers, parens entre eux, soient membres du même conseil de guerre.

Il est inutile de développer les motifs qui ont fait attacher une nullité à l'infraction de cette disposition.

L'article 8, qui exclut du conseil de guerre le parent du prévenu au degré prohibé, contient une règle dont l'équité et la morale prescrivent de ne point s'écarter sous peine de nullité.

L'article 9 renferme tout ce qui constitue la compétence des conseils de guerre à raison des personnes. Il suffit de rappeler que l'article 16, n° 2, de la loi du 18 vendémiaire an 6, déclare nul tout jugement qui statue sur la prévention d'un individu qui n'était pas justiciable d'un tribunal militaire.

Tous ces articles de la loi du 13 brumaire an 5, sont relatifs à la compétence, et doivent être observés à peine de nullité.

Quant à la procédure proprement dite, le n° 4 de

______

(1) Voyez au mot : *Juges d'un conseil de guerre,* etc., etc.

l'article 16 de la loi du 18 vendémiaire an 6 , porte que l'annulation des jugemens est prononcée *lorsqu'une des formes prescrites par la loi n'a point été observée, soit dans l'information, soit dans l'instruction* (1). Nous allons examiner les articles de la loi du 13 brumaire an 5, qui contiennent les formes de procédure.

L'article 13 enjoint au rapporteur , aussitôt après avoir reçu la plainte , de recevoir la déposition des témoins , de recueillir les preuves matérielles du délit, s'il y en a, de les constater, de faire signer aux témoins leurs déclarations, et s'ils ne savent ou ne veulent signer , d'en faire mention dans le procès-verbal , et de passer ensuite à l'interrogatoire du prévenu.

Ces différentes formalités seront donc observées à peine de nullité, puisque le n° 4 de l'article 16 de la loi du 18 vendémiaire an 6 l'indique d'une manière positive ; mais les rapporteurs se conformeront, pour les accomplir , aux dispositions des articles 71 , 72, 73 , 74, 75 , 76, 78 du Code d'instruction criminelle. Pour les articles 74 , 75 , 76 , nous ajouterons, comme avertissement aux conseils de révision , que l'exécution de ces trois articles du Code d'instruction criminelle n'est pas ordonnée à peine de nullité ; que l'article 77 du même Code, ne prescrit l'accomplissement des formalités qu'ils indiquent, que sous peine de 50 fr. d'amende contre le greffier , et même, s'il y a lieu , de prise à partie contre le juge d'instruction.

L'article 15 de la loi du 13 brumaire an 5 , veut, qu'après avoir constaté le corps et les circonstances du

____

(1) Par *instruction* opposée à *information*, le législateur a entendu l'*instruction orale faite à l'audience.*

délit et reçu la déposition des témoins, le capitaine rapporteur interroge le prévenu sur ses nom, prénoms, âge, lieu de naissance, profession et domicile, et sur les circonstances du délit; s'il y a des preuves matérielles du délit, il les fait représenter au prévenu pour qu'il ait à déclarer s'il les reconnaît.

Ces dispositions sont encore à peine de nullité, d'après la loi du 18 vendémiaire an 6. Pour le détail d'exécution, les rapporteurs suivront les articles du Code d'instruction criminelle déja cités, et les articles 87, 88, 89, 90.

L'article 16 de la loi du 13 brumaire an 5, prescrit d'interroger séparément chacun des individus prévenus du même délit.

L'article 17 ordonne que, l'interrogatoire fini, il en soit donné lecture au prévenu, afin qu'il déclare si ses réponses ont été fidèlement transcrites, si elles contiennent vérité, et s'il y persiste, auquel cas, il signe; ou s'il ne peut ou ne veut signer, il en est fait mention et l'interrogatoire est clos par la signature du rapporteur et du greffier. Il est pareillement donné lecture au prévenu, du procès-verbal d'information.

Dans les articles déjà rappelés du Code d'instruction criminelle, se trouvent les formalités prescrites par les articles de la loi du 13 brumaire an 5, que nous venons de rapporter. Seulement, dans le Code d'instruction criminelle, l'omission ou l'irrégularité de ces formalités n'entraîne pas la nullité. La raison de cette différence entre la loi militaire et le Code d'instruction criminelle, c'est que par la loi commune, on a un moyen de répression qui garantit l'exactitude dans les formes : l'amende contre le greffier et la prise à partie contre le

juge ; dans la loi militaire, ces deux moyens manquent,
ils sont impraticables. La nullité était la seule mesure
efficace, la seule garantie possible; et le n° 4 de l'article 16 de la loi du 18 vendémiaire an 6, l'a prononcée
en déclarant que les jugemens seraient annulés lorsqu'une *des formes prescrites par la loi n'aurait point
été observée, soit dans l'information, soit dans l'instruction.*

Avant d'aller plus loin, il faut remarquer que ces
nullités sont spéciales au droit militaire. C'est une dérogation à la loi commune, que la nécessité exige. Mais
si ces formalités ne sont point prescrites à peine de nullité, par le Code d'instruction criminelle, les dispositions des articles de la loi du 13 brumaire an 5, qu'il
nous reste à analyser, ont presque toutes pour sanction,
la nullité, dans le droit ordinaire.

Ainsi, l'article 19 enjoint au rapporteur, après avoir
clos l'interrogatoire, de dire au prévenu de faire choix
d'un ami pour défenseur.

Le prévenu a la faculté de choisir ce défenseur dans
toutes les classes des citoyens présens sur les lieux : s'il
déclare qu'il ne peut faire ce choix, le rapporteur doit
le faire pour lui.

Cette disposition est évidemment obligatoire à peine de
nullité, car l'article 294 du Code d'instruction criminelle,
prononce la nullité contre tout ce qui suivrait, s'il n'y avait
point de défenseur choisi par l'accusé ou nommé d'office
par le juge. Le droit sacré de la défense l'exige, et la
preuve que le législateur, dans la loi militaire, a voulu
que ce droit fût respecté et que la défense fût libre et
toujours possible, c'est que le défenseur peut être choisi
dans toutes les classes des citoyens présens sur les lieux.

Une telle disposition serait illusoire, si elle n'était observée à peine de nullité.

L'article 23 dit : « le conseil de guerre une fois as-« semblé ne pourra désemparer avant que les prévenus « pour lesquels il aura été convoqué ne soient définiti-« vement jugés. »

Le Code d'instruction criminelle contient des dispo-sitions semblables dans son article 353. Mais celles de l'article 23 de la loi du 13 brumaire an 5, doivent être observées à peine de nullité. L'article 353 du Code d'instruction criminelle, ne dit point que ce qu'il pres-crit est à peine de nullité ; la raison en est que les causes pour lesquelles les débats peuvent être suspendus, sont exprimées, et qu'il est impossible qu'il arrive jamais qu'une cour d'assises cesse de s'occuper d'une affaire commencée, pour en prendre une autre, et reprendre ensuite celle précédemment abandonnée.

Ce serait le renversement de tous les principes, et le législateur ne doit jamais admettre l'absurde.

A l'égard de l'article 23 de la loi de brumaire, la nullité est la seule garantie contre l'impéritie ou la par-tialité ; en temps de guerre et sur le territoire étranger , des abus funestes ont démontré la nécessité de prescrire aux juges de ne point désemparer.

Toutefois, il ne faut pas se tromper sur le sens de ce mot (1). La loi, par ces expressions : *le conseil ne désemparera pas avant que les prévenus pour lesquels il aura été convoqué, ne soient définitivement jugés,* n'a certainement pas voulu dire que lors même que les

----

(1) Voyez *Avant faire droit*, *Désemparer.*

débats seraient de nature à durer plusieurs jours, les
juges ne discontinueraient point de siéger. Elle a entendu qu'un procès dont l'instruction est complète,
dont les débats sont commencés, serait jugé avant de
s'occuper d'autres affaires ; mais elle ne pouvait vouloir qu'il n'y eût aucun intervalle dans l'examen de la
cause, pour le repos des juges, des témoins et des
accusés.

Il y a une grande différence entre interrompre les
débats d'une cause complètement instruite, et renvoyer
cette cause devant l'officier chargé d'en faire l'instruction. Dans le premier cas, aucun acte, aucun jugement
ne fait connaître les motifs de cette interruption ; dans
le second cas, un jugement motivé sur le défaut de
preuves nécessaires pour apprécier l'innocence ou la
culpabilité du prévenu, atteste que l'esprit et la conscience des juges ne sont pas suffisamment éclairés par
les élémens de l'information.

Néanmoins, ces renvois à un plus ample informé
ne doivent être ordonnés que lorsqu'il est patent que des
preuves indispensables n'ont point été recueillies.

L'article 24 de la loi du 13 brumaire an 5, ordonne
la publicité des séances des conseils de guerre. Ce principe consacré par l'article 190 du Code d'instruction
criminelle, est proclamé par l'article 55 de la Charte
de 1830. Il doit être observé sous peine de nullité.

L'article 25 veut que, le conseil étant assemblé, le
président fasse apporter et déposer devant lui, sur le
bureau, un exemplaire de la loi : le procès-verbal doit
faire mention de cette formalité *indispensable*, etc.

D'après les termes mêmes de cet article, cette disposition relative au dépôt, sur le bureau, d'un exemplaire de la loi, doit être observée à peine de nullité.

Il n'est pas nécessaire d'ajouter que cette formalité n'est déclarée *indispensable*, que pour éviter que la négligence, l'insouciance ou la précipitation, ne fassent rendre des jugemens sans avoir la loi sous les yeux. On sentira surtout la nécessité de prescrire cette formalité à peine de nullité, si l'on songe que pour rendre un jugement valable, il faut que le texte de la loi appliquée soit lu par le président à l'audience, et que les termes en soient insérés dans le dispositif du jugement.

L'article 30 détermine comment le président doit poser la question de culpabilité. Il règle ensuite l'ordre dans lequel il doit recueillir les voix des juges, en commençant par le grade le moins élevé.

Les articles 357 et 358 du Code d'instruction criminelle, contiennent le même principe et présentent le complément nécessaire de l'article 30 de la loi du 13 brumaire an 5.

Point de doute que si la question de culpabilité n'était point posée comme la loi le prescrit, et que si les voix n'étaient pas recueillies en commençant, par le grade le moins élevé, cette irrégularité ne dût entraîner l'annulation du jugement.

Les motifs de cette opinion se tirent de ce que de la position de la question, peut résulter pour l'accusé la condamnation à une peine plus sévère ; et, à l'égard du mode suivi pour recueillir les voix, de ce que le supérieur en émettant son opinion le premier, gêne la conscience de l'inférieur, qui, certainement, n'oserait lui déplaire en énonçant un avis différent.

L'article 35 prescrit au président, après avoir rendu

à *haute voix* et fait inscrire au procès-verbal, la décision du conseil sur la culpabilité de l'accusé, de lire de nouveau le texte de la loi, et d'appliquer la peine prononcée par le conseil.

Le Code d'instruction criminelle dans ses articles 163, 195 et 369, renferme le principe général dont l'article 55 de la loi de brumaire, ne fait qu'une application spéciale. Ce principe est, de droit, prescrit à peine de nullité. L'article 163 du Code d'instruction criminelle le dit formellement; et les articles 195 et 369 du même Code, ne sont que les corollaires de l'article 163.

Enfin l'article 38 de la loi du 13 brumaire an 5, qui ordonne au rapporteur de lire de suite le jugement à l'accusé, en présence de la garde rassemblée sous les armes, prescrit une formalité qui doit être suivie à peine de nullité, car la loi du 15 brumaire an 6, article 8, accorde aux accusés vingt-quatre heures pour se pourvoir en révision, *à partir de la lecture du jugement qui doit lui être faite.*

Cet article ajoute : le rapporteur *est tenu,* après la lecture, d'avertir l'accusé de cette disposition, et *d'en faire mention au pied du jugement.*

Le principe général des dispositions de cet article, se trouve consigné dans les articles 371 et 373 du Code d'instruction criminelle.

Telles sont, dans la loi du 13 brumaire an 5, les formes de procédure qui peuvent motiver l'annulation des jugemens. Il est facile de voir, par le rapprochement que nous avons fait entre cette loi et le Code d'instruction criminelle, les formalités non prévues par la loi de brumaire an 5, dont l'omission pourrait entraîner nullité. La comparaison entre les articles qui, dans le Code d'instruction criminelle , sont prescrits à peine de nullité, et ceux qui ne prononcent qu'une amende contre le greffier ou la prise à partie contre le juge, pourra servir de guide aux conseils de révision.

O.

OFFICIER attaché à un dépôt en attendant sa retraite, peut-il être membre d'un conseil de guerre ?

La loi n'a point déterminé toutes les positions dans lesquelles un militaire serait ou ne serait pas membre d'un conseil de guerre. De l'ensemble de la loi du 13 brumaire an 5 , il résulte que les tribunaux militaires doivent être composés de militaires en activité, et ce qui confirme cette doctrine, c'est la faculté donnée par l'article 5 au commandant en chef de chaque division , de changer tout ou partie des membres du conseil de guerre, lorsqu'il le croit nécessaire pour le bien du service , et ensuite la sanction de ce droit, déterminée par l'article 6, qui prononce, en cas de refus de la part de l'officier ou du sous-officier nommé membre du conseil de guerre, la destitution et l'emprisonnement pendant trois mois.

En effet, pour être changé et puni, même d'après l'ordre du commandant de la division , il faut être sous sa dépendance, et dès-lors en activité de service.

Dans la question qui nous occupe, les mots *en activité de service* furent entendus dans leur acception la plus rigoureuse, et l'on se demanda si un officier attaché à un dépôt, en attendant l'époque très-prochaine de sa retraite, pouvait être considéré comme en activité de service, et, en conséquence, nommé membre d'un conseil de guerre. L'administration consultée en l'an 5 à ce sujet, répondit affirmativement, attendu qu'un officier placé dans cette position, réunit toutes les conditions qui constituent l'activité du service, et elle ajouta qu'il n'en serait pas de même d'un officier réformé, suspendu ou destitué.

Voyez aussi *Général de brigade, etc.*

OFFICIER. — Voyez *Brevet.*

OFFICIERS des bataillons étrangers autres que les Suisses, peuvent-ils être membres d'un conseil de guerre ou de révision ?

Cette question, qui se rattache à la précédente et qui semble en être la suite, se présenta et fut résolue à la même époque.

Il fut décidé que les officiers des bataillons étrangers autres que les Suisses, pourraient être membres des tribunaux militaires.

Les motifs de cette décision tout-à-fait contraire à celle concernant les officiers des troupes suisses, sont la soumission aux lois françaises en général, et aux lois militaires en particulier, des troupes composant les bataillons étrangers ; tandis que les Suisses n'étant au service de la France qu'en vertu d'une capitulation, d'un traité par lequel ils se réservent l'exercice et la jouissance de leurs droits comme étrangers, ils conservent leur justice particulière, et ne sont justiciables que de leurs tribunaux militaires suisses.

Les bataillons étrangers, au contraire, sont astreints

à la discipline des militaires français. Ils sont régis par la loi française, et soumis, ainsi que toutes les autres troupes nationales, à la juridiction spéciale des conseils de guerre. Dès-lors, considérés comme militaires français, s'ils remplissent les mêmes devoirs, s'ils supportent les mêmes charges, ils doivent jouir des mêmes droits et profiter des mêmes avantages; un intérêt semblable les lie aux Français; il n'y a donc aucun inconvénient à les appeler à prononcer sur les délits militaires. Dès l'an 14, plusieurs conseils de guerre admirent dans leur sein des officiers appartenant aux bataillons étrangers, lorsqu'il ne se trouvait pas un nombre suffisant d'officiers français du grade requis pour composer ces tribunaux militaires.

OFFICIERS DE GENDARMERIE. — Sont-ils tenus de siéger au conseil de guerre lorsqu'ils sont appelés à y remplir des fonctions?

Cette question, qui fut résolue affirmativement en 1827, rentre dans celle que nous avons traitée plus haut (page 96), et la décision prise en l'an 4, fut motivée sur les mêmes principes qui servirent de base à la solution donnée en 1827.

La loi du 13 brumaire an 5, en conférant aux commandans de division le droit de composer les conseils de guerre, de militaires choisis parmi les troupes stationnées dans leurs divisions, n'a établi aucune différence entre la gendarmerie et les autres troupes, elle est d'ailleurs un corps militaire faisant partie intégrante de l'armée; en conséquence, les officiers de cette arme peuvent être désignés pour remplir des fonctions dans les tribunaux militaires, et ils sont tenus d'y siéger lorsqu'ils en sont requis.

OFFICIERS.—Peuvent-ils être poursuivis comme déserteurs ?

Cette question ne s'est pas encore présentée devant les tribunaux militaires; nous ne l'examinons ici que comme résultant de la combinaison des différens décrets, lois et arrêtés relatifs à la désertion.

Le décret de l'assemblée nationale, du 17 mai 1792, porte, article 1er : « *Tout militaire, de quelque grade* « *qu'il soit,* qui se sera absenté de son camp, de sa « garnison, de son quartier, sans congé, ordre ou dé- « mission acceptée, comme il sera dit ci-après, sera « réputé déserteur. »

Le décret de la même assemblée, en date du 12 mai 1793, confirma cette disposition en ces termes, art. 1er : « Tout militaire, c'est-à-dire *depuis le général d'armée* « *jusqu'au soldat ou volontaire inclusivement,* ou « tout employé, soit dans les armées, soit à leur suite, « qui passera à l'ennemi ou chez les rebelles, sans y « être autorisé par ses chefs, sera puni de mort. » Il faut remarquer que cet article est le premier de la sec- tion première, intitulée *De la désertion.*

La loi du 21 brumaire an 5, sans rappeler toute la précision de celle du 12 mai 1793, porte, *Titre 1er,* *De la désertion à l'ennemi,* article 1er : « *Tout mili-* « *taire* ou autre individu attaché à l'armée et à sa suite, « qui passera à l'ennemi sans une autorisation par écrit « de ses chefs, sera puni de mort. » Et plus loin, *Titre 2, De la désertion à l'intérieur,* article 1er : « *Tout militaire* qui sera convaincu d'avoir déserté de

« l'armée ou d'une place de première ligne sur la fron-
« tière menacée ou exposée, pour se retirer dans l'in-
« térieur de la république, sera puni de cinq ans de
« fers. »

Les articles suivans déterminent des peines différentes
selon les circonstances, et tous répètent ces mots : *Tout
militaire.*

Mais, le 19 vendémiaire an 12, le gouvernement prit
un *arrêté concernant les dépôts de conscrits déclarés
réfractaires; la composition et la compétence des conseils de guerre* SPÉCIAUX, *la procédure devant ces conseils, et les peines contre la désertion.* »

L'article 16 est ainsi conçu : « *Tout sous-officier et
« soldat* accusé de désertion, et tout conscrit condamné
« comme réfractaire qui, après avoir été traduit au dé-
« pôt (1), sera accusé de désertion, sera jugé par un
« conseil de guerre spécial. »

Jusque là, aucune loi n'avait parlé du chef de complot de désertion; il devenait impossible de lui infliger
une peine plus sévère, bien que le délit fût plus grave.
Un décret impérial du 25 ventôse an 13 vint remplir
cette lacune, on y lit ces mots :

« Considérant que la loi du 21 brumaire an 5, à la-
« quelle renvoie l'arrêté du 19 vendémiaire an 12, pour
« la définition du chef de complot de désertion, ne
« contient aucune disposition qu'on puisse appliquer
« textuellement aux chefs de complot de désertion à

---

(1) Cet arrêté du 19 vendémiaire an 12 créait des dépôts de
conscrits qui, n'ayant pas rejoint leurs corps, étaient déclarés réfractaires en exécution de la loi du 6 floréal en 11, relative à une
levée de conscrits de l'an 11 et de l'an 12.

« l'étranger ou à l'intérieur, qu'il est urgent de s'expli-
« quer à ce sujet;

« Le conseil d'état entendu, décrète :

« Art. 1er. A l'avenir, *tout militaire* ou autre indi-
« vidu employé à la suite de l'armée, qui sera convaincu
« d'avoir excité ses camarades à déserter, soit à l'en-
« nemi, soit à l'étranger, soit à l'intérieur, sera réputé
« chef de complot, et, comme tel, puni de mort. »

Un autre décret impérial du 8 vendémiaire an 14,
répéta, mot pour mot, l'article ci-dessus, et ajouta
une disposition pour le cas où le chef de complot ne
serait pas connu. Alors c'est le plus élevé en grade des
militaires complices, ou, à grade égal, le plus ancien
de service, ou à égalité d'ancienneté de service, le plus
âgé qui est réputé chef du complot.

Un décret du 21 décembre 1808, statuant sur la désertion des régimens étrangers, porte :

« Art. 1er. A l'avenir, et en temps de guerre seule-
« ment, la peine de mort sera prononcée, pour tous les
« cas de désertion, *contre tout militaire* faisant partie
« d'un régiment étranger, au service de la France,
« autre que ceux pour lesquels il existe des traités et
« des capitulations particulières. »

Enfin, un dernier décret du 2 février 1812, semble
avoir tranché la difficulté, en disant, article 1er :

« *Tout officier* de nos armées de terre et de mer,
« *quel que soit son grade*, qui sera convaincu d'avoir
« formé un complot de désertion à l'ennemi, à l'é-
« tranger ou *à l'intérieur,* ou d'y avoir participé, sera
« puni de la peine capitale prononcée par les articles 5
« et 6 de la loi du 21 brumaire an 5 contre le chef de
« complot. »

Ce décret était la conséquence nécessaire des décrets précédens, dans lesquels toutefois les officiers n'étaient pas spécialement désignés, quoique bien certainement compris dans ces mots : *Tout militaire.*

L'ordonnance du 21 février 1816, en abolissant les conseils de guerre spéciaux, et en rendant la connaissance du délit de désertion aux conseils de guerre permanens, déclara que ces derniers appliqueraient l'arrêté du 19 vendémiaire an 12, et les décrets des 23 ventôse an 13, 8 vendémiaire an 14, 2 février 1812.

Tel est, jusqu'à ce jour, l'état de la législation militaire relativement à la désertion, et il nous paraît évident que l'on doit en conclure que les officiers peuvent être poursuivis comme déserteurs.

En effet, ce n'est qu'à partir de l'arrêté de gouvernement du 19 vendémiaire an 12, que les peines contre la désertion ne parurent applicables qu'aux sous-officiers et soldats. Les lois antérieures ne furent point abrogées par les décrets qui se succédèrent depuis le 19 vendémiaire an 12. Loin de là, le décret du 2 février 1812 rappelle leur exécution en se servant de ces mots : *Tout officier de nos armées de terre et de mer, quel que soit son grade, etc.,* il est donc démontré que la loi du 21 brumaire an 5 serait applicable à l'officier déserteur, « car : *posteriores leges ad priores pertinent : nisi con-* « *trariæ sint :* idquè multis argumentis probatur (1). » Nous disons la loi du 21 brumaire an 5, parce que c'est celle qui précède immédiatement l'arrêté du 19 vendémiaire an 12, où il n'est question, pour la première fois, que des *sous-officiers et soldats,* et que cette loi

_____

(1) Loi 28. *ff. de legibus.*

du 21 brumaire an 5, contient les dispositions de la loi du 12 mai 1793 à laquelle elle se réfère.

Le décret impérial du 2 février 1812, serait vainement invoqué pour prétendre que le législateur a bien entendu que le délit de désertion ne concernerait plus les officiers; et il ne serait pas exact de dire ici : *Qui dicit de uno, negat de altero;* car si ce décret ne parle des officiers que comme chefs de complot, c'est en conséquence du décret du 8 vendémiaire an 14, et pour en expliquer les termes, mais non pas pour restreindre l'action de la justice contre les officiers, au seul cas de complot de désertion. D'ailleurs, il ne nous paraît pas possible de sortir de ce dilemme : ou les officiers ne peuvent pas être recherchés pour fait de désertion, et alors ils ne peuvent pas plus être atteints comme chefs de complot que comme simples déserteurs; ou, s'ils peuvent être poursuivis comme chefs de complot de désertion, ils peuvent également l'être comme simples déserteurs, en vertu de la loi du 21 brumaire an 5.

OFFICIERS SUISSES. — Peuvent-ils être membres d'un conseil de guerre français ?

C'est en l'an 14 que cette question fut élevée. On considérait que les régimens suisses étant au service de France comme d'autres troupes auxiliaires, soumis à la discipline de l'armée, et prenant part à des exploits dont ils partageaient les dangers et la gloire, pouvaient aussi prononcer sur les crimes et délits militaires de la compétence des conseils de guerre. Il y avait assimilation complète avec les troupes françaises, et les avantages onéreux que leur offrit une autre époque, n'en avait pas fait alors un corps privilégié.

Toutefois, on ne manqua pas de repousser cette prétention. Outre la qualité de Français, qui est la première condition pour être membre d'un tribunal, il fut décidé qu'aucun officier de troupes suisses au service de France, ne pouvait être membre d'un conseil de guerre, attendu que ces troupes conservant leur justice, n'étaient point justiciables des tribunaux militaires français.

OUVRIERS militaires employés dans les manufactures d'armes. — Sont-ils passibles des peines de discipline ?

Des militaires détachés de leurs corps, et employés, comme ouvriers, dans des manufactures d'armes de guerre, pouvaient paraître, au premier abord, soustraits à la discipline militaire. Ils ne sont plus sous les drapeaux, ils n'ont plus les mêmes devoirs, les mêmes obligations, ils sont hors de leurs corps, et dès lors ils appartiennent, pour tous les crimes ou délits qu'ils pourraient commettre, à la juridiction ordinaire; à plus forte raison doivent-ils être considérés comme dégagés des entraves de la discipline militaire.

Cependant ces militaires comptent toujours à leurs corps, passent dans les manufactures le temps de service qu'ils sont tenus de donner à l'Etat, et le passent à un travail qui a pour eux le double avantage d'être lucratif et de les perfectionner dans un art qu'après leur libération, ils exerceront entièrement à leur profit. D'un autre côté, ces manufactures étant sous la direction d'agens militaires, les punitions autorisées par la loi du 29 octobre 1790, peuvent être infligées aux sol-

dats qui y sont employés. Cette opinion résulte même
de l'article 1er de cette loi, qui est ainsi conçu :

« Article 1er. Les punitions à infliger pour les fautes
« commises contre la discipline, par *les officiers de*
« *tous grades, sous-officiers et soldats de toutes les*
« *armes,* pourront être prononcées contre les délin-
« quans d'un grade inférieur, *par tous ceux qui seront*
« *revêtus d'un grade supérieur au leur, etc., etc.* »

En effet, ces militaires, ouvriers dans les manufactures d'armes, et pris, pour cet objèt, dans les différens
corps de l'artillerie ou même de l'armée, sont assimilés
aux autres militaires non ouvriers, mais détachés de
leurs corps et affectés à un service militaire quelconque.
Ces derniers, commandés par d'autres chefs, sont toujours soumis à la même discipline. Leurs infractions
aux devoirs militaires sont punies de la même manière,
et cependant les peines ne sont pas prononcées par les
officiers des corps dans lesquels ils sont immatriculés.
La raison en est tirée des termes de l'article 1er de la
loi du 29 octobre 1790. Les motifs sont les mêmes pour
la question qui nous occupe. Les soldats, ouvriers ar-
muriers détachés de leurs régimens et employés dans
les manufactures militaires, sont soumis à l'autorité des
officiers d'artillerie dirigeant ces manufactures, et,
comme nous l'avons vu, *les punitions de discipline à*
infliger, peuvent être prononcées contre les délinquans
d'un grade inférieur, par tous ceux qui sont revêtus
d'un grade supérieur au leur.

Nous ajouterons toutefois, qu'en cas de refus de la
part des délinquans, de se soumettre aux punitions infligées, l'autorité militaire supérieure du lieu ferait exécuter la décision, sur la réquisition qui en serait faite

11*

par le chef militaire supérieur de la manufacture d'ar=
mes.

P.

PARRICIDE. — Comment le jugement d'un militaire condamné comme parricide, doit-il être exécuté ?

Ce crime ne pouvait pas être prévu par la loi militaire: le législateur devait même en repousser la pensée avec horreur. Toutefois, lorsqu'il fut commis, le conseil de guerre qui condamna le coupable fut embarrassé pour prescrire l'exécution de son jugement.

A ce crime, dans la loi ordinaire, est attaché un supplice particulier. Les juges militaires pouvaient-ils y soustraire le condamné, en sorte que le châtiment fût moins cruel, et dès-lors d'un exemple moins terrible, parce qu'il était militaire ? C'eût été agir contre l'intention du législateur, qui a voulu créer contre ce crime une peine toute spéciale. Le conseil de guerre devait donc appliquer les articles 13 et 302 du Code pénal ordinaire ; mais l'exécution prescrite par l'article 13 devenait impossible, l'autorité militaire n'ayant ni instrumens de supplice ni exécuteur des hautes œuvres. Il ne restait plus qu'à livrer le coupable à l'autorité judiciaire, qui toutefois pouvait refuser d'ordonner l'exécution, attendu qu'elle ne peut connaître de l'exécution d'un jugement rendu par les tribunaux militaires. Dans cet état de choses, le garde des sceaux fut consulté, et, par ses avis des 7 et 12 juillet 1828, il fit connaître que l'exécuteur des arrêts criminels accomplirait la condamnation. En conséquence, pour lever la difficulté qu'aurait pu faire naître la qualité du coupable, et d'un autre côté pour exécuter le jugement suivant la loi militaire, le condamné fut préalablement dégradé devant la troupe rassemblée sous les armes; puis, lorsqu'il fut rayé des contrôles de l'armée et dépouillé des insignes militaires, sur l'ordre du procureur général, il fut remis entre les mains de l'exécuteur des arrêts criminels.

Ce mode est en effet le seul qui puisse être suivi.

PERMISSION. — Voyez *Absent*.

PERQUISITION. — Des gendarmes munis uniquement d'un ordre spécial donné par l'autorité militaire, peuvent-ils entrer pendant le jour dans le domicile d'un réfractaire et y faire des perquisitions ?

Il est de principe que la maison de chaque citoyen est un asile où les agens de l'autorité ne peuvent pénétrer que dans l'intérêt de la société, et lorsque les magistrats, qui sont l'organe de la loi, l'ordonnent par écrit.

On pouvait croire que lorsqu'il s'agissait d'un réfractaire à la loi du recrutement, la gendarmerie, munie de l'ordre spécial de l'autorité militaire, pouvait pénétrer dans le domicile de celui qui, appartenant à l'armée ou désigné par la loi pour en faire partie, refuserait de payer à la patrie le tribut de ses services. En 1829, la gendarmerie voulut faire une perquisition au domicile d'un jeune soldat retardataire; elle éprouva de la résistance, et un procès criminel en fut la suite. La cour d'assises de Limoges, où l'affaire fut portée, déclara par son arrêt

que la gendarmerie avait agi illégalement dans cette circonstance, et que, pour faire une perquisition, il lui fallait un mandat spécial délivré par les magistrats.

Cette décision, fondée en droit, consacrait le principe
émis dans l'ordonnance du 29 octobre 1820, relative à
la gendarmerie. L'article 184 de cette ordonnance défend à la gendarmerie de s'introduire dans le domicile
d'un citoyen, si ce n'est pour un objet formellement exprimé par une loi, ou en vertu d'un mandat spécial de
perquisition décerné par l'*autorité compétente*.

Ces derniers motifs mirent sans doute la gendarmerie
dans l'erreur; et l'autorité compétente, pour elle, fut le
général commandant la division. L'autorité compétente,
en pareil cas, c'est le procureur du roi, qui, chargé des
fonctions du ministère public, a le droit d'ordonner des
perquisitions. Les autres officiers de police judiciaire,
auxiliaires du procureur du roi, ne peuvent en faire que
dans le cas de flagrant délit. (*Voyez* les articles 22 à 60
inclusivement du Code d'instruction criminelle.)

POURVOI EN RÉVISION. — La déclaration
doit-elle en être faite au greffe du conseil de
guerre qui a jugé, ou au greffe du conseil de
révision ?

Pour des militaires, ordinairement peu familiarisés
avec les lois et la jurisprudence, cette question put ne
pas paraître sans difficulté. Comment, en effet, le conseil de révision serait-il appelé à statuer sur un jugement, si l'acte qui le lui dénonce n'est pas fait à son
greffe ? Ce raisonnement pouvait sembler concluant.
Toutefois il n'était fondé ni sur la raison, ni sur la loi.

Le tribunal qui prononce la condamnation doit connaître de l'exécution, du jugement. Or, s'il n'existe pas d'acte à son greffe qui arrête cette exécution, elle a lieu, et le jugement, entaché de nullité, a son effet contre le vœu de la loi. La raison veut donc que la déclaration de pourvoi soit formée au greffe du tribunal qui a rendu le jugement attaqué.

Les lois militaires, comme les lois ordinaires, ont consacré ce principe qui se trouve écrit dans les articles 12 et 13 de la loi du 18 vendémiaire an 6, et dans les articles 203, 273, 422 et 423 du Code d'instruction criminelle.

PRESCRIPTION. — La prescription court-elle en matière de désertion ?

L'article 89 du décret du 29 octobre 1790 porte :

« Les délits militaires qui n'auront pas été dénoncés et
« poursuivis dans l'espace de dix ans, à compter du jour
« qu'ils auront été commis, ou dont la poursuite, après
« avoir été commencée, aura été suspendue pendant le
« même espace de temps, seront prescrits, et ne pour-
« ront plus être l'objet ni d'aucune plainte, ni d'aucun
« jugement. »

Un décret du 17 mai 1792, rendu, comme le précédent, par l'assemblée nationale, s'occupa le premier de la désertion, et prononce des peines qui atteignaient les soldats, les sous-officiers et les officiers, dans une proportion de sévérité progressive.

Le décret du 12 mai 1793 confirma celui du 17 mai 1792, relativement à la désertion de tout militaire, depuis le général d'armée jusqu'au soldat ou volontaire inclusivement, mais n'établit aucun degré de sévérité dans l'application des peines, suivant le grade des accusés.

La loi du 21 brumaire an 5 renouvela à son tour les dispositions du décret du 12 mai 1793 ; mais l'arrêté du gouvernement, du 19 vendémiaire an 12, créa des conseils de guerre spéciaux (art. 11), et ne prononça de peines que contre les sous-officiers et soldats. Les officiers qui abandonnèrent leur poste ne furent plus considérés comme déserteurs : ce fut à tort ; car cet arrêté n'avait modifié les lois antérieures qu'en ce qui concernait les sous-officiers et soldats ; les dispositions relatives aux officiers étaient maintenues par cela même qu'elles n'étaient abrogées par aucune disposition contraire (1).

Jusqu'en 1811, la législation dont nous venons de donner l'historique ne défendait pas de poursuivre les déserteurs par contumace. Un décret du 14 octobre 1811 déclara, article 1er, *qu'il ne serait plus rendu de jugement par contumace pour le délit de désertion ;* et l'ordonnance du 21 février 1816, qui est, jusqu'à ce jour, le dernier acte du pouvoir exécutif relatif à la désertion, confirma le décret du 14 octobre 1811, abolit les tribunaux spéciaux, et rendit aux conseils de guerre permanens la connaissance du délit de désertion.

Depuis le décret de 1811, qui défend de juger les déserteurs par contumace, les conseils de guerre n'élevèrent la question de savoir si la prescription n'est applicable à la désertion qu'à partir de 1829. Elle fut résolue négativement en décembre 1829, en février, en juin, en juillet 1830, et en mars 1831. On se fonda sur ce que la

---

(1) Voyez *Officiers peuvent-ils être poursuivis comme déserteurs ?*

désertion constitue le militaire déserteur en état permanent de flagrant délit qui empêche la prescription de courir, puisque c'est un délit successif qui se perpétue tant que le déserteur n'a pas été arrêté ou ne s'est pas représenté volontairement. En effet, ce délit résulte non-seulement de l'abandon des drapeaux, mais encore du fait de ne point les rejoindre après s'en être éloigné en vertu d'un congé ou d'une permission, lorsque le terme de ce congé ou de cette permission a été dépassé; et du fait de ne point se rendre au corps pour lequel on a contracté un engagement, ou pour lequel on a été désigné par suite de l'appel de la loi sur le recrutement. Dans ces différens cas, la prescription est impossible; l'époque à partir de laquelle le délit commence n'est pas le jour où le délit est commis; car le lendemain, le sur-lendemain, quatre jours, dix jours plus tard, le même délit se commet encore; il se continue; il ne cesse que du moment que le déserteur est arrêté ou s'est présenté volontairement.

Il n'y a aucune différence à établir entre ces différens genres de désertion; la prescription n'est pas plus applicable à l'abandon des drapeaux qu'à l'insoumission du jeune soldat : la loi frappe également l'un et l'autre. Les articles 75 et 74 de l'arrêté du 19 vendémiaire an 12 punissent le militaire qui ne rejoint pas après l'expiration de son congé. L'article 19 de la loi du 10 mars 1818, sur le recrutement, déclare déserteurs les jeunes soldats qui n'ont pas obéi à l'appel au temps prescrit. L'art. 58 du décret du 8 fructidor an 13 frappe de cinq ans de boulet les suppléans ou remplaçans qui n'ont pas rejoint. Le décret du 16 février 1807 considère comme déserteurs les enrôlés volontaires qui ne se rendent pas au corps dans le délai prescrit. Enfin, le décret du 23 novembre 1811 prononce la peine de mort contre le déserteur gracié qui ne se rend pas au corps qui lui a été assigné, parce qu'il est réputé déserteur par récidive.

Il est donc évident qu'il n'y a aucune distinction à faire entre l'abandon des drapeaux et le défaut ou le refus de rejoindre.

Nous ferons remarquer en passant que, d'après l'état actuel de la législation, la dénomination de *réfractaires* n'a plus aucun sens légal. Les dépôts de *conscrits réfractaires* n'existent plus; il ne peut y avoir que des *retardataires;* mais *les jeunes soldats retardataires* ne sont passibles d'aucune peine, parce que, comme l'indique le mot, ils sont en retard de rejoindre, mais cependant encore dans les délais de grâce, et ils ne deviennent déserteurs qu'en cessant d'être *retardataires.*

Cette distinction des termes bien établie, et les principes résultant des divers loi, décrets et arrêté ci-dessus rapportés, bien reconnus, il est facile de comprendre que la prescription ne peut pas courir contre le délit de désertion. Cependant, cette doctrine paraît contraire au droit ordinaire, en ce qu'il est de principe qu'aucune action résultant d'un crime ou d'un délit ne peut être éternelle; or, la désertion est un délit; donc il doit être soumis à la prescription. A l'appui de ce raisonnement, les conseils de guerre qui adoptèrent ce système firent application, les uns de l'article 89 du décret du 29 octobre 1790; les autres de l'art. 638 du Code d'instruction criminelle; tous se fondèrent sur le défaut de poursuites.

Pour détruire l'opinion que la prescription court

contre le délit de désertion , il suffit d'analyser le texte des articles invoqués.

L'article 89 du décret du 29 octobre 1790 dit : « Les « délits militaires *qui n'auront pas été dénoncés et pour-* « *suivis* dans l'espace de dix ans, à compter du jour « qu'ils auront été commis, ou dont la poursuite, après « avoir été commencée, aura été suspendue pendant le « même espace de temps, seront prescrits, etc.... »

Mais aussitôt qu'un militaire est déserteur, soit pour avoir abandonné les drapeaux, soit pour ne les avoir pas rejoint, dans les différens cas ci-dessus rappelés, le chef du corps ou le capitaine de recrutement envoient le signalement de ce militaire au ministre de la guerre, en même temps qu'ils l'adressent aux autorités civiles du lieu de sa naissance, du lieu de son domicile, s'il a été distinct de celui de sa naissance; du lieu de sa résidence, même momentanée ; et enfin aux autorités civiles des pays où l'on peut supposer qu'il s'est retiré. Pareil signalement est transmis, aussi en même temps, au colonel de gendarmerie de chaque département dans la circonscription duquel se trouvent les lieux où le déserteur est présumé avoir choisi sa retraite.

Dès-lors, il est évident que le délit de désertion est *dénoncé* et *poursuivi ;* car l'envoi de ces signalemens est accompagné de l'ordre de faire rechercher et saisir le délinquant.

La prescription, dans le sens de l'article 89 du décret du 29 octobre 1790, ne pourrait donc courir que dans le cas où la désertion n'aurait pas été *signalée.*

Mais une autre difficulté s'élève : la désertion est un délit ; d'après les règles du droit ordinaire, tout délit se prescrit par trois ans (article 638 du Code d'instruction criminelle), tandis que la prescription des crimes est de dix années (art. 657 du même Code). Ainsi l'article 89 du décret du 29 octobre 1790 serait applicable à l'action résultant d'un crime et non d'un délit ; car le Code d'instruction criminelle étant postérieur de dix-huit ans au décret de 1790, et ayant posé des principes généraux différens, il est superflu de dire qu'il ne pourrait être dérogé à ces principes du droit criminel ordinaire qu'en vertu d'une disposition législative postérieure et formelle. Reste donc l'application de l'article 658 du Code d'instruction criminelle : mais cet article n'admet la prescription, d'après l'article 637 auquel il renvoie, que dans le cas où il n'a été fait aucun acte d'instruction ni de poursuite, et, s'il en a été fait, que lorsqu'il s'est écoulé trois ans révolus depuis le dernier acte.

Ici, les ordres de recherche et de poursuite reçoivent une exécution continuelle, c'est-à-dire que l'action des autorités est permanente, et que les investigations ne sont pas interrompues. Il faut d'ailleurs remarquer que les déserteurs ne pouvant pas être jugés par contumace, il n'y a aucun autre acte à faire contre eux, et que les recherches continues de l'autorité constituent l'acte de poursuite le plus patent.

Il est donc démontré que, dans l'hypothèse de l'application de l'art. 658 du Code d'instruction criminelle, comme dans celle de l'application de l'article 89 du décret du 29 octobre 1790, il faudrait, pour que la prescription pût courir, que la désertion n'ait pas été signalée, et que l'ordre de recherche n'ait pas été donné aux autorités civiles et militaires.

La discussion à laquelle nous venons de nous livrer ne se rapporte qu'à la supposition admise pour un moment que la prescription pourrait courir contre la désertion ; mais nous avons expliqué plus haut en quoi consiste le délit de désertion ; nous avons vu que ce n'est que l'absence non autorisée des drapeaux, le refus d'obéir à la loi du recrutement, ou l'inexécution de l'engagement de servir volontairement contracté. Il suit de là que, tant que l'absence illégale se continue, le délit se renouvelle chaque jour, se perpétue ; tant que la soumission à la loi du recrutement n'est pas faite, la désobéissance dure et se prolonge ; et enfin, tant que l'engagement de servir n'a pas reçu d'exécution, l'obligation subsiste, et le service peut être exigé ; car ici l'inexécution du contrat ne se résolverait pas en dommages-intérêts (1) ; c'est la seule obligation de faire, qui, par dérogation au Code civil, est impérative et commandée par des lois pénales.

Cette opinion, que la prescription ne peut pas courir en matière de désertion, est professée par Legraverend. L'avis de ce savant jurisconsulte serait à lui seul d'un grand poids ; mais la cour de cassation est saisie de cette question.

PRISON. — Délit commis pendant qu'un condamné y subit sa peine. — Voyez *Militaire condamné à l'emprisonnement.*

PROMULGATION DES LOIS MILITAIRES. — Les lois militaires se publient dans les divisions aux armées et dans les divisions territoriales, par la voie de *l'ordre*, et c'est du jour qu'elles ont été ainsi publiées qu'elles

---

(1) Art. 1142 du Code civil.

deviennent obligatoires pour tous les militaires.

Les lois ordinaires ont un mode de promulgation et de publication qui peut ne pas suffire aux lois militaires. Nous disons promulgation et publication, quoique ce soient deux choses différentes, mais parce que l'ordonnance du 27 novembre 1816 n'en a fait aucune distinction, en déclarant, article 1ᵉʳ, que la promulgation des lois et ordonnances résulte de leur insertion au *Bulletin officiel*.

Toutefois, la promulgation est le résultat de la sanction donnée par le roi; c'est l'acte du pouvoir exécutif qui prescrit à tous les citoyens de regarder comme obligatoire la loi qui en est revêtue. La publication n'est que le moyen de porter la loi à la connaissance de chacun. Nous n'avons à nous occuper que de la publication, car, comme on l'a vu, la promulgation ne peut pas être différente pour les lois militaires, de ce qu'elle est pour les lois civiles. Il n'en est pas de même pour la publication. Tous les citoyens ont connaissance des lois ordinaires par leur insertion au *Bulletin des lois* et dans les journaux. Cette publication semblerait suffisante pour les divisions territoriales en état de paix; mais dans l'état de guerre, et lorsqu'une armée est sur le territoire étranger, on conçoit qu'un tel mode de publier les lois et ordonnances est illusoire. En l'an 6, des difficultés s'élevèrent à ce sujet. Il fut décidé que toutes les lois militaires seraient publiées aux armées et dans les divisions territoriales, par la voie de l'ordre, et que du jour où elles auraient été ainsi publiées, elles deviendraient obligatoires pour tous les militaires.

Cette décision fut sage, et remplit parfaitement le but que l'on veut atteindre par la publication. Aucun soldat ne peut ignorer ce qui est mis à l'ordre, et dans les infractions qu'ils commettent ensuite, ils n'ont point à alléguer l'ignorance de la loi.

Toutefois, on est forcé de remarquer que nonobstant cette décision fondée sur le bon sens et sur le vœu du législateur, l'administration de la guerre, oublieuse des précédens qu'elle avait elle-même établis, consultait encore au commencement de 1830 le garde des sceaux, pour savoir à quelle époque les lois et ordonnances militaires sont publiées en Grèce et en Afrique. Elle citait gravement l'article 1er du Code civil, sans faire attention qu'en voulant faire usage de la science des jurisconsultes, elle fournissait la preuve qu'elle était peu familiarisée avec l'étude des lois.

PUBLICATION DES LOIS MILITAIRES. —
Voyez *Promulgation*.

R.

RANG DES JUGES dans les conseils de guerre. — Quelle est la position respective de supériorité entre deux officiers, pour émettre leur opinion dans un conseil de guerre ?

La loi du 13 brumaire an 5, article 50, prescrit au président de recueillir les voix en commençant par le grade inférieur, mais elle n'a pas prévu le cas où deux officiers du même grade, les deux capitaines, par exemple, mentionnés dans l'article 2, élèveraient entre eux des difficultés sur l'ordre à observer pour émettre leur opinion.

C'est en 1829 que cette question se présenta. Il fut décidé que l'ancienneté dans le grade *effectif* déterminait le rang des juges dans les conseils de guerre. En effet, les deux officiers pourvus du même grade, ne peuvent reconnaître de supériorité entre eux, que celle que donne les services plus nombreux et les droits plus anciennement acquis. Mais si l'un de ces officiers, moins ancien dans le grade de capitaine, avait reçu récemment le brevet de chef de bataillon, sans cesser pour cela de remplir les fonctions de capitaine, serait-il admis à voter avant l'autre capitaine plus ancien que lui dans ce grade? Non, car l'officier pourvu du brevet de chef de bataillon, et remplissant encore les fonctions de capitaine, n'a été appelé au conseil de guerre qu'en cette dernière qualité; or, il n'a été considéré que comme revêtu du grade *effectif* dont il remplissait les fonctions, et si le second capitaine est plus ancien dans ce grade, il votera le premier.

Cette doctrine est la conséquence de ce qui a déjà été décidé : que les officiers n'étant appelés dans les conseils de guerre qu'en raison du grade qu'ils exercent de *fait*, et l'activité de service étant l'une des conditions nécessaires pour siéger dans un tribunal militaire, ils ne peuvent arguer des grades que leur conféreraient des brevets, s'ils n'en exerçaient pas l'emploi.

Cette distinction semble résoudre la question du grade et de l'emploi si souvent controversée. Nous voyons que le grade peut être indépendant de l'emploi. Pour avoir une preuve de l'emploi indépendant du grade, il n'y a qu'à supposer un lieutenant commandant une compagnie à la place de son capitaine tué sur le champ de bataille. Mais, dans ce dernier cas, le lieutenant faisant fonctions de capitaine, siégerait-il en cette dernière qualité au conseil de guerre? Il remplit, *de fait*, l'emploi de capitaine. Non, ses fonctions ne sont que temporaires. La dénomination du grade réel dont il est muni, l'indique; il est destiné à remplacer le capitaine, à *en tenir lieu* en cas d'accident. Il paraît alors contradictoire de refuser à l'un le grade contre les termes de son brevet, et de le refuser à l'autre en invoquant la nature de son brevet. Cependant il n'y a pas contradiction. Celui qui a le brevet d'un grade supérieur au grade de l'emploi qu'il exerce, a bien qualité pour exercer les fonctions en raison desquelles il est appelé à siéger au conseil de guerre, mais l'officier qui exerce un emploi supérieur à son grade, n'en remplit les fonctions qu'en l'absence du titulaire, il commande par *intérim;* et s'il agit comme capitaine, le grade *effectif* qu'il possède n'est bien que celui de lieutenant.

RAPPORTEUR. —Peut-on charger le capitaine rapporteur du deuxième conseil de guerre, des affaires remises au rapporteur du premier conseil, *et vice versâ?*

Tous les jours il arrive, dans les tribunaux ordinaires, qu'un juge d'instruction est chargé des affaires dévolues à un autre juge d'instruction, même quand elles ont été commencées par ce dernier. Il ne peut, en effet, en résulter aucun inconvénient. Mais ce qui pouvait n'être l'objet d'aucune difficulté pour des magistrats, devait paraître important pour des militaires qui, stricts observateurs de leurs devoirs, craignent sans cesse de s'en écarter. La loi ne disant pas que le rapporteur du deuxième conseil peut être chargé des affaires remises au rapporteur du premier conseil, *et vice versâ*, on soumit, en l'an 7, cette question au ministre de la guerre, qui répondit que rien ne s'opposait à ce que le rapporteur de l'un des conseils de guerre fût chargé des affaires envoyées au rapporteur de l'autre conseil; mais que l'on devait s'en abstenir pour les affaires déjà commencées.

En effet, la procédure militaire étant bien plus rapide que la procédure ordinaire, surtout quand elle est faite au camp, en pays ennemi, le rapporteur qui a commencé l'instruction, s'est fait une idée générale de la cause, en conséquence de laquelle il agit. Il saisit plus facilement tous les fils du procès, et souvent il arrive plus sûrement à la découverte de la vérité. Il est à même de faire comparaître devant lui comme témoins, les militaires qu'il présume être en état de lui donner de suite des renseignemens; et, dans ces sortes d'affaires, la célérité fait tout, car quelques heures plus tard ces militaires peuvent ne plus être à sa disposition, par suite d'un mouvement de troupes que les événemens de la guerre rendent instantanés et si fréquens.

Cette distinction était donc commandée par la nature même des choses, et par l'intérêt de la justice qui veut que le juge s'entoure de toutes les preuves qu'il peut réunir. On remarquera que pour la justice ordinaire, il n'est pas toujours nécessaire que le juge d'instruction qui a commencé une affaire, la termine, parce que celui qui la reprend a toujours les moyens de recueillir les témoignages et les preuves dont il peut avoir besoin. Toutefois, autant que possible, le juge d'instruction qui a commencé une affaire, l'achève ; et le juge qui le supplée temporairement, lui réserve ordinairement celles dont il a commencé la procédure. Il n'en est pas des tribunaux ordinaires comme des conseils de guerre à l'armée, où les événemens du jour semblent effacer ceux de la veille.

RASSEMBLEMENS. — Voyez *Loi du 30 prairial an 5*, etc.

RECÉLEMENT DE DÉSERTEURS. — Voyez *Asile donné aux déserteurs et réquisionnaires*.

RÉFORME. — Voyez *Traitement de réforme*.

RÉGIMENS SPÉCIAUX. — Voyez *Dépôts des régimens spéciaux*.

REMPLACEMENT DES JUGES d'un conseil de guerre. — Voyez *Juges d'un conseil de guerre*.

RÉQUISITIONNAIRES pris dans des rassemblemens. —Sont-ils censés faire partie de l'armée, et dès-lors, sont-ils justiciables d'un conseil de guerre ?

C'est en l'an 4 que cette question se présenta, elle fut résolue affirmativement au mois de prairial. Les motifs de cette décision pouvaient tenir à deux causes. La première était basée sur les événemens politiques de cette époque; sur la nécessité de mettre fin à des troubles toujours dangereux pour l'ordre public; et sur l'urgence bien sentie alors, de réprimer promptement et avec vigueur, des désordres que suscitaient les ennemis du gouvernement existant. La seconde cause était tirée du silence de la loi (1) qui, sans distinction, rendait justiciables des conseils militaires, tous les individus appartenant à l'armée; et l'on avait considéré comme tels, les réquisitionnaires non-enrégimentés, mais destinés à l'être. On sentit toutefois le grave inconvénient de distraire des citoyens de leurs juges naturels, et la loi du 22 messidor an 4 fut promulguée.

La loi du 13 brumaire an 5 consacra le principe posé dans celle du 22 messidor an 4, en déclarant, art. 9, que nul ne serait traduit au conseil de guerre que les militaires; mais ni l'une ni l'autre de ces deux lois ne détermina la compétence des conseils de guerre à l'égard des délits commis par des militaires hors de leurs corps, ou par des jeunes soldats non encore enrégimentés. L'avis du conseil d'état du 30 thermidor an 12 vint remplir cette lacune, et décida que les militaires n'étaient justiciables des conseils de guerre, que lorsqu'ils étaient sous les drapeaux ou à leurs corps.

Aujourd'hui la question qui nous occupe, se résolverait en sens inverse. Des jeunes soldats (réquisitionnaires de l'an 4), non enrégimentés, mais appelés à l'activité par la notification que leur fait le préfet de leur département, de la lettre du ministre de la guerre qui les appelle sous les drapeaux et leur désigne un régiment,

____

(1) Loi du 2ᵉ jour complémentaire de l'an 3, art. 1ᵉʳ.

seraient justiciables des tribunaux ordinaires , en vertu
de la loi du 22 messidor an 4, s'ils étaient saisis au milieu de rassemblemens tumultueux composés, en partie ,
d'individus non militaires.

Ils appartiendraient encore à la juridiction ordinaire ,
si ces jeunes soldats étaient arrêtés dans des rassemblemens uniquement composés de jeunes soldats, parce que
le délit dont ils se seraient rendus coupables, ne con-
stituerait pas un délit militaire, mais bien une infraction
aux lois générales ; et , d'après l'avis du conseil d'état du
3o thermidor an 12, il n'y a de délits militaires que
ceux commis par des militaires contre leurs lois particulières , ou contre les lois générales, lorsque ces militaires , au moment où ils se rendent coupables d'une
infraction aux lois générales, se trouvant sous les drapeaux ou à leurs corps , sont astreints à la discipline , à
la surveillance de leurs chefs, et remplissent les devoirs
que leur impose leur profession.

Ainsi la compétence des tribunaux militaires se détermine *ratione materiæ* , en raison de la matière , quand
le délit constitue spécialement une infraction aux lois
militaires; et *ratione personæ,* en raison de la personne,
quand le délit est une infraction aux lois générales,
mais commise par un militaire présent à son corps et
faisant le service.

Voyez *Absent.* — *Hors de son corps.* — *Militaire en
route.*

RÉQUISITIONNAIRES. — Ne sont-ils pas , au
contraire, dans le cas ci-dessus indiqué , compris dans les articles 4 , 5 , 6 et 7 du Code pénal
militaire (loi du 19 octobre 1791) , qui les

renvoie devant les tribunaux ordinaires, surtout quand, parmi eux, il y a plusieurs individus non militaires ?

Cette question est le complément de la précédente.
Elle fut résolue négativement à la même époque, par les
mêmes motifs et en raison de la même législation. Toutefois, on excepta les jeunes gens déclarés incapables de
servir, et ceux qui avaient été mis en réquisition par
le directoire exécutif. Cette distinction tenait au système
que les circonstances d'alors avaient fait adopter, de
considérer les réquisitionnaires comme faisant partie de
l'armée à partir du moment même où ils étaient désignés
pour le service militaire ; tandis que les individus requis
par le directoire exécutif, ne l'étaient que pour un temps,
et, dès lors, pouvaient n'être considérés que comme militaires temporairement.

L'objection qui était faite en s'appuyant des articles
4, 5, 6 et 7 de la loi du 19 octobre 1791, était le plus
fort argument à opposer au système qui prévalut en
l'an 4 ; car les principes que cette loi renfermait, sont
ceux que l'on retrouve consacrés par la loi du 22 messidor an 4, et par l'avis du conseil d'état du 30 thermidor
an 12. Cette objection prouve que l'on avait senti la justice de ne point distraire des citoyens de leur juridiction
naturelle ; et que l'on reconnaissait cette vérité : que
l'on ne peut appartenir à une législation exceptionnelle,
qu'autant que l'on est de fait soumis aux obligations qui
en dérivent. C'est une espèce de contrat dont la base
est l'autorité de la loi qui oblige, et l'intérêt général de
la société qui commande. La loi oblige tout Français à
être militaire, l'intérêt de la patrie l'exige ; un état hono-

rable, des récompenses, sont le prix des sacrifices; mais des obligations d'une nature toute particulière découlent de cet état de choses. Des devoirs rigoureux sont imposés, et ils ont pour sanction une législation sévère. Il suit de là, que la juridiction militaire étant une exception aux lois communes, elle doit être renfermée dans ses limites tracées par la loi du 22 messidor an 4 et par l'avis du conseil d'état du 30 thermidor an 12.

ROUTE. — Militaire en route. — Voyez au mot *Militaire*.

S.

SERVICE MILITAIRE.—Conformément à l'ordonnance du 3 janvier 1822 et à l'instruction ministérielle sur la libération du service actif, instruction approuvée par le Roi en son conseil, le 3 décembre 1818, la durée de l'absence et celle des condamnations pour désertion, doit-elle être déduite du temps prescrit pour le service militaire?

En lisant l'ordonnance du 3 janvier 1822, et l'instruction sur la libération du service actif, approuvée par le Roi en son conseil, le 3 décembre 1818, on se demande comment un conseil de guerre a pu élever la question ci-dessus rapportée.

Un soldat de la classe de 1820, aux termes de l'article 10 de la loi du 10 mars 1818, devait être libéré au 31 décembre 1826. Avant l'expiration de son temps de service, il déserta et fut condamné aux travaux publics pendant trois ans. Gracié d'une partie de sa peine, il rentra dans les rangs de l'armée, et se rendit coupable d'insultes envers ses supérieurs, au mois d'août 1828.

Conformément à l'ordonnance et à l'instruction précitées, la durée de la désertion et de la peine subie, avait été déduite du temps de service dû, en sorte que ce militaire n'avait droit à sa libération que le 26 mai 1829.

Traduit en jugement comme coupable d'insubordination, le conseil de guerre se déclara incompétent, par le motif que ce militaire étant un jeune soldat de la classe de 1820, avait droit à sa libération au 31 décembre 1826, et que n'ayant pas contracté un nouvel engagement, il n'était pas soldat, d'après les dispositions de l'article 20 du titre 2 de la loi du 10 mars 1818.

Sur le pourvoi formé contre ce jugement par le commissaire du roi, le conseil de révision confirma par ce motif que la durée du service est fixée à six ans par les articles 3 et 20 de la loi du 10 mars 1818, que ni l'instruction ministérielle du 3 décembre de la même année, approuvée par le Roi, ni l'ordonnance du Roi du 3 janvier 1822, n'ont pu suppléer au silence de la loi, et combler la lacune qui y subsiste, en ce qui concerne l'absence irrégulière des déserteurs.

Cette doctrine erronée et contraire aux principes du droit militaire, fut dénoncée à la cour de cassation qui, par un arrêt en date du 23 janvier 1829, cassa cette décision et confirma la jurisprudence qu'elle avait déjà consacrée, notamment par ses arrêts des 11 décembre 1817, 15 septembre 1825, 17 janvier 1826.

Toutefois par ce nouvel arrêt du 23 janvier 1829, la cour statua peut-être plus en principe que dans ses arrêts précédens, et elle décida une question importante qui plus d'une fois avait embarrassé les conseils de guerre.

Voici le texte même des considérans :

« Attendu qu'il n'appartenait ni au conseil de guerre,
« ni au conseil de révision de décider si Louis Nicolet,
« incorporé dans le 14e régiment d'infanterie légère,
« était ou n'était pas soldat; que cette question ne leur
« était pas soumise; quelle était, dans l'état, de la com-
« pétence de l'autorité militaire administrative, et qu'il
« n'y aurait eu lieu pour l'autorité judiciaire militaire
« de se livrer à cet examen, qu'autant que Louis Nicolet
« aurait été poursuivi et traduit en jugement pour cause
« de désertion; qu'il ne leur appartenait pas davantage
« de régler les limites du pouvoir du Roi, chef suprême
« de l'armée, dans l'exercice de son autorité et de sa
« clémence envers les jeunes soldats dont les absences
« n'auraient pas été régulièrement autorisées; qu'il y
« a eu sous ce rapport, dans le jugement dénoncé,
« excès de pouvoir et violation des règles de la compé-
« tence;

« Attendu que Louis Nicolet, quelle que fût la régu-
« larité ou l'irrégularité de son incorporation dans le
« 14e régiment d'infanterie légère, était par le fait, et
« même sans réclamation de sa part, chasseur à la 3e
« compagnie du 2e bataillon dudit régiment; qu'il était
« porté sur les contrôles, recevait la solde, et était
« assujéti aux exercices et à la discipline de ce corps;
« que dès-lors il était, par suite de ce service effectif,
« justiciable des conseils de guerre permaneus pour les
« délits et les crimes qu'il pouvait commettre étant sous
« les drapeaux en activité de service; qu'aucun autre
« tribunal non militaire n'aurait été compétent pour la
« répression du délit dont il était prévenu, d'où résul-

« terait l'impunité et le désordre dans les régimens,
« sans qu'il fût possible de les réprimer, puisque par
« une conséquence nécessaire du principe, il n'y aurait
« pas même lieu à la moindre peine de simple disci-
« pline; que dans l'espèce, le cours de la justice est
« interrompu, et qu'il importe de le rétablir;

« Attendu que le conseil permanent de révision, de
« la 15° division militaire, en confirmant le jugement
« du premier conseil de guerre permanent de la même
« division, par lequel il s'était déclaré incompétent
« pour juger Louis Nicolet, prévenu de menaces et in-
« jures envers son supérieur, et de rébellion envers la
« garde, a méconnu et violé les règles de la compétence
« des conseils de guerre permanens, les lois qui y sont
« relatives, et particulièrement les articles 9 et 10 de
« la loi du 13 brumaire an 5.

« En conséquence, statuant sur le réquisitoire du
« procureur général du roi, la cour casse et annule, etc. »

Cette jurisprudence est, comme on le voit, désormais bien fixée. Il suffit qu'un individu soit inscrit sur
le contrôle d'un régiment, qu'il y reçoive la solde, les
vivres, qu'il y soit assujéti aux exercices et à la discipline pour qu'il soit justiciable des conseils de guerre.
En effet, on ne pourrait pas arguer de l'illégalité de son
incorporation, de l'absence de tout acte qui le soumit
au régime exceptionnel de l'armée. Car du moment où
il sert sans réclamation, il y a engagement tacite, véritable quasi-contrat d'où résulte de la part du soldat,
l'obligation de se soumettre aux lois et aux devoirs militaires, et de la part de l'état, l'obligation de le payer
et de le récompenser en raison de ses services.

SOUS-OFFICIERS cassés de leur grade. — Les chefs de corps ont-ils le droit de le faire ?

En l'an 11 et en l'an 12, cette question fut résolue négativement ; il fut alors décidé que les sous-officiers qui commettaient des fautes devaient être punis par voie de discipline ; que ceux qui se rendaient coupables de délits devaient être traduits devant des conseils de guerre ; et qu'enfin, lorsque les punitions de discipline étaient insuffisantes contre les individus reconnus incorrigibles, ou dont la conduite était crapuleuse, ils devaient être cassés de leur grade ; que toutefois les chefs de corps se bornaient à exposer au général commandant la division la conduite de ces sous-officiers, et les moyens coërcitifs vainement employés ; que le général transmettait toutes les pièces avec son avis, afin que le ministre prononçât définitivement.

En 1818, une ordonnance portant règlement sur l'infanterie, fut rendue le 13 mai ; elle ne fut point insérée au *Bulletin des Lois*, conformément à la loi du 30 thermidor an 2 ; mais dans ses articles 383 et 384, elle conféra aux inspecteurs généraux seuls le droit de casser les sous-officiers et caporaux. On s'aperçut bientôt, dans l'intérêt de la discipline, du grand inconvénient qu'il y avait à ne conférer ce droit qu'aux inspecteurs généraux ; car, dans l'intervalle de deux inspections, les punitions de cette nature ne pouvaient plus être infligées, et en les ajournant, elles n'avaient plus le résultat qu'on en attend, et qui ne peut s'obtenir que parce qu'elles suivent de près la faute. En conséquence, une décision ministérielle du 15 janvier 1819 attribua cette faculté aux lieutenans généraux commandant les divisions, à la charge d'en rendre compte au ministre, qui approuverait ou annulerait la punition. Une circulaire du 25 mars 1820 donna aux lieutenans généraux commandant les divisions, le droit de casser définitivement de leurs grades les sous-officiers et caporaux, sans être obligés d'en rendre compte, et sans avoir besoin de prendre l'avis du ministre de la guerre.

Telle est en ce moment l'état de la jurisprudence administrative à cet égard.

Il pourra sembler illégal, au premier coup d'œil, de déroger à une ordonnance par des décisions ministérielles; mais il faut faire attention que la décision de 1819 et la circulaire du 25 mars 1820 n'ont disposé que pour le temps durant lequel les inspecteurs généraux ne sont point en exercice. Il est vrai de dire, cependant, qu'il serait à désirer qu'une ordonnance réglât d'une manière plus certaine les droits et les devoirs des lieutenans généraux, au sujet des sous-officiers et caporaux, dont la cassation de grade est la punition la plus sévère par ses résultats, puisqu'elle arrête leur état et qu'elle recule, en quelque sorte, leur avenir.

On remarquera que cette circulaire ne change rien aux dispositions de l'ordonnance du 13 mai 1818, relatives aux sous-officiers et caporaux membres de la Légion d'honneur, en ce sens que le ministre doit toujours autoriser leur cassation sur la proposition de l'inspecteur général, ou, dans l'intervalle des deux inspections, sur celle du lieutenant général.

SUBSTITUTION. — Un jeune soldat appartenant à une classe dont partie est restée disponible, commet-il un délit en partant à la place d'un autre jeune soldat appelé à l'activité par suite de la levée d'une classe postérieure à la sienne, lorsque, pour accomplir cette substitution, il marche avec la feuille route et prend le nom de celui qu'il représente ?

Un sieur Buteau, du département de la Nièvre, est appelé par le sort à faire partie du contingent de la classe de 1824. Une feuille de route lui est délivrée, et il doit rejoindre un régiment. Un autre jeune homme de la même commune, nommé Bazot, avait été aussi appelé par le sort au service militaire, mais pour une classe antérieure, celle de 1823. Il était resté disponible dans ses foyers, c'est-à-dire qu'il n'avait pas été compris dans la portion du contingent de cette classe mise en activité. Dès qu'il apprend que Buteau va partir, il lui offre de marcher à sa place. On est bientôt d'accord sur les conditions ; 45 francs sont le prix de ce remplacement. Bazot prend la feuille de route de Buteau, arrive au corps sous ce nom, y est immatriculé, et sert ainsi d'abord pendant quatre ans.

Il obtient un congé de semestre qu'il vient passer auprès de sa famille. Mais il avait acquis de l'expérience au régiment ; il n'avait vu aucun remplacement opéré pour 45 francs ; il exige de Buteau une somme de 900 fr., sans quoi il ne veut plus servir à sa place. Buteau accède à la demande : un contrat en est dressé devant notaire.

Bazot, satisfait, retourne à son corps. L'année suivante, il obtient un congé d'un an, et revient dans son village. A peine un mois s'est-il écoulé, que l'expédition d'Afrique oblige à rappeler les militaires en congé. Bazot, militaire sous le nom de Buteau, reçoit une destination nouvelle ; il est désigné pour un régiment qui doit aller à Alger. Il part pour Toulon avec un détachement de militaires rappelés de congé. Chemin faisant, il fait des réflexions ; l'Afrique lui paraît un terrible pays ; il faut s'embarquer pour y aller, et Bazot, qui n'a jamais vu la mer, pense qu'il s'est bien engagé à servir, mais non pas à se faire tuer pour Buteau. Il quitte sa compagnie, revient à son village, et remettant au véritable Buteau ses habits militaires, ses armes et son livret, il lui signifie qu'il ne veut pas aller en Afrique à sa place.

Le temps s'écoule ; Bazot, sous le nom de Buteau, est recherché et arrêté comme déserteur ; mais la substitution est connue, et alors s'arrête l'action de la justice.

Toutefois, Bazot est détenu sous la prévention de faux, ou au moins de falsification de pièces, et le véritable Buteau est tenu de rejoindre un régiment.

C'est dans cet état que la question que nous avons rapportée se présenta.

Il fut décidé avec raison, au mois de juin 1830, que le nommé Bazot, en servant sous le nom de Buteau, n'avait commis ni crime ni délit, et il fut mis en liberté.

En effet, on ne peut devenir militaire que de trois manières : 1° par engagement volontaire ; 2° par l'appel du sort ; 3° par remplacement. Ces trois modes sont spécifiés par la loi du 10 mars 1818 ; mais le nommé Bazot n'était ni enrôlé volontaire, ni mis en activité par suite de l'appel du sort, ni remplaçant en vertu d'un acte légal.

L'article 19 de la loi du 10 mars 1818 considère les jeunes soldats laissés disponibles dans leurs foyers, comme assimilés aux militaires en congé ; dès-lors, Bazot n'étant pas militaire, et ne pouvant l'être, n'avait point commis le délit de désertion en abandonnant le régiment où il servait sous le nom de Buteau, parce qu'il n'y a désertion que lorsqu'il y a abandon du corps après immatriculation régulière ou refus d'obéir à l'ordre de mise en activité, ou enfin lorsque l'enrôlé volontaire ne s'est pas rendu au régiment indiqué. L'article 18, section iv de la loi du 12 mai 1793 n'était pas applicable au nommé Bazot, lors même que ce jeune soldat eût été justiciable des conseils de guerre, parce que, ne servant pas pour son compte, il ne s'était pas fait inscrire sous un faux nom dans l'intention de frauder; que d'ailleurs il ne pouvait pas obéir à cette disposition de la loi du 12 mai 1793, qui l'eût obligé à faire rectifier cette inscription; car on eût reconnu que Bazot, jeune soldat resté disponible de la classe de 1823, n'avait pas le droit de suppléer un autre soldat; il eût été renvoyé du corps, et Buteau aurait dû marcher : ainsi ce n'était donc pas une inscription sous un faux nom. Les articles 154 et 156 du Code pénal ordinaire n'étaient pas non plus applicables; il n'y avait ni fabrication de fausse feuille de route, ni falsification d'une feuille de route originairement véritable; Bazot n'avait point pris de nom supposé dans cette feuille de route; il était seulement porteur de celle délivrée à Buteau; en un mot, il n'y avait ni crime ni délit; car il est de principe que *nullum crimen, ubi non est intentio criminis.*

Dans ce qui précède, nous avons dit que l'on ne peut devenir militaire que de trois manières, et que lorsque l'incorporation n'a pas eu lieu suivant l'un ou l'autre de ces trois modes, un individu n'est pas militaire; il en résulte alors que, s'il commet un délit pendant qu'il est au corps, il n'est point justiciable d'un conseil de guerre, et, en dernière analyse, nous sommes en contradiction avec ce que nous avons exposé au mot *Service militaire*.

Au premier aperçu, la contradiction semble évidente ; et cependant il n'y a point contradiction.

Bazot n'était prévenu que du simple délit de désertion : or nous avons vu qu'il n'y a désertion que par l'abandon du corps après immatriculation régulière, ou refus d'obéir à l'ordre de mise en activité, ou enfin quand l'enrôlé volontaire ne s'est pas rendu au régiment indiqué. La désertion ne constitue pas une infraction aux lois et à la discipline militaire comme l'insubordination, elle n'est bien réellement qu'une infraction à la loi du recrutement de l'armée ; infraction punissable dans l'intérêt de la société tout entière, qui a confié à l'armée le soin de défendre ses droits comme nation, et de conserver son indépendance et l'intégrité de son territoire ; mais elle n'est infraction qu'autant que l'obligation de servir résulte de la loi ou d'un contrat légalement fait.

Pour le délit d'insubordination, au contraire, le fait d'être volontairement sous les drapeaux, d'y recevoir la solde et les vivres, d'y être astreint aux exercices et à la discipline militaire, constitue un véritable quasi-contrat qui entraîne, de la part de celui qui sert, l'obligation d'obéir à ses chefs et de respecter leur autorité ; et de la part du gouvernement, l'obligation de payer et de récompenser les services qui lui sont volontairement rendus, mais sans qu'il existe d'acte qui puisse contraindre celui qui les rend.

Ainsi, la distinction suivante est importante à saisir : quand un individu n'est pas légalement sous les dra-

peaux, et qu'il déserte, il n'est pas coupable d'un délit,
parce que, pour être déserteur, il faut être militaire;
dans ce cas, l'Etat, qui est lésé, est dupe par sa propre
faute, et c'est à lui à supporter le préjudice qu'il s'est
causé en admettant illégalement dans les rangs de l'armée un homme qui, n'étant pas forcé d'y être, ne peut
être obligé d'y rester.

Mais lorsqu'un citoyen se fait inscrire volontairement
sur le contrôle d'un corps, qu'il y sert sans réclamation
de sa part, qu'il se soumet au régime militaire, il est
justiciable des tribunaux spécialement établis pour juger
les individus présens sous les drapeaux, et qui, sans
autre obligation que leur libre volonté, restent au régiment, mais y commettent un délit contre la discipline
ou contre la subordination. Par le fait de la désertion,
ces individus manifestent l'intention de ne pas continuer
plus long-temps leur service volontaire; par le fait de
l'insubordination, ils prouvent l'intention d'enfreindre
les lois militaires, auxquelles toutefois ils restent soumis
par la continuité de leur présence au corps.

Cette doctrine, au reste, a été consacrée par la cour
de cassation, dans son arrêt du 23 janvier 1829, où l'on
trouve ces mots : « Attendu qu'il n'appartient pas à un
« conseil de guerre ni à un conseil de révision de décider
« si un individu incorporé dans un régiment est ou n'est
« pas soldat; que cette question ne leur est pas soumise;
« qu'elle est de la compétence de l'autorité militaire,
« administrative; *qu'il n'y aurait lieu, pour l'autorité*
« *judiciaire militaire, de se livrer à cet examen qu'au-*
« *tant que l'individu serait poursuivi et traduit en ju-*
« *gement pour cause de désertion, etc..... »*

Il faut encore remarquer, en terminant, que l'homme

qui sert sans y être obligé, et qui emporte en désertant des effets fournis par le corps, pourra être jugé par un conseil de guerre, comme s'il avait volé, vendu ou mis en gage ces effets durant sa présence sous les drapeaux, s'il ne peut les restituer au moment de son arrestation.

SUISSE. — *Un habitant* de la Suisse prévenu d'un crime de complicité avec un militaire français, sur le territoire helvétique, est-il justiciable d'un conseil de guerre ?

A l'époque où les armées françaises repoussant l'agression des puissances étrangères, allaient châtier, sur leur propre territoire, la ligue impuissante des rois absolus, la Suisse, dont toute opposition eût entraîné la ruine, livra passage à nos troupes. Durant l'occupation de ces contrées, en l'an 6 (1798), la question qui nous occupe se présenta. D'après la loi du 15 brumaire an 5, art. 9, l'Helvétie ne pouvait pas être considérée comme pays ennemi, puisque l'armée française l'occupait de son consentement et par suite de conventions qu'il est d'usage d'appeler en diplomatie *bénévoles et amicales.* Mais, aux termes de la loi du 22 messidor an 4, le militaire français ne pouvait pas être traduit devant les tribunaux suisses, et réciproquement l'habitant ne pouvait pas être traduit devant un tribunal français. Les tribunaux helvétiques étaient, dans cette circonstance, les tribunaux ordinaires, mais ils ne pouvaient pas être saisis en vertu d'une loi française. En conséquence il fut décidé, avec raison, que le militaire français serait traduit à un conseil de guerre, et que l'habitant suisse serait remis à la justice ordinaire de sa patrie pour y être jugé suivant les lois.

Cette décision serait encore suivie aujourd'hui si pareil cas se présentait. Elle est fondée sur le droit public général, et sur le droit de chaque nation en particulier.

SUISSES. — Voyez au mot *Suisse* et au mot *Officiers suisses*.

SURVEILLANT d'une maison d'arrêt militaire. — Voyez *Concierges*.

T.

TRAITEMENT DE RÉFORME. — Comment doit être entendu l'article 2 de l'ordonnance du 8 février 1829, qui dit qu'un officier ne peut être privé du traitement de réforme après huit ans de service accompli, *que par suite d'une condamnation juridique?*

Voici les termes de l'article 2 de l'ordonnance du 8 février 1829 :

« Article 2 : Tout officier qui sera réformé à l'avenir « après huit ans de service accompli, jouira du trai- « tement de réforme, dont la durée et la quotité sont « réglées par les tableaux annexés à l'ordonnance du 5 « février 1823 : *Il ne pourra en être privé que par suite* « *d'une condamnation juridique.* »

Les derniers mots de cet article, ne font pas connaître d'une manière assez claire ce que l'on doit entendre par *condamnation juridique*. Sans doute, ce ne sont pas des condamnations en matière civile et sur des intérêts privés, des droits en litige. Mais bien que cette idée ait été émise par un agent du fisc, il est certain que l'ordonnance du 8 février 1829 n'a entendu parler que de condamnations pour crime ou délit.

Point de doute qu'un officier qui a encouru une peine afflictive et infamante, perd, par le fait de sa condamnation, tout droit à la récompense de ses services antérieurs; la privation des droits mentionnés en l'article 28 du Code pénal ordinaire, justifie le refus d'un traitement de réforme. Car la société le frappant d'incapacité perpétuelle, elle serait en contradiction si d'un autre côté elle le récompensait.

Mais si la condamnation juridique est un jugement correctionnel, peut-on, dans ce cas, refuser le traitement de réforme? On doit penser d'abord, que cette mesure de rigueur qui enlève à un ancien militaire le prix des services rendus, ne peut se baser que sur une sentence prononçant une peine afflictive et infamante, car accorder un traitement de réforme, ou le continuer après une condamnation correctionnelle, ce n'est pas être obligé de replacer le condamné sur les cadres d'activité, mais c'est accorder, par ce traitement, le salaire dû pour la défense de la patrie, la pension alimentaire acquise par des travaux militaires.

Une circulaire du 25 mai 1806, détermine la portion de traitement que les officiers réformés ou en retraite peuvent recevoir pendant leur détention comme prévenus de crimes ou délits, et elle ajoute que ces officiers seront rappelés du restant, après leur sortie de prison, si le jugement les acquitte; si non, qu'ils n'auront droit à aucun rappel. Cette circulaire ne décide rien sur la privation du traitement ; d'où il faut conclure que, dans aucun cas, ce traitement ne pouvait être retranché ou refusé. Une autre circulaire du 4 avril 1817, écrite d'après une décision administrative du ministre de la justice, déclare que les condamnations correctionnelles ne peuvent motiver la privation de la solde de retraite, et porte que les dispositions contenues dans les quatrième, cinquième et sixième paragraphes de la circulaire du 25 mai 1806 sont abrogées quant aux militaires en retraite.

Ainsi, jusqu'au moment où l'ordonnance du 8 février 1829 parut, la jurisprudence administrative était : qu'aucune condamnation correctionnelle ne pouvait ni motiver le refus d'un traitement de retraite acquis par le nombre voulu des années de service, ni justifier la privation de celui dont aurait joui le condamné. La conséquence qui découle de ce principe, c'est qu'une condamnation à une peine afflictive et infamante donnait lieu au refus ou à la privation de la solde de retraite, et qu'une condamnation correctionnelle pouvait motiver le refus ou la privation du traitement de réforme ; car la circulaire du 25 mai 1806 ne s'en expliquait pas. Il est certain que ce droit n'étant pas interdit à l'autorité administrative, elle pouvait l'exercer, et plusieurs faits prouvent qu'elle en a fait usage.

L'ordonnance du 8 février 1829 n'a rien changé à la jurisprudence administrative ; elle a fixé, par un acte du pouvoir exécutif, les limites de l'autorité administrative ; elle a voulu surtout empêcher l'arbitraire, et elle a reconnu un droit acquis par huit années de service accomplies. D'où il suit, que le traitement de réforme ne peut plus être refusé, ou retiré à celui qui en jouissait déjà, *que par suite d'une condamnation juridique.* Mais

quelle sera la nature de cette condamnation ? Nous avons
déjà vu qu'un jugement portant peine afflictive et infamante motive le refus ou détermine la perte du traitement de réforme; point de doute à cet égard. Nous avons
également vu qu'une condamnation correctionnelle pouvait avoir le même résultat pour le condamné, nous devons donc conclure et des termes de l'article 2 de l'ordonnance du 8 février 1829 et des précédens établis par
les circulaires des 25 mai 1806 et 4 avril 1817, qu'à
l'égard des soldes de retraite, elles ne peuvent être ni
refusées, ni retirées par suite d'une condamnation correctionnelle, mais que pour les traitemens de réforme :

1° Ils sont toujours refusés ou retirés ainsi que les soldes
de retraite lorsque l'ayant-droit a encouru une peine
afflictive et infamante;

2° Ces traitemens peuvent être refusés ou retirés par
suite d'une condamnation correctionnelle.

En effet, toute peine afflictive et infamante entraîne
pour toujours la perte des droits mentionnés dans l'article 28 du Code pénal ordinaire ; et les peines correctionnelles, prononcées notamment par les articles 401,
405, 406, 407, 408, etc., du même Code, entraînent
aussi la privation, mais temporaire, il est vrai, de certains droits civiques, civils et de famille, énumérés dans
l'article 42, lesquels se trouvent en partie les mêmes que
ceux consignés dans l'article 28. Il faut remarquer encore
que les délits spécifiés par les articles 401, 405, 406,
407, 408 sont, les vols non qualifiés, les larcins, les
filouteries, l'escroquerie et l'abus de confiance. En faisant ce rapprochement, on conclura que de telles condamnations correctionnelles peuvent justifier la mesure
administrative, qui refuserait ou ferait cesser le traite-

ment de réforme d'un officier, dont la conduite serait
flétrie par la honte de l'un des délits ci-dessus rappelés.
Nous ajouterons, que les jugemens rendus pour malversations, en vertu de l'article 60 du décret du 8 fructidor an 13, quoique n'entraînant la privation d'aucun
droit, sont de nature, en raison de la gravité des faits,
à motiver des refus ou des privations de traitement de
réforme. Un officier qui commet des malversations,
trompe la confiance du gouvernement, et abuse de l'autorité qui lui est confiée.

Cette opinion paraîtra surtout fondée, si l'on considère qu'un officier qui s'est laissé poursuivre pour dettes,
est réputé démissionnaire, aux termes de l'article 409 de
l'ordonnance du 13 mai 1818, sur le service de l'infanterie, lorsque dans le délai de deux mois, il n'a pas
satisfait à ses engagemens. Après ce délai, le jugement
porté contre cet officier, équivaut à une démission précise de son emploi; en sorte qu'il perd toute espèce de
droits à un traitement de réforme, ou à une solde de
retraite. Or, si dans le cas de dettes, l'autorité administrative peut refuser la récompense des services antérieurs, *à fortiori* le peut-elle quand un officier a été
condamné correctionnellement pour un délit portant
essentiellement atteinte à l'honneur et à la considéra-
tion.

TRAVAUX PUBLICS prononcés pour vente
d'effets, d'après la loi du 15 juillet 1829. —
Voyez *Vente d'effets fournis par l'Etat.*

TRÉSORIERS. — Les capitaines trésoriers de la
gendarmerie, sont-ils officiers de police judi-

ciaire, et sont-ils aptes à en remplir les fonctions ?

Les fonctions de trésorier semblant n'être qu'administratives, on pensa que les capitaines trésoriers de la gendarmerie ne devaient pas être réputés officiers de police judiciaire, et que dès-lors ils ne devaient pas en faire les actes; mais il fut décidé en 1829 que, étant officiers de gendarmerie, et d'après les articles 20, 22 et 147 de l'ordonnance du 29 octobre 1820, étant appelés à concourir à l'avancement avec les autres officiers du même grade, ils étaient officiers de police auxiliaires du procureur du roi, conformément à l'article 9 du Code d'instruction criminelle, qui n'admet aucune distinction entre les différentes fonctions particulières dont peuvent être chargés les officiers de la gendarmerie.

TROMPETTES. — Les élèves trompettes de l'Ecole de Saumur, peuvent-ils être poursuivis comme déserteurs?

Cette question, qui est la même que celle des musiciens gagistes, se présenta en 1829. Il fut décidé qu'ils ne pouvaient être poursuivis comme déserteurs que dans le cas où ils étaient liés au service par un enrôlement volontaire, un appel ou un remplacement contracté dans les formes prescrites par la loi du 10 mars 1818, sur le recrutement de l'armée.

En effet, comme nous l'avons vu au mot *Substitution,* on ne devient militaire que de ces trois manières, et peu importe les fonctions que l'on remplit ensuite au corps; c'est le titre sous lequel on est entré au service qui détermine la qualité de militaire , et par conséquent la compétence des tribunaux militaires. Mais lorsque des musiciens s'engagent avec les conseils d'administration des corps à être dans la musique des régimens, c'est un contrat civil qu'ils font, un véritable contrat de louage , par lequel le musicien s'oblige à fournir son talent en échange d'un traitement convenu. Il se soumet à la discipline militaire du corps, mais pour ce qui concerne la simple police intérieure ; car il n'est pas soumis à la juridiction des tribunaux militaires pour les crimes et délits qu'il peut commettre. Il reste justiciable des tribunaux ordinaires.

Ainsi, quand un musicien gagiste quitte le corps où il est, en emportant des effets fournis par l'Etat, il n'y a contre lui qu'une action en restitution des effets emportés , et en dommages - intérêts pour inexécution des conventions consignées dans le contrat passé entre lui et le conseil d'administration du régiment.

On comprend que l'on ne peut pas appliquer ici les principes posés aux mots *Service militaire* et *Substitution ;* car, bien que le musicien soit présent sous les drapeaux, il a déterminé par son contrat la condition suivant laquelle il y est, il s'est engagé à fournir son talent moyennant un prix déterminé et moyennant le logement, l'habillement, la nourriture. La conséquence de son engagement est , il est vrai, d'être soumis à la discipline, c'est-à-dire à la police intérieure du corps auquel il est attaché ; mais il n'a point déclaré vouloir être militaire ; et s'il se trouvait assujetti à la juridiction spéciale des conseils de guerre, on dénaturerait son contrat en changeant la cause et l'objet de son engagement.

TROUBLES. — Voyez *Loi du 30 prairial an 3.*

V.

VENTE D'EFFETS fournis par l'Etat. — Les militaires condamnés aux travaux publics pour ce fait, doivent-ils subir cette peine conformément à l'article 78 de l'arrêté du 19 vendémiaire an 12 ?

La loi du 15 juillet 1829, article 3, prononce la peine des travaux publics pour la vente d'effets fournis par l'Etat. Cette peine n'avait jamais été infligée que contre la désertion à l'intérieur, d'après l'article 72 de l'arrêté du 19 vendémiaire an 12 ; en sorte qu'il s'éleva la question de savoir si le condamné pour vente d'effets devait subir l'exécution de son jugement, suivant la forme prescrite par l'article 78 du même arrêté. Cet article porte :

« Le déserteur condamné aux travaux publics arrivera
« à la parade revêtu de l'habillement prescrit aux con-
« damnés aux travaux publics. Il entendra sa sentence
« debout, n'aura point les yeux bandés ; il ne parcourra
« ni le front de la parade, ni celui de son corps ; les
« gardes et son corps défileront devant lui. »

Il fut décidé, au mois d'octobre 1829, que la loi du 15 juillet même année ayant emprunté à l'arrêté du 19 vendémiaire an 12 la peine des travaux publics, pour réprimer la vente des effets fournis par l'Etat, le jugement devait recevoir son exécution selon le mode établi pour ces sortes de condamnations, et que ce coupable devait ensuite être dirigé sur les ateliers affectés aux travaux publics.

En effet, la peine ayant été empruntée à la désertion, elle doit être subie de la manière indiquée par la loi qui l'a établie.

VOL ENVERS CAMARADE. — Un charretier préposé aux vivres, aux transports ou à l'artillerie, etc., doit-il être considéré comme le camarade d'un militaire, parce que la loi du 13 brumaire an 5, article 10, le rend justiciable d'un conseil de guerre ?

Aucune loi militaire n'a défini ce que l'on doit entendre par *camarade :* cette définition est pourtant essentielle ; car la qualité de camarade aggrave la nature du vol. La question que nous rapportons se présenta en l'an 6 ; elle fut résolue négativement : on décida qu'un chartier préposé aux vivres, aux transports ou à l'artillerie n'est point le camarade d'un soldat. On posa en principe, d'après le *Dictionnaire de l'Académie,* que le mot *camarade* signifiant *compagnon de profession, celui qui vit avec un autre, et fait le même métier, les mêmes exercices,* le camarade d'un soldat était le soldat qui vit avec lui, qui est sous la même tente ou de la même chambrée : qu'en conséquence, la qualification de camarade ne peut résulter de ce qu'un individu est justiciable d'un conseil de guerre ; car il faudrait alors mettre au nombre des camarades les habitans des pays occupés par les armées, les espions, les embaucheurs. Ainsi, on ne peut arguer de l'article 10 de la loi du 13 brumaire an 5, pour prétendre qu'un charretier employé aux transports de l'artillerie, des bagages, vivres et fourrages, est le camarade d'un canonnier, d'un cavalier ou d'un fantassin. La qualification de camarade ne peut donc s'appliquer qu'à un soldat du même régiment, de la même compagnie et de la même chambrée, vivant au même ordinaire. Il ne faut pas confondre les soldats du train d'artillerie ou du train des équipages. Ces militaires sont camarades entre eux, mais ne le seraient pas avec des voituriers, charretiers, muletiers et conducteurs de charrois, qui peuvent n'être employés que momentanément, qui ne prennent aucun rang dans les troupes, mais qui sont justiciables des tribunaux militaires, conformément à l'article 10 de la loi du 15 brumaire an 5, en raison de leurs fonctions, et seulement pendant qu'ils sont attachés à l'armée en vertu d'une commission.

C'est dans le sens que nous venons d'expliquer, que l'on doit entendre les dispositions de la loi du 15 juillet 1829. L'article 1er de cette loi semblerait applicable à tout militaire dans quelque position qu'il se trouvât, c'est-à-dire, soit que le militaire volé fût en activité et présent sous les drapeaux, soit qu'il fût en congé, en réforme ou autrement, soit enfin que le vol fût commis dans la caserne ou ailleurs. Il est évident qu'il ne peut pas en être ainsi ; car la sévérité des peines portées contre le vol envers les militaires n'est basée que sur cette idée, qu'il y a violation de la foi commune, abus de la confiance commandée par la profession même des armes, et soustraction frauduleuse des choses confiées à la bonne foi de tous. Il est évident que les articles 1er et 2 de la loi du 15 juillet 1829 ne peuvent s'appliquer que dans le cas de vol envers camarade, ou de vol commis dans les bâtimens de l'Etat, dans les casernes, sous la tente, au bivouac, ou enfin lorsque le militaire volé est dans une position égale à celle du prévenu, c'est-à-dire quand tous deux, présens sous les drapeaux, y sont assujettis à la discipline, aux exercices et vivent en commun; ou s'il y a différence de grade et de régiment, quand tous deux sont en activité, et quand chacun dans sa sphère vit militairement, soumis à la discipline et à l'autorité des chefs.

VOLEURS de grands chemins jugés par les conseils de guerre, peuvent-ils invoquer le bénéfice de la loi du 18 germinal an 6 pour faire réviser leurs jugemens?

Cette question est la même que celles que nous avons examinées aux mots *Assassins sur grands chemins* et *Chauffeurs*. Elle est relative au droit qu'avait tout individu justiciable d'un conseil de guerre, de profiter du bénéfice de la loi du 18 germinal an 6 pour faire réviser son jugement. Les voleurs de grands chemins ne tombaient sous la juridiction des tribunaux militaires, que par suite de la mise en état de guerre d'un département. Aujourd'hui, il n'y aurait point de question à cet égard, parce que dans le pays ennemi ou dans les divisions territoriales en état de guerre, tous les habitans sont justiciables des conseils de guerre, et dèslors ont le droit de se pourvoir devant le conseil de révision.

C'est avec raison que la question ci-dessus fut résolue affirmativement au mois de germinal an 6.

VOLS DOMESTIQUES. — Un déserteur prévenu de vols domestiques commis pendant sa désertion, est-il justiciable d'un conseil de guerre ?

Au mot *Absent*, nous avons déjà exposé les principes d'après lesquels l'administration de la guerre consultée, avait répondu qu'un déserteur qui, durant sa désertion, se rend coupable d'un crime ou d'un délit, est justiciable des tribunaux ordinaires. Nous nous bornerons ici à rapporter l'arrêt de la cour de cassation du 22 février 1828, rendu en règlement de juges sur un conflit élevé entre un tribunal civil et un conseil de guerre.

Un nommé Gaffez, soldat dans un régiment de cuirassiers, était prévenu en même temps de désertion à l'intérieur avec effets appartenant à l'Etat, de vols domestiques et escroqueries commis depuis sa désertion. La chambre du conseil du tribunal civil d'Amiens se déclara incompétente et renvoya le prévenu devant les tribunaux militaires.

Le deuxième conseil de guerre de la seizième division militaire se déclara également incompétent, et dans cet état le conflit fut porté à la cour régulatrice, qui jugea ainsi :

« Vu l'ordonnance de la chambre du conseil du tri-
« bunal de première instance d'Amiens, du 20 no-
« vembre 1827, par laquelle le nommé Florent Gaffez,
« cuirassier au troisième escadron du régiment de cui-
« rassiers de Bordeaux, prévenu de vols domestiques
« et d'escroqueries commis pendant les mois d'août et
« de septembre précédens, crimes et délits prévus par
« les articles 586 et 405 du Code pénal, est renvoyé
« pour être jugé devant l'autorité militaire, par le
« motif que ledit Florent Gaffez était en état de déser-

« tion du régiment sus-désigné seulement depuis le
« 31 juillet 1827 (1) , et que les crimes et délits dont il
« s'agit ayant été commis par Gaffez à une époque où
« il faisait encore partie de l'effectif du régiment de
« cuirassiers , il devait être considéré comme justiciable
« des tribunaux militaires.

« Vu le jugement rendu le 14 janvier 1828 , par le
« deuxième conseil de guerre permanent de la seizième
« division militaire, séant à Lille , par lequel il se dé-
« clare incompétent pour connaître des crimes et dé-
« lits que Florent Gaffez est prévenu d'avoir commis,
« postérieurement à sa désertion , par le motif que ledit
« Gaffez était *hors du corps,* dès lors justiciable des
« tribunaux ordinaires , d'après l'avis du conseil d'état
« du 30 thermidor an 12 , et qu'il y avait lieu au renvoi
« devant ces tribunaux en conformité de l'article 54 du
« titre 3 de l'arrêté du 19 vendémiaire de la même
« année ;

« Attendu qu'il résulte de l'ordonnance de la cham-
« bre du tribunal de première instance d'Amiens , et
« du jugement rendu par le second conseil de guerre
« permanent de la seizième division militaire , l'un et
« l'autre passés en force de chose jugée , un conflit
« négatif; que le cours de la justice est interrompu , et
« que c'est à la cour de cassation qu'il appartient de le
« rétablir , d'après les dispositions de l'article 527 du
« Code d'instruction criminelle ;

---

(1) La chambre du conseil était tombée dans l'erreur , parce
qu'elle avait mal compris les règlemens militaires qui prescrivent
de ne rayer un militaire des contrôles de son corps qu'après *six mois*
d'une absence consécutive.

« Vu l'avis du conseil d'état du 3o thermidor an 12,
« qui porte dans son dispositif :

« La connaissance des délits communs commis par
« des militaires en congé ou *hors de leur corps*, est de
« la compétence des tribunaux ordinaires.

« Vu le 3e paragraphe de l'article 34 du titre 3 de
« l'arrêté du gouvernement du 19 vendémiaire an 12,
« ainsi conçu :

« Si outre le crime de désertion, le conseil (de guerre)
« trouve que l'accusé en a commis un plus sévèrement
« puni par les lois, il renverra l'accusé, la procédure
« et les pièces du procès, par devant le tribunal compé-
« tent, et il en rendra compte au ministre.

« Attendu que Florent Gaffez était prévenu de dé-
« sertion depuis le 31 juillet 1827, et que, par ce seul
« fait, il était *hors du corps* auquel il appartenait, que
« par conséquent la connaissance des délits communs
« par lui commis postérieurement, était de la compé-
« tence des tribunaux ordinaires ;

« Qu'il était prévenu de vols domestiques et d'escro-
« queries commis pendant les mois d'août et septembre
« de la même année, dès-lors postérieurs à sa dé-
« sertion ;

« Que le vol domestique prévu par le paragraphe 3
« de l'article 386 du Code pénal, est un délit commun
« puni de peines afflictives et infamantes, tandis que
« la désertion à l'intérieur, même comme dans l'espèce,
« lorsque le militaire déserteur est prévenu d'avoir em-
« porté des effets fournis par l'État ou par le corps,
« n'est puni que de la peine des travaux publics, qui
« n'est légalement ni afflictive ni infamante, puisque
« celui qui l'a subie doit, de suite, être placé dans un

« corps de troupe indiqué par le ministre de la guerre,
« y être inscrit et traité comme une recrue ordinaire,
« en conformité de l'article 83 de l'arrêté de gouver-
« nement précité ;

« D'où il suit que, sous tous les rapports, c'est aux
« tribunaux ordinaires de connaître des crimes et délits
« communs dont Florent Gaffez est prévenu, sauf, en
« cas d'acquittement ou d'application de simples peines
« correctionnelles, le renvoi devant l'autorité militaire
« pour être statué sur le délit militaire de désertion.

« En conséquence, et statuant par voie de règlement
« de juges, sur le réquisitoire du procureur général
« du roi,

« La cour, etc. »

VOLTIGEURS CORSES. — Sont-ils assimilés
aux gendarmes, et la loi du 28 germinal an 6
leur est-elle applicable ?

L'article 97 de la loi du 28 germinal an 6, rend les
gendarmes, justiciables des tribunaux criminels ordinaires, pour les délits relatifs au service de la police
générale et judiciaire dont ils sont chargés, et des conseils de guerre pour les délits relatifs au service et à la
discipline militaire.

L'article 6 de l'ordonnance du 6 novembre 1822, qui
créa le bataillon de voltigeurs corse, déclare que ce
corps sera soumis, pour son service, aux mêmes autorités et aux mêmes règlemens que la gendarmerie.

Cette troupe étant une véritable gendarmerie, spéciale pour l'île de Corse, avec la dénomination de *voltigeurs,* il n'est pas douteux qu'elle est régie par la loi

du 28 germinal an 6, puisqu'elle est auxiliaire de la gendarmerie et qu'elle jouit des mêmes avantages que cette arme. En conséquence de ces principes , la question ci-dessus fut résolue affirmativement au mois de mai 1824.

DES FORMULES

DE

PROCÉDURE.

L'arrêté du 8 frimaire an 6 est le seul acte législatif qui soit spécial aux formules de procédure ; et encore il n'offre les modèles que de quelques jugemens.

Des erreurs d'une part, des omissions de l'autre, nous ont fait penser qu'il ne serait pas inutile de rendre cet arrêté et ses formules, l'objet d'un examen particulier.

Après le texte de l'arrêté, et avant la première formule, sont des observations générales conçues en ces termes : « Soit qu'un jugement *absolve*, « soit qu'il *condamne*, le rapporteur ne doit le « faire exécuter dans toutes ses dispositions, que « lorsque les délais accordés soit au condamné, « soit au commissaire du pouvoir exécutif, pour « se pourvoir en révision, sont expirés ; le rap- « porteur ne manquera pas de constater au bas « du jugement le jour et l'heure de la lecture du- « dit jugement à l'accusé. »

14*

Les premiers mots contiennent une erreur et une omission : une erreur, en ce que *absolve* est employé ici pour synonyme d'*acquitte*, ce qui n'est pas possible ; une omission, en ce qu'il n'a été fait aucune distinction entre *absoudre* et *acquitter*. En effet, il est évident que si l'on entend le mot *absoudre* suivant le sens légal et grammatical qu'il a dans notre langue, le législateur a omis de parler des jugemens d'*acquittement;* si au contraire *absoudre* signifie *acquitter*, dans l'arrêté du 8 frimaire an 6, il est certain que le législateur ne s'est pas occupé des jugemens d'*absolution*.

Les conseils de guerre ont trois sortes de jugemens *définitifs*, c'est-à-dire trois espèces différentes d'actes par lesquels ils statuent au fond, et *définitivement* sur le sort des prévenus ou des accusés :

1° *Le jugement de condamnation*, qui, déclarant l'accusé ou le prévenu coupable des faits à lui reprochés, et qualifiés crime ou délit, prononce la peine déterminée par la loi ;

2° *Le jugement d'absolution*, qui, déclarant l'accusé ou le prévenu *coupable* des faits à lui reprochés, *mais non défendus* par la loi, ne prononce aucune peine, et ordonne la mise en liberté ;

3° *Le jugement d'acquittement*, qui, déclarant l'accusé ou le prévenu *non coupable* d'avoir commis les faits à lui reprochés, ordonne la mise en liberté.

La différence entre ces deux derniers jugemens est bien grande : pour être *absous*, il faut *avoir* commis les faits reprochés, mais non défendus par la loi; et pour être *acquitté*, il faut *n'avoir pas* commis les faits reprochés.

Cette distinction, sur laquelle nous nous sommes appesantis, nous a paru d'autant plus utile à signaler ici, que les lois militaires semblent confondre ces deux sortes de jugemens, puisqu'elles parlent de l'acquittement et point de l'absolution, et que la deuxième formule a pour intitulé, *juge-ment portant* absolution, etc., tandis que, dans le dispositif qu'elle offre pour modèle, il est dit :

« *Le conseil de guerre permanent déclare que* (mettre ici les noms et le grade de l'accusé) « est « acquitté *de l'accusation dirigée contre lui,* « *conformément aux articles* 31 *et* 37 *de la loi* « *du* 13 *brumaire an* 5, *ainsi conçus,* etc. »

Il est encore à remarquer que toutes ces formules de jugement ont servi à interpréter les articles 28 et 29 de la loi du 13 brumaire an 5. Ces articles sont ainsi conçus :

Art. 28. « Si la partie plaignante se présente « au conseil, elle y sera admise et entendue ; elle « pourra faire ses observations, auxquelles l'ac-« cusé répondra, ou son défenseur pour lui ; après « quoi le président demandera à l'accusé et à son

« défenseur s'ils n'ont rien à ajouter pour leur
« défense ; sur leur réponse négative, *il leur or-*
« *donnera de se retirer : l'accusé sera reconduit*
« *à la prison par son escorte.* »

Point de doute que ces termes signifient que
l'accusé et son défenseur sortent immédiatement
de l'audience.

L'article 29 porte : « Le président demandera
« aux membres du conseil s'ils ont des observa-
« tions à faire ; sur leur réponse, *et avant d'aller*
« *aux opinions*, il ordonnera que *tout le monde*
« *se retire* ; les membres du conseil opineront à
« huis-clos, en présence seulement du capitaine
« faisant les fonctions de commissaire du pouvoir
« exécutif. »

Cet article ne s'occupe plus de l'accusé et de
son défenseur. L'article 28 semble avoir terminé
ce qui pouvait les concerner, en leur ordonnant
de se retirer, et en prescrivant de reconduire l'accusé à la prison. Ces termes de l'art. 29, *avant
d'aller aux opinions ;* et ces autres expressions,
il ordonnera que *tout le monde se retire*, prouvent que l'accusé et le défenseur ne sont plus à ce
moment devant le tribunal ; que l'injonction faite
à *tout le monde* de se retirer ne peut s'entendre
que du public admis dans l'auditoire ; et que quand
le président demande aux membres du conseil
s'ils ont des observations à faire, la demande est
adressée ; et les observations, s'il y en a, sont en-

tendues hors de la présence de l'accusé et de son défenseur.

C'est bien là le sens que présentent les art. 28 et 29 de la loi du 13 brumaire an 5. Ce fut peut-être alors la pensée du législateur ; car s'il en eût été autrement, il n'aurait pas manqué de le dire ; il eût suffi, après ces mots, *il ordonnera que tout le monde se retire*, d'ajouter à l'article 29 ceux-ci : *l'accusé sera reconduit à la prison par son escorte.* Il nous paraît évident que c'était l'intention du législateur ; mais il faut avouer que cette dérogation à tous les principes n'était ni juste ni nécessaire. On le reconnut sans doute lorsqu'il fut question de dresser des formules de jugement, car dans la première formule annexée à l'arrêté du 8 frimaire an 6, on trouve ce dispositif :

« Ouï le rapporteur dans son rapport et ses con-
« clusions, et l'accusé dans ses moyens de défense,
« tant par lui que par son défenseur officieux, les-
« quels ont déclaré l'un et l'autre n'avoir rien à
« ajouter à leurs moyens de défense (1), le prési-
« dent a demandé aux membres du conseil s'ils
« avaient des observations à faire : sur leur ré-
« ponse négative, et avant d'aller aux opinions,

____

(1) Immédiatement après, dans la loi du 13 brumaire an 5, art. 28, viennent ces mots : « *Il* (le président) *leur ordonnera de se retirer ; l'accusé sera reconduit à la prison par son escorte.* »

« *il a ordonné au défenseur et à l'accusé de se*
« *retirer. L'accusé a été reconduit par son es-*
« *corte à la prison ; le rapporteur, le greffier et*
« *les assistans dans l'auditoire se sont retirés*
« *sur l'invitation du président.* »

La simple comparaison des articles 28 et 29 de
la loi du 13 brumaire an 5 avec le dispositif de la
première formule de l'arrêté du 8 frimaire an 6,
démontre la différence qui existe. La formule est
le commentaire légal de la loi du 13 brumaire ;
elle en explique le texte, et en rend l'application
juste et conforme aux règles du droit ordinaire.

C'est *un usage* maintenant établi dans les conseils de guerre, que l'accusé et son défenseur ne
se retirent qu'après que le président a demandé
aux membres du conseil s'ils avaient des observations à faire. Cet usage doit être conservé et suivi,
car il est une garantie qu'aucune loi ne doit enlever à la défense.

La troisième formule est suivie d'observations
intitulées : Des Contumax. Il y est dit que « lors-
« que l'accusé sera *contumax*, les conseils de
« guerre créés par les lois du 13 brumaire an 5,
« du 4 fructidor an 5 et du 18 vendémiaire an 6 (1),

---

(1) La loi du 13 brumaire an 5 a créé un conseil de guerre
permanent par division, pour juger les militaires jusqu'au
grade de capitaine inclusivement.

La loi du 4 fructidor an 5 a réglé la composition du con-

« omettront des formules tout ce qui suppose l'ac-
« cusé présent, et tout ce qui ne peut se faire qu'en
« sa présence, ils feront mention dans le jugement
« qu'il est contumax; du reste, comme la loi ne
« met aucune différence pour les formalités à sui-
« vre entre les accusés présens et les contumax, il
« faudra suivre les formules. »

Par ce qui précède, on paraît supposer que les conseils de guerre n'ont à statuer que sur des crimes, puisqu'il n'est question que de juger par contumace, et qu'il n'est pas dit un mot des condamnations prononcées *par défaut*.

Contumax est un mot latin qui signifie opiniâtre; qui résiste, qui est rebelle; désobéissant; et *contumacia*, dont on a fait *contumace*, veut dire résistance, désobéissance.

Ainsi, dans le sens légal, *contumax* exprime un homme désobéissant à la justice, rebelle à la loi qui l'appelle devant les tribunaux. *La contumace* est la dénomination du fait de la désobéissance à la justice, de la résistance, de la rébellion à la loi.

---

seil de guerre pour juger les officiers, depuis le chef de bataillon, ou d'escadron, jusqu'au général d'armée.

La loi du 18 vendémiaire an 6 a établi le second conseil de guerre suivant les règles tracées par la loi du 13 brumaire an 5.

C'est en ce sens que Racine a dit, dans sa comédie des *Plaideurs :*

« L'esprit de contumace est dans cette famille. »

Nous voilà bien fixés maintenant sur la valeur et la signification de ces deux termes, et tout porte à croire que le législateur militaire les a employés dans leur acception la plus générale.

Toutefois, il est essentiel d'établir la distinction qui existe à cet égard dans la législation ordinaire. Le Code d'instruction criminelle, art. 465 et suivans, a consacré les mots *contumax* et *contumace ,* pour parler des individus *accusés de crimes ,* absens, et que la justice n'a pas encore pu saisir. Toute la procédure est criminelle, et la condamnation est prononcée par un arrêt de la cour d'assises.

Lorsqu'il s'agit d'un délit, si l'individu qui en est *prévenu* (1) est en fuite, il est jugé *par défaut,* au tribunal de police correctionnelle, ainsi que le prescrit l'article 186 du Code d'instruction criminelle.

Cette distinction nous paraît devoir être observée dans les tribunaux militaires, pour deux raisons : la première, parce qu'il est inutile de

____

(1) Il ne faut pas oublier que lorsqu'un homme a commis un *crime*, il est ACCUSÉ ; et que lorsqu'il a commis un *délit*, il est PRÉVENU.

juger un délit militaire avec plus de solennité qu'un délit ordinaire : les conséquences de la condamnation étant les mêmes ; la seconde, c'est que la procédure par contumace n'ayant lieu que pour crime, et la conséquence de la condamnation étant grave, entraînant une peine afflictive et infâmante dans le droit ordinaire, il ne faut pas changer la signification des mots, sous peine de ne plus s'entendre sur les choses.

Pour se conformer aux principes généraux du droit ordinaire, les conseils de guerre doivent donc juger *par défaut* tout militaire *prévenu d'un délit,* qui n'est point présent et que la justice n'a pu saisir ; et *par contumace*, tout militaire, *accusé d'un crime*, qui se trouve en fuite, dont l'arrestation n'a pu s'opérer.

Mais une difficulté se présente. La loi militaire qui parle de contumace n'a rien prescrit de particulier à cet égard ; en sorte qu'en vertu de la règle qui veut que dans les cas non prévus par le droit militaire, on ait recours au droit commun, il faut se reporter au Code d'instruction criminelle. Les articles 465 et suivans prescrivent des formalités qu'il est impossible de remplir contre des militaires, particulièrement en temps de guerre, à l'armée.

L'article 465 n'est point applicable dans sa première partie, car il n'est point rendu d'arrêt de mise en accusation dans la procédure militaire ;

mais le président du conseil de guerre pourrait rendre l'ordonnance dont parle le troisième paragraphe de ce même article, ordonnance portant que l'accusé sera tenu de se présenter dans le délai de dix jours, sinon, qu'il sera déclaré rebelle à la loi, qu'il sera suspendu de l'exercice des droits de citoyen, que ses biens seront séquestrés pendant l'instruction de la contumace, que toute action en justice lui sera interdite pendant le même temps, qu'il sera procédé contre lui, et que toute personne est tenue d'indiquer le lieu où il se trouve. Cette ordonnance fera de plus mention du crime et *de l'ordre d'arrestation*, ce qui remplacerait l'ordonnance de prise de corps.

Pour obéir à l'article 466, il faudrait que cette ordonnance rendue par le président du conseil de guerre, fût publiée à son de trompe ou de caisse, et affichée dans la caserne, au camp ou au bivouac où se trouverait le régiment, le bataillon ou la compagnie auxquels appartient l'accusé en fuite; il faudrait que le commissaire du roi, dans les divisions territoriales seulement, adressât cette ordonnance au maire du lieu où l'accusé avait son domicile avant son entrée au service, et au directeur des domaines et droits d'enregistrement aussi du lieu du domicile ;

Puis, aux termes de l'article 467, il serait procédé, après un délai de dix jours, au jugement par contumace. Voilà ce qui devrait se faire, en l'absence de toute disposition de la loi militaire, mais il n'est pas besoin de démontrer l'impossibilité de remplir ces formalités.

Rien n'est prévu dans les lois qui régissent l'armée, pour le jugement d'un accusé absent. Les formules que nous examinons en parlent, et le décret du 14 octobre 1811 qui défend de juger les déserteurs par contumace, abolit un genre de procédure établi uniquement par l'usage et parce que la loi ne le défendait pas ; car l'arrêté du 19 vendémiaire an 12 ne s'occupe point du jugement par contumace : l'article 26 n'en dit qu'un mot.

La seule loi qui ait prévu le cas où des militaires seraient jugés par contumace, est celle du 3 pluviôse an 2. Dans son titre XIII, les articles 14, 15 et 16 n'indiquent que la manière de mettre le jugement à exécution sans rien prescrire sur la procédure qui doit le précéder. Ces articles sont ainsi conçus :

Art. 14. « Les contumaces seront jugés dans « la même forme et de la même manière, sauf à « recommencer la procédure, dans le cas où le « prévenu serait arrêté et traduit devant le tribunal militaire. »

Art. 15. « Le président veillera à ce que le jugement soit lu dans les vingt-quatre heures à « la tête du corps dont sera le coupable. »

Art. 16. « A cet effet l'accusateur (1) militaire
« aura le droit de requérir le commandant du
« corps de rassembler sa troupe, qui, dans ce cas,
« se rassemblera sans armes. »

Quelles que soient les dispositions de ces articles, ou insuffisantes, ou illégales même, en ce
que le Code d'instruction criminelle ayant été
promulgué environ trente-six ans plus tard, les
a abrogées par des dispositions différentes ou contraires, nous pensons que ces trois articles sont
encore les seuls dont l'application soit possible à
l'armée et dans les divisions territoriales.

Ainsi, les actes de procédure seraient les mêmes
que pour un accusé présent, et dans l'exécution
du jugement par contumace, on se conformerait
à la loi du 5 pluviôse an 2.

Après avoir analysé les formules données pour
modèles par l'arrêté du directoire du 8 frimaire
an 6, et pour rendre plus faciles à saisir les observations que nous avons présentées, il nous a
paru nécessaire de placer à la suite, toutes les
formules d'actes de procédure prescrits par la loi
et consacrés par l'usage.

---

(1) Commissaire du roi.

DE LA PLAINTE.

La plainte qui est adressée à l'autorité militaire, ne peut faire ici l'objet d'une formule, puisqu'elle parvient sous des formes différentes, suivant qu'elle émane de citoyens non militaires, de militaires ou des autorités civiles. Nous n'avons donc à nous occuper que de la plainte dressée par le rapporteur, soit sur l'ordre spontané du général, d'après l'article 12 de loi du 13 brumaire an 5, soit sur la réquisition de la partie plaignante.

PLAINTE

REÇUE PAR LE RAPPORTEUR.

(1er ou 2e) *Conseil de guerre perma-*
nent de la   division militaire.

———

L'an (*indiquer l'année*), le (*indiquer la date,
le mois et l'heure*), pardevant nous (*prénoms,
noms, grade et corps*), rapporteur près le
conseil, agissant en vertu des ordres de M. le
lieutenant général commandant la (*indiquer la
division*) militaire, et assisté du sieur (*nom
et prénoms*), qui a prêté serment comme greffier nommé par nous, en la salle du greffe, sise
à (*indiquer le lieu*), s'est présenté le sieur
(*nom, prénoms, âge, grade, compagnie, bataillon ou escadron, corps et domicile*), lequel
nous a invité à recevoir la plainte en (*désigner
le crime ou délit*), qu'il entend porter contre
le nommé (*nom du prévenu*); et en effet ayant
obtempéré à son invitation, il a déposé comme
suit :

    (*Déposition du plaignant.*)

Lecteur faite de la présente plainte au sieur
(*nom du plaignant*), il a dit icelle être fidèlement écrite; qu'elle contenait vérité, n'y pré-
tendant rien ajouter, ni diminuer, qu'il y persistait, et il a signé avec nous et le greffier du
conseil.

(*S'il ne peut ou ne veut signer en faire mention.*)

Si, aux termes de l'article 3 de la loi du 27 fructidor an 6, et en raison du nombre des affaires, le géuéral a nommé un substitut au rapporteur, ainsi que cela existe dans la première division militaire ; comme ce rapporteur est alors un chef de bataillon ou d'escadron, conformément au décret du 3 février 1813, le substitut est choisi parmi les capitaines ou les lieutenans. Ce substitut devra dresser son procès-verbal de plainte de la manière suivante :

PLAINTE

REÇUE PAR LE SUBSTITUT.

(1er ou 2e) *Conseil de guerre permanent de la   division militaire.*

L'an (*indiquer l'année*) le (*indiquer la date,
le mois et l'heure*), par-devant nous (*prénoms,
nom, grade et corps*), substitut du rapporteur
près le conseil, nommé le (*indiquer la date
et le mois*), par M. le lieutenant général com
mandant la (*indiquer la division*) militaire,
pour remplir ces fonctions, assisté du sieur
(*nom et prénoms*), qui a prêté serment comme
greffier nommé par M. le chef de bataillon
rapporteur, en vertu des ordres duquel nous
agissons, en la salle du greffe sise à (*indiquer
le lieu*), s'est présenté le sieur

(*Le reste comme pour le chef de bataillon
rapporteur.*)

La plainte reçue et les témoins indiqués, pour
procéder à l'information ou à l'instruction contre
le prévenu, le rapporteur cite les témoins en
vertu d'une cédule dont le modèle suit :

CÉDULE.

ASSIGNATION A TÉMOIN.

*Greffe du   conseil de guerre permanent
de la   division militaire.*

Nous, soussigné
rapporteur près ledit conseil, en vertu des ordres
qui nous ont été notifiés par M. le lieutenant
général commandant en chef la division,
REQUÉRONS

de comparaître au greffe du   conseil de guerre
permanent (*désigner le lieu où est situé le greffe
et indiquer la ville*), le   à
heures d   , à l'effet d'y faire sa déclaration relative au   nommé

Le témoin requis est prévenu que, faute par
lui de se conformer à la présente assignation, il
y sera contraint par les voies de droit.

DONNÉ à (*le lieu*), le   185

Le Rapporteur.

MANDAT

De Paiement de taxe pour témoins , inter-prétes , etc.

M. le receveur de l'enregistrement (*indiquer la de-meure du receveur et mettre le nom de la ville*), est invité , et requis au besoin, de payer, sur la représentation de la présente, a   la somme de   qui lui a été allouée, sur sa demande, pour sa comparution en qualité de

Fait à (*le lieu*), le   183

Bon pour   fr.

Le Rapporteur,

Le témoin sait signer.

Vu par le Colonel président ,

En conséquence de la citation qui leur est donnée, les témoins comparaissent devant le rapporteur chargé de l'instruction , lequel entend chaque témoin séparément et dresse un procès-verbal d'information dont la formule suit.

PROCÉS-VERBAL D'INFORMATION.

*(1ᵉʳ ou 2ᵉ) Conseil de guerre perma-
nent de la   division militaire.*

L'AN (*indiquer l'année*) , le (*indiquer la date , le
mois et l'heure*), par-devant nous (*nom, prénoms ,
grade et corps*), rapporteur près le conseil, agissant
en vertu des ordres de M. le lieutenant général commandant la (*indiquer la division*) militaire, et assisté
du sieur (*nom, prénoms*) , qui a prêté serment comme
greffier nommé par nous , en la salle du greffe sise à
(*indiquer le lieu*) , est comparu en vertu de notre
cédule du (*date, mois*), le témoin ci-après nommé ,
auquel nous avons donné lecture des pièces ;

Lequel, hors la présence du prévenu , après avoir
représenté la citation à lui donnée , prêté serment de
dire toute la vérité , rien que la vérité, et enquis par
nous de ses nom , prénoms , âge, état, profession et
demeure ; s'il est domestique , parent ou allié des parties , et à quel degré , nous a répondu et fait sa déposition ainsi qu'il suit :

*(Le témoin déclare d'abord ses nom , prénoms , son
âge, sa profession et sa demeure. S'il est militaire , il
indique son grade, sa compagnie, son bataillon ou
escadron, son régiment. Il déclare ensuite s'il est parent, allié ou domestique des parties ; puis il dépose
des faits qui sont à sa connaissance.)*

Lecture faite de sa déposition , le comparant y a persisté comme contenant la vérité , et a signé avec nous et le greffier.

(*Si le témoin ne sait ou ne veut signer il en est fait mention.*)

Le procès-verbal d'information contient ordinairement la déposition de plusieurs témoins , mais à chaque témoin qui comparaît, la formule ci-dessus est répétée en entier de cette manière :

Et le même jour audit an , par-devant nous , etc., etc. (*Comme ci-dessus , jusqu'à l'endroit où le témoin décline ses nom , prénoms , etc.*)

Lorsque tous les témoins sont entendus , le procès-verbal d'information est clos par ces mots :

Ainsi fait , clos et arrêté le présent procès-verbal d'information , les jour , mois et an que dessus.

Si c'est le substitut du rapporteur qui dresse le procès-verbal d'information , il devra suivre cette formule :

PROCÈS-VERBAL
D'INFORMATION.

PROCÈS-VERBAL D'INFORMATION

DRESSÉ PAR LE SUBSTITUT DU RAPPORTEUR.

(1er ou 2e) *Conseil de guerre permanent de la division militaire.*

L'AN (*indiquer l'année*), le (*indiquer la date, le mois et l'heure*), par-devant nous (*nom, prénoms, grade et corps*), substitut du rapporteur près le conseil, nommé le (*indiquer la date et le mois*) par M. le lieutenant général commandant la (*indiquer la division*) militaire, pour remplir ces fonctions, et assisté du sieur (*nom, prénoms*), qui a prêté serment comme greffier nommé par M. le chef de bataillon rapporteur, en vertu des ordres duquel nous agissons, en la salle du greffe sise à (*indiquer le lieu*).

(*Le reste comme pour le chef de bataillon rapporteur.*)

Il est presque superflu de dire que le rapporteur a dû constater les preuves matérielles, le corps et les circonstances du délit (1), par un procès-verbal particulier, rédigé dans la forme ordinaire de ceux qui sont dressés par les officiers de police judiciaire auxiliaires du procureur du roi, et par

____

(1) Articles 13 et 15 de la loi du 13 brumaire an 5.

le procureur du roi lui-même. La formule de tous les procès-verbaux pour les rapporteurs sera toujours :

L'AN (*indiquer l'année*), le (*indiquer la date, le mois et l'heure*), nous (*nom, prénoms, grade et corps*), rapporteur près le conseil, agissant en vertu des ordres de M. le lieutenant général commandant la (*indiquer la division*) militaire, et assisté du sieur (*nom, prénoms*), qui a prêté serment comme greffier nommé par nous, nous sommes transporté à
à l'effet de   ou bien : nous ont été représentées telles et telles choses   Enfin, l'emploi des expressions sera déterminé par l'objet dont on doit parler.

Conformément aux articles 15, 16, 17, 18 et 19 de la loi du 13 brumaire an 5, quand le procès-verbal d'information est terminé, le rapporteur interroge le prévenu, et il dresse un procès-verbal d'interrogatoire dans la forme suivante :

PROCÈS-VERBAL

D'INTERROGATOIRE DU PRÉVENU.

(1ᵉʳ ou 2ᵉ) *Conseil de guerre permanent de la   division militaire.*

L'AN (*indiquer l'année*), le (*indiquer la date, le mois et l'heure*), nous (*nom, prénoms, grade et corps*), rapporteur près le conseil, agissant en vertu des ordres de M. le lieutenant général commandant la (*indiquer la division*) militaire, et assisté du sieur (*nom, prénoms*), qui a prêté serment comme greffier nommé par nous, avons fait extraire de (*indiquer la prison*), à l'effet de l'interroger, le nommé (*nom, prénoms, grade, compagnie, bataillon ou escadron, corps*), accusé ou prévenu de (*indiquer le crime ou le délit*). En conséquence nous avons fait amener devant nous, en la salle du greffe sise à (*indiquer le lieu*), ledit (*nom du prévenu*), que nous avons interrogé ainsi qu'il suit :

Interpellé de déclarer ses nom, prénoms, âge, lieu de naissance, profession et domicile, a répondu se nommer (*nom, prénoms*), né le   à
canton d   arrondissement d   départe-
ment d   fils de   et de   ses père
et mère domiciliés à   département d
et lui prévenu demeurant à   canton d
arrondissement d   département d   avant
son entrée au service   et exerçait la profession

d   **Entré au service le**   **comme** maintenant (*grade* , *compagnie* , *bataillon ou escadron et corps*), en garnison à   de la taille d'un mètre millimètres (*le signalement en entier*), inscrit au contrôle du corps sous le numéro (*indiquer le numéro matricule*)

D. . . . .

R. . . . .

D. Vous êtes (accusé ou prévenu) de (*indiquer les motifs de l'accusation ou de la prévention*), qu'avez-vous à faire valoir pour votre défense ?

R. . . . .

D. Avez-vous fait choix d'un défenseur ?

R. . . . .

(*S'il y a des preuves matérielles du délit , elles lui seront représentées , pour qu'il ait à déclarer s'il les reconnaît.*)

Lecture faite audit (*nom du prévenu*) du présent procès-verbal d'interrogatoire , il a dit ses réponses être fidèlement transcrites , qu'elles contenaient vérité, qu'il y persistait , et il a signé avec nous et le greffier du conseil (en approuvant les mots rayés et nuls s'il y en a).

De suite et en exécution des articles dix-sept et dix-neuf de la loi du treize brumaire an 5 , nous avons donné audit (*nom du prévenu*) lecture de toutes les pièces de la procédure , tant à charge qu'à décharge , ensuite (*si le prévenu n'a pas choisi son défenseur*) nous avons nommé pour le défendre M. (*nom, profession , avocat ou autre*), et nous avons clos ces présentes par notre signature , celle dudit prévenu (*nom*) et du greffier du conseil.

Si c'est le substitut du rapporteur qui dresse le procès-verbal d'interrogatoire, il emploiera cette formule :

PROCÈS-VERBAL
D'INTERROGATOIRE.

PROCÈS-VERBAL

D'INTERROGATOIRE DU PRÉVENU,

Dressé par le Substitut du Rapporteur.

(Ier ou 2e) *Conseil de guerre permanent de la   division militaire.*

L'AN (*indiquer l'année*) , le (*indiquer la date , le mois et l'heure*) , nous (*prénoms, nom , grade et corps*), substitut du rapporteur près le conseil , nommé le (*indiquer la date et le mois*) , par M. le lieutenant général commandant la (*indiquer la division*) militaire, pour remplir ces fonctions , et assisté du sieur (*nom , prénoms*), qui a prêté serment comme greffier nommé par M. le chef de bataillon rapporteur, en vertu des ordres duquel nous agissons, avons fait extraire de, etc. . . . . (*Le reste comme pour le chef de bataillon rapporteur.*)

Lorsque le procès-verbal d'interrogatoire du prévenu est dressé, lequel forme le dernier acte de l'instruction faite par le rapporteur, cet officier se transporte près du général ; il lui rend compte que la procédure est terminée, et sur cette indication, le général convoque le conseil par un ordre envoyé au président. Cet ordre de convocation doit être ainsi conçu :

ORDRE DE CONVOCATION.

LE lieutenant général des armées du Roi, commandant la   division militaire, sur le compte qui lui a
été rendu par M. (*nom et prénoms, grade et qualités*),
rapporteur (ou substitut du rapporteur) près le   conseil de guerre permanent de ladite division, que l'instruction de l'affaire d   nommé (*nom, prénoms, qualité, régiment*) était terminée, ordonne, conformément
à l'art. 22 de la loi du 13 brumaire an 5 (*Et quand
c'est pour désertion on ajoute :* et l'ordonnance royale
du 21 février 1816), la convocation dudit conseil de
guerre, pour (*indiquer le jour et la date*), au lieu
ordinaire de ses séances, à (*indiquer la ville et l'endroit où siége le conseil*), à l'effet de juger ce militaire
sur les faits (dont il est prévenu, ou dont il est accusé), et charge M.   colonel du
en sa qualité de président, d'en tenir avertis tous les
membres, en indiquant pour leur réunion telle heure
qu'il croira convenable.

A (*nom de la ville*), le   183

D'après l'ordre de convocation, le tribunal s'assemble, et les actes qui en émanent sont des jugemens.

Il y en a de différentes natures :

Les jugemens avant faire droit, ou qui statuent
avant de juger le fond, sur des exceptions proposées,

sur des questions préjudicielles, ou qui ordonnent un plus ample informé, c'est-à-dire un complément d'instruction.

Les jugemens d'incompétence, ou qui renvoient la procédure et le prévenu à un autre tribunal, à une autre juridiction ;

Les jugemens contradictoires de condamnation, ou qui prononcent une peine ;

Les jugemens d'acquittement, ou qui déclarent l'inculpé non coupable et ordonnent sa mise en liberté ;

Les jugemens d'absolution, ou qui déclarent l'inculpé coupable de faits non défendus par la loi, n'appliquent aucune peine et ordonnent la mise en liberté.

Les jugemens par contumace, ou qui condamnent en l'absence d'un individu accusé d'un crime;

Les jugemens par défaut, ou qui condamnent en l'absence d'un individu prévenu d'un délit.

Les formules suivantes présentent les modèles de ces différens jugemens.

Il faut remarquer ici, que d'après les lois du 13 brumaire an 5 et 18 vendémiaire an 6, les conseils de guerre et de révision n'étaient établis que jusqu'à la paix; en sorte qu'aujourd'hui, on entend encore dire que l'existence de ces tribunaux n'est pas légale : c'est une erreur. Un arrêté des consuls du 23 messidor an 10, a déclaré, à la paix, qu'ils continueraient à rendre la justice, jusqu'à ce qu'il en ait été autrement ordonné.

Cet arrêté ne fut point inséré au *Bulletin des Lois*, par oubli sans doute, car il peut être considéré comme assez important, comme d'un intérêt assez général pour mériter la publication dans le *Bulletin des Lois* (1). Toutefois, comme il n'existe maintenant qu'en manuscrit dans la collection des lois, et que chaque formule de jugement en fait mention, il sera utile d'en connaître les termes.

----

(1) D'après la loi du 3o thermidor an 2, on ne doit insérer au Bulletin des Lois que les lois, décrets, arrêtés d'un intérêt général.

EXTRAIT DES REGITRES

Des Délibérations des Consuls de la république.

Paris , le 23 messidor an 10.

LES CONSULS DE LA RÉPUBLIQUE, sur le rapport du ministre de la guerre ,

Le conseil d'état entendu, arrêtent :

ART. 1er. Les conseils de guerre et de révision établis jusqu'à la paix, en exécution des lois des 13 brumaire an 5 , et 18 vendémiaire an 6 , continueront jusqu'à ce qu'il en ait été autrement ordonné , à administrer la justice militaire , en se conformant aux lois actuellement existantes , tant dans l'observation des formes , que dans l'application des peines.

2. Le ministre de la guerre est chargé de l'exécution du présent décret.

Le premier consul ,

Signé BONAPARTE.

Par le premier consul :

Le secrétaire d'état ,

Signé HUGUES B. MARET.

Le ministre de la guerre ,

Signé ALEX. BERTHIER.

Sur la question de l'existence légale des conseils de guerre et de révision, il ne faut pas oublier que la Charte de 1814 a trouvé les tribunaux militaires légalement prorogés par l'arrêté cidessus, et les a maintenus (art. 68); que l'ordonnance du 21 février 1816, en abolissant les conseils de guerre spéciaux, pour obéir au principe posé dans la Charte de 1814, et en attribuant la connaissance du délit de désertion aux conseils de guerre permanens, a confirmé la légalité de leur création; enfin, que la Charte de 1830 (article 59), les a conservés et reconnus en déclarant toujours en vigueur les lois existantes.

JUGEMENT

AVANT FAIRE DROIT.

Jugement rendu par le　　conseil de guerre permanent de la　division militaire.

LOUIS-PHILIPPE, ROI DES FRANÇAIS, à tous présens et à venir, SALUT.

Le　　　conseil de guerre permanent de la division militaire a rendu le jugement suivant :

DE PAR LE ROI.

Cejourd'hui　　　　　　an mil huit cent

(*Pour le premier conseil, mettre*) : Le premier conseil de guerre permanent de la　　division militaire, créé par la loi du 13 brumaire an 5, prorogé par l'arrêté des consuls du 23 messidor an 10, et composé, conformément à ladite loi (ou, conformément à la loi du 4 fructidor an 5, s'il s'agit d'officiers supérieurs), de MM. (*noms, grades, corps, auxquels ils appartiennent.*)

(*Pour le deuxième conseil, mettre*) : Le deuxième conseil de guerre permanent de la　　　division militaire, créé en vertu des art. 19 et 20 de la loi du 18 vendémiaire an 6, jugeant d'après les dispositions de la loi du 27 fructidor an 6, prorogé par l'arrêté des consuls du 23 messidor an 10, et composé, conformément à la loi du 13 brumaire an 5 (ou, conformément à la loi du 4 fructidor an 5, s'il s'agit d'officiers supérieurs),

16

de MM. (*noms, grades, corps auxquels ils appartiennent.*)

M. (*nom, grade, corps*) faisant fonctions de rapporteur, et M. (*nom, grade, corps*)
                          faisant celles de commissaire
du roi : tous nommés par M. le lieutenant général
(*mettre le nom*) commandant la   division militaire,
assistés de M. (*nom*) greffier nommé par le rapporteur, et dûment assermenté.

Lesquels, aux termes des articles 6 et 8 de la loi du
13 brumaire an 5, ne sont parens ou alliés, ni entre
eux, ni d (prévenu ou accusé), aux degrés prohibés.

Le conseil, convoqué par l'ordre du commandant,
s'est réuni dans le lieu ordinaire de ses séances (*désigner le lieu*).

A l'effet de juger (*mettre ici les nom, prénoms,
état, profession de l'accusé ou du prévenu, son lieu de
naissance et son signalement.* — Accusé ou prévenu
de   *énoncer le crime ou les crimes, le délit ou
les délits.*)

La séance ayant été ouverte, M. le président a fait
apporter par le greffier, et déposer devant lui, sur le
bureau, un exemplaire de la loi du 13 brumaire an 5, et
a demandé ensuite au rapporteur la lecture du procès-
verbal d'information, et de toutes les pièces tant à charge
qu'à décharge, envers (1   accusé   ou le   prévenu   )
au nombre de (*mettre le nombre de pièces*).

Cette lecture terminée, M. le président a ordonné à
la garde d'amener (1   accusé   ou le   prévenu   ),
1   quel   été introduit libre   et sans fers, devant le
conseil, accompagné de   défenseur   officieux.

Interrogé de   nom   , prénoms , âge , lieu de naissance , profession et domicile ,
        répondu   se nommer (*consigner ici les réponses.*)

(1)

Nota. Quand il s'agit d'un jugement *ordonnant un plus ample informé* , c'est ordinairement des débats qu'il résulte la preuve que des faits importans , que des témoins indispensables n'ont point été constatés ou entendus , par l'officier chargé de l'instruction du procès ; alors le conseil ne peut ordonner le plus ample informé , qu'après avoir entendu les témoins à charge et à décharge , s'il y en a , mais avant les plaidoiries sur le fond. Si l'insuffisance de l'instruction se fait sentir avant , le conseil délibère plus tôt , et renvoie à plus ample informé ; mais nous indiquons ici jusqu'ou les débats peuvent être poussés.

Après avoir donné connaissance (a   accusé   ou prévenu) des faits à   charge,   avoir fait prêter interrogatoire par l'organe de M. le président ; après avoir entendu publiquement et séparément (*indiquer les témoins à charge et à décharge s'il y en a*),

---

(1) C'est toujours aussitôt que l'accusé , ou le prévenu , comparaît , qu'il propose ses exceptions , les questions préjudicielles qu'il peut faire valoir ; autrement s'il laissait entamer le procès sur le fond , il serait réputé renoncer à toute exception , et ne serait plus admis à les proposer plus tard , à moins qu'il ne s'agisse d'incompétence en raison de la matière ; dans ce cas , le renvoi devant d'autres juges peut être demandé en tout état de cause. Mais lorsqu'il s'agit d'exception de toute autre nature , elle doit être proposée avant l'ouverture des débats. Le commissaire du roi est entendu , et le conseil délibère dans la forme accoutumée ; puis , il rend un jugement *motivé* , et commençant ainsi : LE CONSEIL JUGEANT AVANT FAIRE DROIT , etc.

16*

lesdits témoins ayant, au préalable, prêté serment de parler sans haine et sans crainte, juré de dire la vérité, toute la vérité, rien que la vérité, et déclaré n'être parent, allié, ni serviteur des parties;

(Indiquer ici, que les pièces de conviction, s'il y en a, ont été représentées, et que la partie civile, s'il y en a une en cause, a été entendue.)

Ouï M. le rapporteur dans son rapport et ses conclusions (si l   accusé ou le prévenu , par l'organe de son défenseur, renouvelle la demande de faire constater par l'instruction un fait essentiel, ou de faire entendre par le rapporteur des témoins qu'il a omis de citer, et dont les débats ont prouvé la déposition indispensable, on mettra :   et, l accusé ou le prévenu , dans sa demande tendante à   en indiquer l'objet.) M. le président a ordonné qu'il en serait délibéré. Il a demandé aux membres du conseil s'ils avaient des observations à faire : sur leur réponse négative, et avant d'aller aux opinions, il a ordonné au défenseur et à (accusé ou prévenu) de se retirer. (L accusé ou prévenu)   été reconduit par l'escorte à la prison; le rapporteur, le greffier et les assistans dans l'auditoire, se sont retirés sur l'invitation du président.

Le conseil délibérant à huis clos, seulement en présence de M. le commissaire du roi
M. le président a posé l   question ainsi qu'il suit : y a-t-il lieu à ordonner un PLUS AMPLE INFORMÉ ?

Les voix recueillies séparément en commençant par le grade inférieur, M. le président ayant émis son opinion le dernier, le   conseil de guerre permanent déclare qu'il y a lieu à ordonner UN PLUS AMPLE INFORMÉ sur (*préciser les faits qui doivent être l'objet d'un complément d'instruction, ou désigner les témoins qui auraient pu être indiqués et que le rapporteur devra entendre; enfin déterminer sur quoi le complément d'information doit porter.*)

Sur quoi M. le commissaire du roi ayant été entendu,

Les voix recueillies de nouveau dans la forme indiquée ci-dessus;

Le   conseil de guerre permanent, JUGEANT AVANT FAIRE DROIT, ordonne qu'il sera PLUS AMPLEMENT INFORMÉ sur les faits énoncés au présent jugement; en conséquence enjoint au rapporteur de faire ses diligences à cet effet, pour l'instruction complète, les débats être recommencés en entier.

Enjoint au rapporteur de lire de suite le présent jugement a   en présence de la garde rassemblée sous les armes; de l'avertir que la loi l   accorde un délai de vingt-quatre heures pour se pourvoir en révision, et au surplus, de faire exécuter le présent jugement dans tout son contenu; ordonne en outre qu'il en sera envoyé, dans les délais prescrits par l'article 39 de la loi du 13 brumaire an 5, à la diligence de MM. les président et rapporteur, une expédition tant à M. le ministre de la guerre qu'à M. le général commandant la division, et au conseil d'administration d

FAIT, clos et jugé sans désemparer, en séance publique, à (*le lieu*), les jour, mois et an que dessus ; et les membres du conseil ont signé, avec le rapporteur et le greffier, la minute du présent jugement.

(*Ici les signatures des membres du conseil.*)

Je certifie que le présent jugement a été lu à le   mil huit cent   , à heure   d   et qu'il   été averti que la loi ne l   accorde que vingt-quatre heures pour se pourvoir en révision. Cette lecture faite en présence de la garde rassemblée sous les armes, assisté du greffier du conseil

Le Greffier,   *Le Rapporteur,*

Mandons et ordonnons, etc.

JUGEMENT

D'INCOMPÉTENCE.

Jugement rendu par le   conseil de guerre permanent de la   division militaire.

LOUIS-PHILIPPE, ROI DES FRANÇAIS, à tous présens et à venir, SALUT.

Le   conseil de guerre permanent de la division militaire a rendu le jugement suivant :

DE PAR LE ROI.

Cejourd'hui   an mil huit cent

(*Pour le premier conseil, mettre*) : Le premier conseil de guerre permanent de la   division militaire, créé par la loi du 13 brumaire an 5, prorogé par l'arrêté des consuls du 23 messidor an 10, et composé, conformément à ladite loi (ou conformément à la loi du 4 fructidor an 5, s'il s'agit d'officiers supérieurs), de MM. (*noms, grades, corps auxquels ils appartiennent.*)

(*Pour le deuxième conseil, mettre*) : Le deuxième conseil de guerre permanent de la   division militaire, créé en vertu des art. 19 et 20 de la loi du 18 vendémiaire an 6, jugeant d'après les dispositions de la loi du 27 fructidor an 6, prorogé par l'arrêté des consuls du 23 messidor an 10, et composé conformément à la loi du 13 brumaire an 5 (*ou* conformément à la loi du 4 fructidor an 5; s'il s'agit d'officiers supérieurs), de MM. (*noms, grades, corps, auxquels ils appartiennent*).'

M. (*nom, grade, corps*), faisant les fonctions de rapporteur, et M. (*nom, grade, corps*), faisant celles de commissaire du roi : tous nommés par M. le lieutenant général (*mettre le nom*), commandant la   division militaire, assistés de M. (*nom*), greffier nommé par le rapporteur, et dûment assermenté.

Lesquels, aux termes des articles 7 et 8 de la loi du 13 brumaire an 5, ne sont parens ou alliés, ni entre eux, ni d (prévenu ou accusé), aux degrés prohibés.

Le conseil, convoqué par l'ordre du commandant, s'est réuni dans le lieu ordinaire de ses séances (*désigner le lieu*).

A l'effet de juger (*mettre ici les nom, prénoms, état, profession de l'accusé ou du prévenu, son lieu de naissance et son signalement.* — Accusé ou prévenu de,... *énoncer le crime ou les crimes, le délit ou les délits.*)

La séance ayant été ouverte, M. le président a fait apporter par le greffier, et déposer devant lui, sur le bureau, un exemplaire de la loi du 13 brumaire an 5, et a demandé ensuite au rapporteur la lecture du procès-verbal d'information, et de toutes les pièces tant à charge qu'à décharge, envers (1   accusé   ou le prévenu) au nombre de (*mettre le nombre de pièces*).

Cette lecture terminée, ouï M. le rapporteur dans son rapport et ses conclusions, tendantes à ce que le conseil se déclarât incompétent, M. le président a demandé aux membres du conseil s'ils avaient des observations à faire : sur leur réponse négative, et avant d'aller aux opinions, il a ordonné à l'auditoire de se retirer; le rapporteur et le greffier se sont également retirés.

Le conseil délibérant à huis clos, seulement en présence de M. le commissaire du roi
M. le président a posé l   question   ainsi qu'il suit :

Le conseil est-il compétent pour juger le (*nom, prénoms, désigner la qualité du prévenu ou de l'accusé, si l'incompétence est en raison de sa personne. Désigner les faits constituant le crime ou le délit, si l'incompétence est en raison de la matière.*)

Les voix recueillies séparément en commençant par le grade inférieur, M. le président ayant émis son opinion le dernier, le   conseil de guerre permanent se déclare INCOMPÉTENT pour juger le (*nom, prénoms, prévenu ou accusé de.... spécifier le délit ou le crime.*)

Sur quoi M. le commissaire du roi a fait son réquisitoire. M. le président a lu le texte de la loi.

Les voix recueillies de nouveau dans la forme indiquée ci-dessus ;

Le   conseil de guerre permanent, faisant droit audit réquisitoire, attendu (*mettre ici tous les considérans et transcrire en entier les termes de la loi, qui doivent être lus de nouveau par le président*),

Ordonne qu'à la diligence du rapporteur, le (*nom, prénoms*), mandat (d'arrêt ou de dépôt) tenant, ensemble toutes les pièces de la procédure et copie du présent jugement seront renvoyés devant le (*désigner le tribunal qui doit en connaître*) pour être statué ce qu'il appartiendra.

Enjoint au rapporteur de lire de suite le présent jugement a   en présence
de la garde rassemblée sous les armes ; de l   avertir
que la loi l   accorde un délai de vingt-quatre heures
pour se pourvoir en révision , et, au surplus , de faire
exécuter le présent jugement dans tout son contenu ;
ordonne en outre qu'il en sera envoyé , dans les délais
prescrits par l'article 39 de la loi du 13 brumaire an 5,
à la diligence de MM. les président et rapporteur, une
expédition tant à M. le ministre de la guerre qu'à M. le
général commandant la division , et au conseil d'administration d

Fait, clos et jugé sans désemparer, en séance publique (*le lieu*) , les jour , mois et an que dessus ; et les
membres du conseil ont signé , avec le rapporteur et le
greffier, la minute du présent jugement.

(Ici les signatures des membres du conseil.)

Je certifie que le présent jugement a été lu a
         le   mil huit cent   ,
à   heure d   et qu'il
été averti que la loi ne l   accorde que vingt-quatre
heures pour se pourvoir en révision. Cette lecture faite
en présence de la garde rassemblée sous les armes ,
assisté du greffier du conseil.

Le Greffier,   *Le Rapporteur,*

MANDONS ET ORDONNONS , etc.

JUGEMENT CONTRADICTOIRE

DE CONDAMNATION.

Jugement rendu par le   conseil de guerre permanent de la   division militaire.

LOUIS-PHILIPPE, ROI DES FRANÇAIS, à tous présens et à venir, SALUT.

Le   conseil de guerre permanent de la   division militaire a rendu le jugement suivant :

DE PAR LE ROI.

Cejourd'hui   an mil huit cent
(*Pour le premier conseil, mettre :*) Le 1ᵉʳ conseil de guerre permanent de la   division militaire, créé par la loi du 13 brumaire an 5, prorogé par l'arrêté des consuls du 23 messidor an 10, et composé, conformément à ladite loi (*ou* conformément à la loi du 4 fructidor an 5, s'il s'agit d'officiers supérieurs) de MM. (*noms, grades, corps auxquels ils appartiennent.*)

(*Pour le deuxième conseil, mettre :*) Le deuxième conseil de guerre permanent de la   division militaire, créé en vertu des articles 19 et 20 de la loi du 18 vendémiaire an 6, jugeant d'après les dispositions de la loi du 27 fructidor an 6, prorogé par l'arrêté des consuls du 23 messidor an 10, et composé conformément à la loi du 13 brumaire an 5 (*ou* conformément à la loi du 4 fructidor an 5, s'il s'agit d'officiers supérieurs (1), de MM. (*noms, grades, corps auxquels ils appartiennent*);

____

(1) S'il s'agit du jugement d'un officier supérieur, d'un officier

M. (*nom, grade, corps*), faisant les fonctions de rapporteur; et M. (*nom, grade, corps*), faisant celles de commissaire du roi : tous nommés par M. le lieutenant général (*mettre le nom*), commandant la   division militaire, assistés de M. (*nom*), greffier nommé par le rapporteur, et dûment assermenté.

Lesquels, aux termes des articles 7 et 8 de la loi du 13 brumaire an 5, ne sont parens ou alliés, ni entre eux, ni d (prévenu ou accusé), aux degrés prohibés.

Le conseil, convoqué par l'ordre du commandant, s'est réuni dans le lieu ordinaire de ses séances (*désigner le lieu*),

A l'effet de juger (*mettre ici les nom, prénoms, état et profession de l'accusé ou du prévenu, son lieu de naissance et son signalement; — accusé* ou *prévenu de.....; énoncer le crime* ou *les crimes, le délit* ou *les délits.* — Si l'affaire vient au conseil par suite d'annulation d'un premier jugement, il faudra ajouter : *Le jugement rendu contre lui,* ou *en sa faveur, s'il avait été*

---

général, d'un général de brigade ou maréchal de camp, d'un général de division ou lieutenant général, ou d'un général commandant en chef une armée, après avoir indiqué la composition du conseil, avoir mis les noms, grades, corps des membres du conseil; enfin, après avoir indiqué les nom, grade, corps du rapporteur; les nom, grade, corps du commissaire du roi, en suivant les termes des formules ordinaires, il faut mettre ensuite :

Tous nommés par.... LE MINISTRE DE LA GUERRE, *s'il s'agit d'un général d'armée; ...* LE LIEUTENANT GÉNÉRAL COMMANDANT EN CHEF L'ARMÉE DE....., *s'il s'agit d'un général de division ou lieutenant général, d'un général de brigade ou maréchal de camp;...* LE LIEUTENANT GÉNÉRAL COMMANDANT LA.....DIVISION, *s'il s'agit de tout autre militaire.*

acquitté, *par le   conseil de guerre de la   division,
le* (date du premier jugement), *ayant été annulé par
une décision du conseil de révision, en date du* (date
de la décision).

La séance ayant été ouverte, M. le président a fait
apporter par le greffier, et déposer devant lui, sur le
bureau, un exemplaire de la loi du 13 brumaire an 5,
et a demandé ensuite au rapporteur la lecture du procès-
verbal d'information, et de toutes les pièces tant à charge
qu'à décharge envers (l   accusé   ou le   prévenu),
au nombre de (*mettre le nombre des pièces*).

Cette lecture terminée, M. le président a ordonné à
la garde d'amener (l   accusé   ou le   prévenu), l   quel
été introduit   libre   et sans fers devant le conseil,
accompagné de   défenseur   officieux.
Interrogé   de   nom   , prénoms, âge, lieu de
naissance, profession et domicile,
répondu se nommer (*consigner les réponses*).

Après avoir donné connaissance a   (accusé *ou*
prévenu) des faits à   charge, l   avoir fait
prêter interrogatoire par l'organe de M. le président;
après avoir entendu publiquement et séparément (*indiquer ici les témoins à charge et à décharge s'il y en
a*); lesdits témoins ayant, au préalable, prêté serment
de parler sans haine et sans crainte, juré de dire la vérité, toute la vérité, rien que la vérité, et déclaré n'être
parent, allié, ni serviteur des parties, (*indiquer ici que
les pièces de conviction, s'il y en a, ont été représentées,
et que la partie civile, s'il y en a une en cause, a été
entendue.*) ;

Ouï M. le rapporteur dans son rapport et ses conclusions, et (l accusé ou l prévenu) dans   moyens de défense , tant par   que par   défenseur officieux, lesquels ont déclaré n'avoir rien à ajouter à leurs moyens de défense , M. le président a demandé aux membres du conseil s'ils avaient des observations à faire : sur leur réponse négative , et avant d'aller aux opinions, il a ordonné au défenseur et a   (accusé *ou*   prévenu) de se retirer. L (accusé *ou* le prévenu)   été reconduit par l'escorte à la prison ; le rapporteur, le greffier et les assistans dans l'auditoire se sont retirés sur l'invitation du président.

Le conseil délibérant à huis clos , seulement en présence de M. le commissaire du roi ,

M. le président a posé l   question ainsi qu'il suit :

> (*S'il y a plusieurs crimes ou délits, poser pour chacun la question de culpabilité. Il faut également la poser pour chacun des accusés ou des prévenus, s'ils sont plusieurs*).

Les voix recueillies séparément, en commençant par le grade inférieur, M. le président ayant émis son opinion le dernier, le   conseil de guerre permanent déclare le   (*nom et prénoms de l'accusé* ou *du prévenu. Désigner la majorité des voix, et déterminer la culpabilité*).

Sur quoi , M. le commissaire du roi ayant fait son réquisitoire pour l'application de la peine , M. le président a lu le texte de la loi ; et les voix recueillies de nouveau, dans la forme indiquée ci-dessus ,

Le   conseil de guerre permanent , faisant droit au-

dit réquisitoire, condamne... (*indiquer si c'est à l'una-*
nimité ou à la majorité déterminée par la loi du 13 bru-
maire an 5; mettre ensuite les nom, prénoms, profession,
grade, régiment du condamné, puis la peine, et dire
qu'elle est appliquée en vertu de l'article ou des articles de
telle *loi ou de tel Code, dont le président a donné de nou-*
veau lecture, et qui est ou qui sont textuellement tran-
scrits dans le dispositif du jugement. Condamner aux
frais, et transcrire le texte de la loi qui a dû être lu
par le président. — On doit appliquer la loi du 18 germinal an 7.)

(Si le jugement doit être imprimé, mettre :) *Ordonne*
que le présent jugement sera imprimé, affiché et distri-
bué au nombre de   exemplaires.

Enjoint au rapporteur de lire de suite le présent jugement (au condamné ou aux condamnés), en présence
de la garde assemblée sous les armes; de l avertir que
la loi l   accorde un délai de vingt-quatre heures pour
se pourvoir en révision, et, au surplus, de faire exécuter le présent jugement dans tout son contenu; ordonne
en outre qu'il en sera envoyé, dans les délais prescrits par l'article 39 de la loi du 13 brumaire an 5,
à la diligence de MM. les président et rapporteur, une
expédition tant à M. le ministre de la guerre qu'à M. le
général commandant la division, et au conseil d'administration d

Fait, clos et jugé sans désemparer, en séance publique, à (*le lieu*), les jour, mois et an que dessus; et les
membres du conseil ont signé, avec le rapporteur et le
greffier, la minute du présent jugement.

(*Ici les signatures des membres du conseil.*)

Je certifie que le présent jugement a été lu a
le   mil huit cent   , à
heure   d   et qu'il   été averti
que la loi ne l   accorde que vingt-quatre heures
pour se pourvoir en révision. Cette lecture faite en présence de la garde rassemblée sous les armes, assisté du
greffier du conseil

Le Greffier,   *Le Rapporteur,*

EXÉCUTOIRE.

Vu la procédure instruite contre le nommé
              et les frais d'icelle, dont le détail suit :

1° Taxe des témoins entendus pendant le
cours de l'instruction et des débats, la somme
de   ci . . . .

2° Indemnité du greffier exerçant près le
conseil de guerre;   ci. . . . .

(*Quand il y a pourvoi :*) 3° Indemnité du
greffier exerçant près le conseil permanent de
révision, pour les frais d'écritures résultant du
pourvoi formé par   et la décision
qui s'en est suivie le   , la somme
de *douze francs;*   ci. . . . .

   4°   ci. . . . .

     5°   ci. . . . .

TOTAL de la somme de   ci.

Vu le dispositif du jugement définitif, et l'article 3 de
la loi du 18 germinal an 7, le président du   conseil

de guerre permanent de la   division militaire liquide
les frais, dont ci-dessus l'état, à la somme de
                , du montant de laquelle il délivre
le présent exécutoire, pour, le recouvrement de ladite
somme, être poursuivi sur les biens présens et à venir
du condamné, par les préposés de l'administration de
l'enregistrement et des domaines.

MANDONS et ORDONNONS à tous huissiers sur ce requis,
de mettre le présent jugement à exécution, à nos procureurs généraux et à nos procureurs près les tribunaux de
première instance, d'y tenir la main; à tous commandans
et officiers de la force publique de prêter main-forte lors
qu'ils en seront requis.

Fait en la chambre du conseil de guerre susdit, à
(*le lieu*), le   (*date, mois, année*).

Le Greffier,   *Le Colonel Président,*

N° D'ORDRE
(Série annuelle).
N° du jugement.

JUGEMENT

D'ACQUITTEMENT.

*Jugement rendu par le   conseil de guerre
permanent de la   division militaire.*

LOUIS-PHILIPPE, ROI DES FRANÇAIS, à tous présens
et à venir, SALUT.

Le   conseil de guerre permanent de la   division
militaire a rendu le jugement suivant :

DE PAR LE ROI.

Cejourd'hui   an mil huit cent

(*Pour le deuxième conseil, mettre :*) **Le deuxième
conseil de guerre permanent de la   division militaire,
créé** en vertu des articles 19 et 20 de la loi du 18 vendémiaire an 6, jugeant d'après les dispositions de la loi du
27 fructidor an 6, prorogé par l'arrêté des consuls du
23 messidor an 10, et composé, conformément à la loi
du 13 brumaire an 5 (*ou conformément à la loi du 4 fructidor an 5, s'il s'agit d'officiers supérieurs*) , de MM.
(*noms, grades, corps auxquels ils appartiennent*).

(*Pour le premier conseil, mettre :*) **Le premier conseil de guerre permanent de la   division militaire,
créé** par la loi du 13 brumaire an 5 , prorogé par l'arrêté
des consuls du 23 messidor an 10, et composé, conformément à ladite loi (*ou conformément à la loi du 4 fructidor an 5, s'il s'agit d'officiers supérieurs*), de MM.
(*noms, grades, corps auxquels ils appartiennent*).

M. (*nom, grade, corps*), faisant les fonctions de rapporteur;

et M. (*nom, grade, corps*), faisant celles de commissaire du roi : tous nommés par M. le lieutenant général (*mettre le nom*) commandant la division militaire, assistés de M. (*nom*), greffier nommé par le rapporteur, et dûment assermenté; lesquels, aux termes des art. 7 et 8 de la loi du 13 brumaire an 5, ne sont parens ou alliés, ni entre eux, ni d   prévenu , aux degrés prohibés ;

Le conseil, convoqué par l'ordre du commandant, s'est réuni dans le lieu ordinaire de ses séances (*désigner le lieu*), à l'effet de juger (*mettre ici les nom, prénoms, état et profession de l'accusé ou du prévenu, son lieu de naissance et son signalement*), accusé ou prévenu de (*énoncer le crime ou les crimes, le délit ou les délits*). Si l'affaire vient au conseil par suite d'annulation d'un premier jugement, il faudra ajouter : *Le jugement rendu contre lui* ou *en sa faveur*, s'il avait été acquitté, *par le   conseil de guerre de la   division le* (date du premier jugement) *ayant été annulé par une décision du conseil de révision en date du* (date de la décision).

La séance ayant été ouverte, M. le président a fait apporter par le greffier et déposer devant lui sur le bureau un exemplaire de la loi du 13 brumaire an 5, et a demandé au rapporteur la lecture du procès-verbal d'information, et de toutes les pièces tant à charge qu'à décharge envers (l   accusé *ou* le   prévenu) au nombre de (*mettre le nombre de pièces*).

Cette lecture terminée, M. le président a ordonné à la

garde d'amener (l   accusé ou le prévenu), l   quel
     été introduit libre et sans fers devant le conseil ,
accompagné de   défenseur officieux.

   Interrogé de   nom , prénoms, âge , lieu de
naissance , profession et domicile   ,
          répondu se nommer (*consigner les réponses*).

   Après avoir donné connaissance a   (accusé *ou* prévenu) des faits à   charge , l   avoir fait prêter interrogatoire par l'organe du président ; après avoir entendu
publiquement et séparément (*indiquer ici les témoins
à charge et à décharge, s'il y en a*) ;

   Lesdits témoins ayant, au préalable, prêté serment
de parler sans haine et sans crainte , juré de dire la vérité, toute la vérité, rien que la vérité, et déclaré n'être
parent , allié , ni serviteur des parties (*indiquer ici que
les pièces de conviction, s'il y en a, ont été représentées,
et que la partie civile, s'il y en a une en cause, a été
entendue*) :

   Ouï M. le rapporteur dans son rapport et ses conclusions, et l   accusé dans   moyens de défense, tant
par   que par   défenseur officieux, lesquels ont
déclaré n'avoir rien à ajouter à leurs moyens de défense,
M. le président a demandé aux membres du conseil s'ils
avaient des observations à faire : sur leur réponse négative, et avant d'aller aux opinions, il a ordonné au dé_
fenseur et a   (accusé *ou* prévenu) de se retirer.
   (L   accusé ou le prévenu)   été reconduit par
l'escorte à la prison ; le rapporteur, le greffier et les
assistans dans l'auditoire se sont retirés, sur l'invitation
du président.

Le conseil délibérant à huis clos, seulement en présence de M. le commissaire du roi, M. le président a posé la question ainsi qu'il suit :

(*S'il y a plusieurs crimes ou délits, poser pour chacun la question de culpabilité ; il faut également la poser pour chacun des accusés ou des prévenus, s'ils sont plusieurs*).

Les voix recueillies séparément, en commençant par le grade inférieur, M. le président ayant émis son opinion le dernier, le   conseil de guerre permanent déclare le (*nom et prénoms de l'accusé* ou *du prévenu.—Désigner la majorité des voix*) NON COUPABLE.

Sur quoi M. le commissaire du roi ayant fait son réquisitoire pour l'application de la peine , M. le président a lu le texte de la loi; et les voix recueillies de nouveau, dans la forme indiquée ci-dessus, le   conseil de guerre permanent, faisant droit sur ledit réquisitoire, ACQUITTE (*nom, prénoms*) de l'accusation dirigée contre lui (*s'il s'agit d'un crime*).

(*S'il s'agit d'un délit*), ACQUITTE (*nom, prénoms*) de la prévention, et le renvoie des fins de la plainte portée contre lui. (*Transcrire en entier le texte de la loi, qui doit être lu de nouveau par le président.*)

En conséquence, ordonne qu'il sera mis en liberté s'il n'est retenu pour autre cause.

Enjoint au rapporteur de lire de suite le présent jugement a   acquitté , en présence de la garde rassemblée sous les armes; et, au surplus, de faire exécuter le présent jugement dans tout son contenu.

Ordonne en outre qu'il en sera envoyé, dans les délais

prescrits par l'article 39 de la loi du 13 brumaire an 5, à la diligence de MM. les président et rapporteur, une expédition tant à M. le ministre de la guerre qu'à M. le lieutenant général commandant la division, et au conseil d'administration d

Fait, clos et jugé sans désemparer, en séance publique, à (*le lieu*), les jour, mois et an que dessus ; et les membres du conseil ont signé , avec le rapporteur et le greffier, la minute du présent jugement.

(*Ici les signatures des membres du conseil.*)

Je certifie que le présent jugement a été lu a
    le   mil huit cent
à   heure d   en présence de la garde rassemblée sous les armes , étant assisté du greffier du conseil.

Le Greffier,   *Le Rapporteur,*

MANDONS et ORDONNONS , etc.

<table>
<tr><td>

N° D'ORDRE
(Série annuelle).
N° du jugement.

</td><td>

JUGEMENT

D'ABSOLUTION.

</td></tr>
</table>

Jugement rendu par le   conseil de guerre permanent de la   division militaire.

LOUIS-PHILIPPE, ROI DES FRANÇAIS, à tous présens et à venir, SALUT.

Le   conseil de guerre permanent de la   division militaire a rendu le jugement suivant :

DE PAR LE ROI.

Cejourd'hui   an mil huit cent

(*Pour le premier conseil, mettre*) : Le premier conseil de guerre permanent de la   division militaire, créé par la loi du 13 brumaire an 5, prorogé par l'arrêté des consuls du 23 messidor an 10, et composé, conformément à ladite loi (*ou* conformément à la loi du 4 fructidor an 5, s'il s'agit d'officiers supérieurs), de MM. (*noms, grades, corps auxquels ils appartiennent.*)

(*Pour le deuxième conseil, mettre*) : Le deuxième conseil de guerre permanent de la   division militaire, créé en vertu des art. 19 et 20 de la loi du 18 vendémiaire an 6, jugeant d'après les dispositions de la loi du 27 fructidor an 6, prorogé par l'arrêté des consuls du 23 messidor an 10, et composé, conformément à la loi du 13 brumaire an 5 (*ou* conformément à la loi du 4 fructidor an 5, *s'il s'agit d'officiers supérieurs*), de

MM. (*nom, grades, corps auxquels ils appartiennent*);
M. (*nom, grade, corps*), faisant les fonctions de rapporteur, et M. (*nom, grade, corps*), faisant celles de
commissaire du roi : tous nommés par M. le lieutenant
général (*mettre le nom*) commandant la   division
militaire, assistés de M. (*nom*), greffier nommé par le
rapporteur, et dûment assermenté.

Lesquels, aux termes des articles 7 et 8 de la loi du 13
brumaire an 5, ne sont parens ou alliés, ni entre eux,
ni d   prévenu , aux degrés prohibés.

Le conseil, convoqué par l'ordre du commandant,
s'est réuni dans le lieu ordinaire de ses séances (*désigner
le lieu*),

A l'effet de juger (*mettre ici les nom, prénoms, état
et profession de l'accusé* ou *du prévenu, son lieu de
naissance et son signalement,* — accusé ou prévenu
de...... *énoncer le crime* ou *les crimes, le délit* ou *les
délits*).

La séance ayant été ouverte, M. le président a fait
apporter par le greffier, et déposer devant lui, sur le
bureau, un exemplaire de la loi du 13 brumaire an 5,
et a demandé ensuite au rapporteur la lecture du procès-
verbal d'information, et de toutes les pièces tant à charge
qu'à décharge envers (l   accusé *ou* le prévenu), au
nombre de (*mettre le nombre de pièces*).

Cette lecture terminée, M. le président a ordonné à
la garde d'amener (l   accusé ou le prévenu), l
quel   été introduit libre et sans fers devant le
conseil, accompagné de   défenseur officieux.

Interrogé de   nom, prénoms, âge, lieu de naissance, profession et domicile,

   répondu se nommer

      (*consigner les réponses*).

Après avoir donné connaissance (a   accusé *ou* a prévenu) des faits à   charge,   avoir fait prêter interrogatoire par l'organe de M. le président; après avoir entendu publiquement et séparément (*indiquer ici les témoins à charge et à décharge,* s'il y en a); lesdits témoins ayant, au préalable, prêté serment de parler sans haine et sans crainte, juré de dire la vérité, toute la vérité, rien que la vérité, et déclaré n'être parent, allié, ni serviteur des parties,

(*Indiquer ici que les pièces de conviction, s'il y en a, ont été représentées, et que la partie civile, s'il y en a une en cause, a été entendue*);

Ouï M. le rapporteur dans son rapport et ses conclusions, et (l   accusé ou le prévenu) dans moyens de défense, tant par   que par   défenseur officieux, lesquels ont déclaré n'avoir rien à ajouter à leurs moyens de défense, M. le président a demandé aux membres du conseil s'ils avaient des observations à faire : sur leur réponse négative, et avant d'aller aux opinions, il a ordonné au défenseur et (a   accusé ou au prévenu) de se retirer. L   accusé (*ou* le prévenu) été reconduit par l'escorte à la prison ; le rapporteur, le greffier et les assistans dans l'auditoire se sont retirés sur l'invitation du président.

Le conseil délibérant à huis clos, seulement en présence de M. le commissaire du roi

M. le président a posé 1   question ainsi qu'il suit :
(*S'il y a plusieurs crimes ou délits, poser pour cha-*
cun la question de culpabilité ; il faut également
la poser pour chacun des accusés ou des prévenus,
s'ils sont plusieurs).

Les voix recueillies séparément, en commençant par
le grade inférieur, M. le président ayant émis son opinion le dernier, le   conseil de guerre permanent déclare le (*nom et prénoms de l'accusé* ou *du prévenu*),
coupable de (*désigner les faits*).

Sur quoi M. le commissaire du roi ayant fait son réquisitoire, M. le président a lu le texte de la loi, et les voix
recueillies de nouveau dans la forme indiquée ci-dessus,
Le   conseil de guerre permanent, faisant droit audit réquisitoire ; attendu que les faits dont le   (*nom,*
prénoms) est déclaré coupable, ne sont défendus par
aucune loi pénale, L'ABSOUT de (l'accusation *ou* de la
prévention) dirigée contre lui ; (*Citer la loi* (1), *en*
transcrire le texte en entier.)

En conséquence, ordonne qu'il sera mis en liberté
s'il n'est retenu pour autre cause.
Enjoint au rapporteur de lire de suite le présent jugement a   absous, en présence de la garde rassemblée
sous les armes ; et, au surplus, de faire exécuter le présent jugement dans tout son contenu ; ordonne en outre
qu'il en sera envoyé, dans les délais prescrits par l'article 39 de la loi du 13 brumaire an 5, à la diligence de

---

(1) Article 364 du Code d'instruction criminelle.

MM. les président et rapporteur, une expédition tant à M. le ministre de la guerre, qu'à M. le général commandant la division, et au conseil d'administration d

Fait, clos et jugé sans désemparer, en séance publique, à (*le lieu*), les jour, mois et an que dessus ; et les membres du conseil ont signé, avec le rapporteur et le greffier, la minute du présent jugement.

(Ici les signatures des membres du conseil.)

Je certifie que le présent jugement a été lu a
le   mil huit cent   , à
heure d   , en présence de la garde rassemblée
sous les armes, assisté du greffier du conseil

    Le Greffier,   *Le Rapporteur,*

MANDONS et ORDONNONS, etc.

JUGEMENS

PAR CONTUMACE, PAR DÉFAUT.

Jugement rendu par le   conseil de guerre permanent de la   division militaire.

LOUIS-PHILIPPE, ROI DES FRANÇAIS, à tous présens et à venir, SALUT.

Le   conseil de guerre permanent de la   division militaire a rendu le jugement suivant :

DE PAR LE ROI.

Cejourd'hui   an mil huit cent

(*Pour le premier conseil, mettre :*) Le premier conseil de guerre permanent de la   division militaire, créé par la loi du 15 brumaire an 5, prorogé par l'arrêté des consuls du 25 messidor an 10, et composé, conformément à ladite loi (*ou conformément à la loi du 4 fructidor an 5, s'il s'agit d'officiers supérieurs*), de MM. (*noms, grades, corps auxquels ils appartiennent.*)

(*Pour le deuxième conseil, mettre :*) Le deuxième conseil de guerre permanent de la   division militaire, créé en vertu des articles 19 et 20 de la loi du 18 vendémiaire an 6, jugeant d'après les dispositions de la loi du 27 fructidor an 6, prorogé par l'arrêté des consuls du 25 messidor an 10, et composé, conformément à la loi du 15 brumaire an 5 (*ou conformément à la loi du 4 fruc-*

tidor an 5, *s'il s'agit d'officiers supérieurs*) , de MM.
(noms, grades, corps auxquels ils appartiennent);
M. (*nom, grade, corps*), faisant les fonctions de rapporteur, et M. (*nom, grade, corps*), faisant celles de commissaire du roi : tous nommés par M. le lieutenant général (*mettre le nom*) commandant la division militaire, assistés de M. (*nom*), greffier nommé par le rapporteur, et dûment assermenté.

Lesquels, aux termes des articles 7 et 8 de la loi du 13 brumaire an 5, ne sont parens ou alliés ni entre eux, ni d   prévenu   , aux degrés prohibés.

Le conseil, convoqué par l'ordre du commandant, s'est réuni dans le lieu ordinaire de ses séances (*désigner le lieu*),

A l'effet de juger (*mettre ici les nom, prénoms, âge, état, profession de l'accusé ou du prévenu, son lieu de naissance et son signalement*),

Contumax (*s'il s'agit de crime*), accusé de *(énoncer le crime ou les crimes);*

Défaillant (*s'il s'agit de délit*), prévenu de *(énoncer le délit ou les délits).*

La séance ayant été ouverte, M. le président a fait apporter par le greffier, et déposer devant lui sur le bureau, un exemplaire de la loi du 13 brumaire an 5, et a demandé ensuite au rapporteur la lecture du procès-verbal d'information et de toutes les pièces tant à charge qu'à décharge envers (l   accusé *ou* le   prévenu), au nombre de (*mettre le nombre de pièces*).

Cette lecture terminée, ouï M. le rapporteur dans son rapport et ses conclusions, M. le président a demandé

aux membres du conseil s'ils avaient des observations à
faire : sur leur réponse négative, et avant d'aller aux
opinions, il a ordonné au rapporteur, au greffier et aux
assistans dans l'auditoire de se retirer.

Le conseil délibérant à huis clos, seulement en présence de M. le commissaire du roi   , M. le
président a posé l   question ainsi qu'il suit :

(*Nom, prénoms*), CONTUMAX (*s'il s'agit de crime*);
DÉFAILLANT (*s'il s'agit de délit*), accusé ou prévenu de
*(s'il y a plusieurs crimes ou plusieurs délits, poser pour
chacun la question de culpabilité; il faut également la
poser pour chacun des accusés ou des prévenus, s'ils sont
plusieurs*).

Les voix recueillies séparément, en commençant par
le grade inférieur, M. le président ayant émis son opinion le dernier, le   conseil de guerre permanent déclare le (*nom, prénoms*), CONTUMAX (*s'il s'agit de crime*);
ou DÉFAILLANT (*s'il s'agit d'un délit*).

(*Désigner la majorité des voix, et énoncer la culpabilité*).

Sur quoi M. le commissaire du roi a fait son réquisitoire pour l'application de la peine; M. le président a lu
le texte de la loi; et les voix recueillies de nouveau dans
la forme indiquée ci-dessus,
Le   conseil de guerre permanent, faisant droit audit réquisitoire, condamne PAR CONTUMACE (*s'il s'agit de
crime*); PAR DÉFAUT (*s'il s'agit de délit*),
*(Indiquer si c'est à l'unanimité ou à la majorité dé-
terminée par la loi du 13 brumaire an 5; mettre ensuite
les nom, prénoms, profession, grade, régiment du condamné; puis la peine, et dire qu'elle est appliquée en*

vertu de l'article ou *des articles de* telle *loi* ou de tel *Code*, *dont le président a donné de nouveau lecture, et qui est* ou *qui sont textuellement transcrits dans le dispositif du jugement; condamner aux frais et transcrire le texte de la loi qui a dû être lu par le président.* — On doit appliquer les articles 1 et 3 de la loi du 18 germinal an 7).

(*Si le jugement doit être imprimé, mettre:*) Ordonne que le présent jugement sera imprimé, affiché et distribué au nombre de   exemplaires.

Et, conformément aux dispositions des articles 15 et 16, titre XIII, de la loi du 3 pluviôse an 2,

Enjoint au rapporteur de lire de suite le présent jugement en présence de la garde rassemblée sans armes; et, au surplus, de faire exécuter le présent jugement dans tout son contenu; ordonne, en outre, qu'il en sera envoyé, dans les délais prescrits par l'article 39 de la loi du 13 brumaire an 5, à la diligence de MM. les président et rapporteur, une expédition tant à M. le ministre de la guerre qu'à M. le général commandant la division, et au conseil d'administration d

Fait, clos et jugé sans désemparer, en séance publique, à (*le lieu*), les jour, mois et an que dessus; et les membres du conseil ont signé, avec le rapporteur et le greffier, la minute du présent jugement.

(Ici les signatures des membres du conseil).

Je certifie que le présent jugement a été lu le   mil huit cent   , à heure d   . Cette lecture faite en présence de la garde rassemblée sans armes, assisté du greffier du conseil.

Le Greffier,   *Le Rapporteur,*

EXÉCUTOIRE.

Vu la procédure instruite contre le nommé
et les frais d'icelle, dont
le détail suit :

1° Taxe des témoins entendus pendant le
cours de l'instruction, la somme de . . . . .

2° Indemnité du greffier exerçant près le
conseil de guerre . . . .

3° (*Quand il y a eu pourvoi de la part du
commissaire du roi :*) Indemnité du greffier
exerçant près le conseil permanent de révision, pour les frais d'écritures résultant du
pourvoi formé par   et la
décision qui s'en est suivie, le   ,
la somme de *douze francs;* ci . . . .

4°

5°

                              TOTAL. . . . . .

Vu le dispositif du jugement définitif et l'article 5 de
la loi du 18 germinal an 7, le président du   conseil de
guerre permanent de la   division militaire liquide les
frais, dont ci-dessus l'état, à la somme de
            , du montant de laquelle il délivre
le présent exécutoire, pour, le recouvrement de ladite
somme , être poursuivi sur les biens présens et à venir
du condamné, par les préposés de l'administration de
l'enregistrement et des domaines.

Mandons et ordonnons à tous huissiers sur ce requis de mettre le présent jugement à exécution, à nos procureurs généraux et à nos procureurs près les tribunaux de première instance d'y tenir la main, à tous commandans et officiers de la force publique de prêter main-forte, lorsqu'ils en seront requis.

Fait en la chambre du conseil de guerre susdit, à (*le lieu*), le..... (*date, mois, année*).

  Le Greffier,   *Le Colonel Président,*

CONSEILS DE RÉVISION.

DU POURVOI.

La loi du 18 vendémiaire an 6, a établi les
conseils de révision. Cette loi et celle du 15 brumaire an 6, ont déterminé le droit qui appartient
au condamné et au commissaire du roi d'attaquer
devant une juridiction supérieure les jugemens
des conseils de guerre ; mais aucune disposition
législative n'indique dans quelle forme le pourvoi
doit être formé.

L'usage a suppléé à cette omission ; on a cherché
généralement à imiter ce qui se pratique dans les
tribunaux ordinaires ; mais, le plus ou moins de
connaissance en législation, le plus ou moins
d'habitude ont toujours fait varier la forme du
pourvoi. A Paris, un mode nouveau mais excel-
lent, vient d'être adopté ; il est dû à l'inspecteur (1)
des prisons militaires de la capitale, nommé depuis la révolution de juillet ; ce mode prescrit par
un règlement dû aussi au même officier, consiste
dans un procès-verbal dressé par le concierge de

____

(1) **M. Millot de Beulmay**, officier d'état-major de la
1re division militaire.

la maison d'arrêt militaire de l'Abbaye, lequel fait comparaître le condamné devant lui, au greffe de la prison, et l'interpelle de déclarer s'il entend se pourvoir en révision. Sur la réponse affirmative, le procès-verbal est envoyé au greffe du conseil de guerre qui a rendu le jugement.

Ce mode doit être suivi dans toutes les divisions; il offre une garantie pour les condamnés.

Voici la formule des actes de pourvoi tant de la part du condamné, que de la part du commissaire du roi.

POURVOI DU CONDAMNÉ.

MAISON D'ARRÊT MILITAIRE
DE

L'AN mil huit cent   le (*date, mois*), à   heure   minute d

Nous , concierge de ladite maison d'arrêt militaire de   assisté du sieur (*nom*) notre greffier , avons mandé à notre greffe le nommé (*nom , prénoms , profession*) , détenu , condamné le (*date*) du présent mois , par le   conseil de guerre permanent de la division , à la peine de

en réparation du (*crime ou délit*) et l'avons interpellé de nous déclarer s'il entend ou non se pourvoir en révision contre le jugement de condamnation ci-dessus mentionné , dont lecture lui a été faite , conformément à la loi , ledit jour   à   heure minute d   , ainsi que cela résulte de l'avis à nous donné par M. le rapporteur dudit conseil de guerre.

Ledit   nous ayant déclaré qu'il (*indiquer s'il entend ou non se pourvoir*) contre ledit jugement , nous avons dressé le présent procès-verbal , qui a été signé , après lecture faite , par ledit comparant , par nous et notre greffier.

(*Si le comparant ne peut signer, il en est fait mention.*)

Fait au greffe de la maison d'arrêt militaire de les jour , mois , heure et an que dessus.

Nota. Ce procès-verbal est toujours individuel , lors même que le jugement est collectif.

POURVOI DU COMMISSAIRE DU ROI.

L'an mil huit cent   le (*date* , *mois*),
à   heure   minute d

Nous (*nom* , *prénoms* , *grade et corps*), commissaire du roi près le   conseil de guerre de la   division militaire , nommé par M. le lieutenant général (*mettre le nom*) commandant ladite division , et en la susdite qualité exerçant les fonctions du ministère public ,

Déclarons nous pourvoir en révision contre le jugement rendu le (*date*) du présent mois, qui . . . . . . (*Indiquer si le jugement* acquitte, *s'il* absout , *s'il* condamne contradictoirement, par contumace ou par défaut. *Désigner* l'acquitté , l'absous *ou* le condamné , *par ses nom* , *prénoms* , *profession. Mentionner la peine s'il y a condamnation. Quand il s'agit du jugement* avant faire droit, *ou de jugement* d'incompétence, *on l'indique.*)

Fait à (*le lieu*) , au greffe du   conseil de guerre (*celui qui a rendu le jugement*) , les jour , mois , heure et an que dessus.

(*Signature du commissaire du roi.*)

D'après les termes de l'article 13 de la loi du 18 vendémiaire an 6 , le pourvoi étant notifié au greffe du conseil de guerre qui a rendu le jugement attaqué , l'exécution de ce jugement est sus-

pendue; et *dans* les vingt-quatre heures de la notification de ce pourvoi, le conseil de guerre envoie les pièces de la procédure avec copie de son
jugement, au président du conseil de révision qui
est tenu de convoquer aussitôt les membres de ce
conseil.

La procédure, alors, se réduit à l'examen que
le rapporteur choisi par les membres du conseil
et parmi eux, est chargé de faire; examen dont
le résultat est exprimé par un rapport qui est lu
à l'audience, et qui ne doit jamais porter que sur
les formes prescrites par la loi, car le conseil de
révision ne peut connaître du fond des affaires.

Après le rapport, le défenseur, s'il s'agit du
pourvoi d'un condamné, et le commissaire du roi
dans ses réquisitions, sont entendus, le défenseur
du condamné ayant toujours la parole le dernier;
ensuite le conseil procède au jugement.

Il y a plusieurs genres de décisions:

Celle qui CONFIRME le jugement;

Celle qui ANNULE;

Celle qui REJETTE *le pourvoi* irrégulier ou formé
après les délais accordés par la loi;

Celle qui *accepte* le désistement du pourvoi.

Voici les formules de ces différentes décisions.

DÉCISION

QUI CONFIRME.

Décision du Conseil permanent de révision.

LOUIS-PHILIPPE, ROI DES FRANÇAIS, à tous présens
et à venir, SALUT :

Le conseil permanent de la   division militaire a
rendu la décision suivante :

DE PAR LE ROI.

Cejourd'hui   mil huit cent
Le conseil permanent de révision de la   division
militaire, établi en exécution de la loi du 18 vendémiaire an 6, prorogé par l'arrêté des consuls du 23 messidor an 10, et composé, conformément à ladite loi,
de MM. (*noms, grades, corps auxquels ils appartiennent*), tous nommés par M. le lieutenant général
(*le nom*), commandant la   division militaire, réunissant les conditions exigées par l'article 6 de la même
loi ; assisté du sieur (*le nom*) greffier nommé par le
président, en présence de M. (*nom, grade, corps*),
faisant les fonctions de commissaire du roi, d'après la
nomination du même lieutenant général commandant
la   division militaire, s'est réuni, sur la convocation du président, dans le lieu ordinaire de ses séances
(*désigner le lieu*), pour procéder sur la demande en
révision formée par (*nom, prénoms, qualité de celui
qui s'est pourvu en révision*), du jugement rendu le
(*date, mois, an*), par lequel le   conseil de guerre

permanent de la   division militaire (*mettre ici, sui-*
vant la nature du jugement, soit :

Jugeant avant faire droit , *ordonne*, etc.

Se déclarant incompétent , *renvoie*, etc.

Condamne contradictoirement , *ou* par contumace, *ou* par défaut. — *Désigner le condamné par ses nom, prénoms, profession, corps; indiquer la peine et le crime, ou le délit.*

Acquitte *ou* absout. — *Nom, prénoms, profession, corps de l'acquitté ou de l'absous.*)

Après que la séance a été ouverte, le président, ayant fait déposer sur le bureau les lois des 13 brumaire et 4 fructidor an 5, sur l'organisation des conseils de guerre , ainsi que celle du 18 vendémiaire an 6, sur l'organisation des conseils de révision, et l'arrêté des consuls du 23 messidor an 10, qui les proroge

a ensuite ordonné au greffier de lire l'acte de recours en révision; sur quoi le conseil, après avoir entendu le (défenseur, s'il se présente, et le commissaire du roi), considérant que ce recours a été fait dans les délais fixés par la loi, a dit qu'il y avait lieu de statuer.

Alors le greffier a donné lecture de toutes les pièces de la procédure, au nombre de (*mettre le nombre des pièces*).

Cette opération terminée, M. le   , l'un des membres du conseil, nommé rapporteur de cette affaire, par décision du (*date*), a été entendu,

(*Si le défenseur se présente, mettre qu'il a présenté ses observations.*)

M. le commissaire du roi a fait ses réquisitions, tendant à

Le conseil, après en avoir délibéré, considérant que le conseil de guerre était compétent, que l'information et l'instruction ont été régulièrement faites, et que la loi a été bien appliquée, déclare . . . . (à la majorité absolue ou à l'unanimité), que le susdit jugement est confirmé, et qu'il aura sa pleine et entière exécution.

Charge en conséquence le rapporteur de transmettre au conseil de guerre qui a rendu le jugement, la présente décision, avec toutes les pièces de la procédure.

Fait, jugé et prononcé sans désemparer, en séance publique, à (*le lieu*), les jour, mois et an que dessus.

(*Signature du président, des juges et du greffier.*)

Mandons et ordonnons, etc.

DÉCISION
QUI ANNULE.

Décision du Conseil permanent de révision.

LOUIS-PHILIPPE, ROI DES FRANÇAIS, à tous présens et à venir, SALUT.

Le conseil permanent de révision de la   division militaire a rendu la décision suivante :

DE PAR LE ROI.

Cejourd'hui   mil huit cent

Le conseil permanent de révision de la   division militaire, établi en exécution de la loi du 18 vendémiaire an 6, prorogé par l'arrêté des consuls du 25 messidor an 10, et composé, conformément à ladite loi, de MM. (*noms, grades, corps auxquels ils appartiennent*), tous nommés par M. le lieutenant général (*le nom*), commandant la   division militaire, réunissant les conditions exigées par l'art. 6 de la même loi; assisté du sieur (*le nom*), greffier nommé par le président, en présence de M. (*nom, grade, corps*), faisant les fonctions de commissaire du roi, d'après la nomination du même lieutenant général commandant la   division militaire, s'est réuni, sur la convocation du président, dans le lieu ordinaire de ses séances, à (*désigner le lieu*), pour procéder sur la demande en révision formée par (*nom, prénoms, qualité de celui qui s'est pourvu en révision*), du jugement rendu le (*date, mois, an*), par lequel le   conseil de guerre permanent de la   division militaire (*mettre ici, suivant la nature du jugement, soit :*

Jugeant avant faire droit, *ordonne*, etc.

Se déclarant incompétent, *renvoie*, etc.

Condamne contradictoirement, *ou* par contumace, *ou* par défaut. — *Désigner le condamné par ses nom, prénoms, profession, corps ; indiquer la peine et le crime, ou le délit.*

Acquitte *ou* absout. — *Nom, prénoms, profession, corps de l'acquitté ou de l'absous.*)

Après que la séance a été ouverte, le président, ayant fait déposer sur le bureau les lois des 13 brumaire et 4 fructidor an 5, sur l'organisation des conseils de guerre, ainsi que celle du 18 vendémiaire an 6, sur l'organisation des conseils de révision, et l'arrêté des consuls du 23 messidor an 10, qui les proroge

a ensuite ordonné au greffier de lire l'acte de recours en révision ; sur quoi le conseil, après avoir entendu le (défenseur, s'il se présente, et le commissaire du roi), considérant que ce recours a été fait dans les délais fixés par la loi, a dit qu'il y avait lieu de statuer.

Alors le greffier a donné lecture de toutes les pièces de la procédure, au nombre de (*mettre le nombre des pièces*).

Cette opération terminée, M. le   , l'un des membres du conseil, nommé rapporteur de cette affaire, par décision du (*date*), a été entendu,

(*Si le défenseur se présente, mettre qu'il a présenté ses observations.*)

M. le commissaire du roi a fait ses réquisitions, tendant à

Le conseil, après en avoir délibéré, considérant....
(*Mettre ici les motifs pour l'annulation du jugement; établir que les causes d'annulation rentrent dans les dispositions de l'article 16 de la loi du 18 vendémiaire an 6; citer en entier le texte de la loi violée;*)

Annule (*désigner ici, soit le jugement, soit l'acte nul dans l'instruction ou dans la procédure, et annuler par suite tout ce qui s'est ensuivi*), en vertu des articles 16 et 17 de la loi du 18 vendémiaire an 6, ainsi conçu (*transcrire en entier les deux articles*) : renvoie toutes les pièces du procès et (l'accusé ou le prévenu), devant *désigner le conseil de guerre ou le tribunal ordinaire qui doit en connaître, quand il s'agit d'incompétence.*

Charge le rapporteur de transmettre à qui de droit, dans les vingt-quatre heures, la présente décision avec les pièces de la procédure; charge également ledit rapporteur d'adresser copie de ladite décision tant au ministre de la guerre, qu'au conseil de guerre qui a rendu le jugement.

Fait, jugé et prononcé sans désemparer, en séance publique à (*le lieu*), les jour, mois et an que dessus.

(*Signatures du président, des juges et du greffier.*)

MANDONS ET ORDONNONS, etc.

DÉCISION

QUI REJETTE UN POURVOI,

OU QUI ACCEPTE UN DÉSISTEMENT.

Décision du Conseil permanent de révision.

LOUIS-PHILIPPE, ROI DES FRANÇAIS, à tous présens et à venir, SALUT.

Le conseil permanent de révision de la   division militaire a rendu le décision suivante :

DE PAR LE ROI.

Cejourd'hui   mil huit cent

Le conseil permanent de révision de la   division militaire, établi en exécution de la loi du 18 vendémiaire an 6, prorogé par l'arrêté des consuls du 23 messidor an 10, et composé, conformément à ladite loi, de MM. (*noms, grades, corps auxquels ils appartiennent*) : tous nommés par M. le lieutenant général (*le nom*) commandant la   division militaire, réunissant les conditions exigées par l'art. 6 de la même loi, assisté du sieur (*le nom*), greffier nommé par le président, en présence de M. (*nom, grade, corps*), faisant les fonctions de commissaire du roi, d'après la nomination du même lieutenant général commandant la   division militaire, s'est réuni, sur la convocation du président, dans le lieu ordinaire de ses séances, à (*désigner le lieu*), pour procéder sur la demande en révision formée par... (*nom, prénoms, qualité de celui qui s'est pourvu en révision*) du jugement rendu le (*date, mois, an*), par lequel le conseil de guerre permanent de la   division militaire *(indiquer ici la nature du jugement. — Voir les formules précédentes)*.

Après que la séance a été ouverte, le président ayant fait déposer sur le bureau les lois des 13 brumaire et 4 fructidor an 5, sur l'organisation des conseils de guerre, ainsi que celle du 18 vendémiaire an 6, sur l'organisation des conseils de révision, et l'arrêté des consuls du 23 messidor an 10, qui les proroge ;

A ensuite ordonné au greffier de lire l'acte de recours en révision (1) ; sur quoi le conseil, après avoir entendu

---

(1) S'il s'agit d'un désistement donné par celui qui s'était pourvu, on mettra ainsi :

« A ensuite ordonné au greffier de lire l'acte de recours en ré-
« vision ; sur quoi le conseil, après avoir entendu le commissaire
« du roi, considérant que ce recours a été fait dans les délais fixés
« par la loi, a dit qu'il y avait lieu de statuer.

« Alors le greffier a donné lecture d'un acte dudit (*nom de ce-*
« *lui qui s'est pourvu*), portant désistement du pourvoi qu'il a no-
« tifié le (*date, mois*) ; ledit acte enregistré au greffe du conseil
« sous le n°

« Cette opération terminée, M. le (*nom, grade*), l'un des mem-
« bres du conseil, nommé rapporteur de cette affaire, par décision
« du (*date, mois*), a été entendu,

« M. le commissaire du roi a fait ses réquisitions, tendant à
« l'acceptation dudit désistement.

« Le conseil, après en avoir délibéré, faisant droit auxdites ré-
« quisitions, considérant que le recours en révision de la part d'un
« condamné est un droit particulier dont il use dans son propre
« intérêt ; qu'il a la faculté d'y renoncer, s'il le juge convenable,
« déclare, à l'unanimité, qu'il accepte le désistement dudit (*nom*
« *grade, corps*), et que le pourvoi est nul et non avenu.

« En conséquence, charge le rapporteur, etc. »

le... (défenseur, *s'il se présente,* et le commissaire du roi); considérant (1) que ce recours n'a pas été fait dans les délais fixés par la loi (*en établir la preuve*),

A dit qu'il n'y avait pas lieu de statuer.

En conséquence, le conseil permanent de révision rejette le pourvoi formé par (*nom, prénoms, qualité de celui qui s'est pourvu*), et ordonne que le jugement attaqué aura sa pleine et entière exécution ;

Charge le rapporteur de se conformer aux dispositions du premier paragraphe de l'article 22 de la loi du 18 vendémiaire an 6.

Fait, jugé et prononcé sans désemparer, en séance publique, à (*le lieu*), les jour, mois et an que dessus).

(Signatures du président, des juges et du greffier.)

Mandons et ordonnons, etc.

---

(1) S'il s'agit d'un pourvoi irrégulièrement formé, mettre : *considérant que ce recours a été irrégulièrement formé en ce que* (indiquer en quoi le recours est irrégulier).

En conséquence, le conseil permanent de révision rejette le pourvoi, etc., etc.

Au sujet des formules, nous devons faire une dernière observation.

L'arrêté du 8 frimaire an 6 donne pour septième formule, le modèle d'une décision du conseil de révision, portant renvoi au Roi d'une affaire dans laquelle le second jugement est attaqué au fond par les mêmes moyens que le premier déjà annulé.

Cette formule doit être entièrement retranchée ; les conseils de révision feraient une fausse application de la loi s'ils rendaient des jugemens de cette nature. En effet, cette formule prescrit le renvoi au Roi, en vertu de l'article 25 de la loi du 18 vendémiaire an 6, qui est ainsi conçu :

« Lorsqu'après une annulation, le second ju-
« gement sur le fond est attaqué par les mêmes
« moyens que le premier, la question ne peut plus
« être agitée au conseil de révision ; elle est sou-
« mise au corps législatif, qui porte une loi à
« laquelle le conseil de révision est tenu de se
« conformer. »

Cet article fut implicitement mais entièrement abrogé la même année, par la loi du 29 prairial an 6, parce qu'on sentit l'impossibilité d'en référer au corps législatif qui se serait trouvé alors transformé en tribunal suprême appelé à rétablir le cours de la justice, en rendant, au lieu d'un jugement, une loi spéciale à la difficulté soumise, dont le moindre défaut eût été de contenir un principe opposé à celui de toute loi, en général, qui ne dispose jamais que pour l'avenir, tandis que dans le cas dont il s'agit, la loi eût statué sur le passé.

La loi du 29 prairial an 6 est conçue en ces termes :

ART. 1er. « En cas d'annulation d'un jugement
« rendu par un conseil de guerre établi par l'ar-
« ticle 19 de la loi du 18 vendémiaire dernier, le
« prévenu sera renvoyé, dans les trois jours, avec
« les pièces du procès et la décision du conseil
« de révision, devant le premier conseil de guerre
« d'une des divisions militaires les plus voisines,
« pour qu'il soit procédé à une nouvelle instruc-
« tion.

« 2. La décision du conseil de révision désignera
« le conseil de guerre auquel le renvoi doit être
« fait.

« 3. La disposition de l'article premier est ap-
« plicable aux jugemens rendus depuis le 18 ven-
« démiaire dernier, et qui se trouvent dans le cas
« prévu par le même article.

« Le directoire exécutif prendra les mesures
« nécessaires pour envoyer sans délai les pré-
« venus devant les conseils de guerre des divisions
« militaires les plus voisines de celles où ils ont
« été jugés. »

La simple lecture de ces articles suffit pour

prouver l'abrogation de l'article 23 de la loi du 18 vendémiaire an 6 ; cependant comme cette abrogation n'y est pas formellement exprimée, des esprits tout d'une pièce, qui ne voient jamais qu'une seule loi, qui ne comprennent jamais qu'un seul sens et qui ne conçoivent qu'une seule idée, s'imaginèrent que cette loi ne concernait point le cas prévu par l'article 23 de la loi du 18 vendémiaire an 6, et qu'il n'y avait lieu à renvoyer devant le premier conseil de guerre d'une division voisine, que quand la seconde annulation prononcée par le conseil de révision, était basée sur des motifs nouveaux, sur des moyens différens de ceux qui avaient fondé la première annulation.

Un avis du conseil d'état du 5 germinal an 11, approuvé par le premier consul le 10 du même mois, vint détruire cette doctrine erronée, et prescrire l'application de la loi du 29 prairial an 6.

Cet avis du conseil d'état est ainsi conçu :

CONSEIL D'ÉTAT.

Extrait du Registre des Délibérations.

Séance du 5 germinal, an 11 de la république.

AVIS.

Le conseil d'état, d'après le renvoi du gouvernement d'un rapport du grand-juge ministre de la justice sur la question de savoir si, dans le cas où un militaire déjà condamné pour crime par un premier conseil de guerre, ayant obtenu l'annulation de ce jugement par le conseil de révision, oppose encore les mêmes moyens de nullité sur le jugement du second conseil de guerre, il doit en être référé au corps législatif.

Est d'avis que l'organisation du corps législatif et le mode actuel de formation de la loi ne permettent plus les référés au corps législatif; que, par conséquent, l'article 23 de la loi du 18 vendémiaire an 6, est implicitement abrogé.

La forme de procéder pour le cas qui a donné lieu à la question est d'ailleurs clairement établie par l'article 1er de la loi du 29 prairial an 6, qui veut qu'en cas d'annulation d'un jugement rendu par un conseil de guerre établi par l'article 19 de la loi du 18 vendémiaire, le prévenu soit renvoyé, dans les trois jours, devant le premier conseil de guerre d'une des divisions militaires les plus voisines, pour y être procédé à une nouvelle instruction, sauf le recours, s'il y a lieu, par la suite, au tribunal de cassation.

Pour extrait conforme,

Le secrétaire général du conseil d'état,

J. G. Locré.

Approuvé le 10 germinal an 11.

Le premier consul, Signé BONAPARTE.

Par le premier consul :

Le secrétaire d'état, Hugues B. Maret.

L'interprétation donnée par cet avis du conseil d'état, était assez claire et assez précise, pour que l'on dût supposer que les conseils de révision se conformeraient aux dispositions, dès-lors certaines, de la loi du 29 prairial an 6 ; il n'en fut pas ainsi. L'habitude de ne voir qu'une seule loi, fit oublier la loi du 29 prairial an 6 et l'avis du conseil d'état du 10 germinal an 11, pour ne suivre que l'article 23 de la loi du 18 vendémiaire an 6. La septième formule de l'arrêté du 8 frimaire an 6, reproduite par *le Guide des Juges militaires*, ouvrage utile mais qui ne signale pas tous les écueils de la législation spéciale qu'il renferme, contribua à entretenir l'erreur ; ensuite la loi du 30 juillet 1828, sur l'interprétation des lois, rendue seulement pour la cour de cassation, fut appliquée par les conseils de révision qui crurent qu'elle les concernait, en sorte qu'il s'établit bientôt une jurisprudence fondée sur l'article 23 de la loi du 18 vendémiaire an 6, combiné avec la loi du 30 juillet 1828, que la cour de cassation fut appelée à réformer.

En effet, par deux arrêts du 18 août 1831, cette cour consacre la doctrine que nous avons exposée plus haut. Elle déclare la loi du 30 juillet 1828 inapplicable aux tribunaux militaires ; l'article 23 de la loi du 18 vendémiaire an 6 abrogé par la loi du 29 prairial de la même année, et rappelle les termes de l'avis du conseil d'état du

10 germinal an 11, comme contenant l'interprétation légale et positive de la loi du 29 prairial an 6.

Voici la teneur de ces deux arrêts.

LOUIS-PHILIPPE, ROI DES FRANÇAIS, à tous présens et à venir, SALUT.

La cour de cassation a rendu les deux arrêts suivans sur le réquisitoire dont suit la teneur :

A LA COUR DE CASSATION.

Chambre criminelle.

Le procureur général expose qu'il est chargé par M. le garde des sceaux, ministre de la justice, en vertu de l'article 441 du Code d'instruction criminelle, de requérir l'annulation de deux décisions rendues, le 25 mars 1830, par le conseil de révision de la 3ᵉ division militaire, dans l'affaire des nommés *Beusses*, carabinier, et *Portugal*, dragon.

La lettre du garde des sceaux, en date du 29 juin 1831, est ainsi conçue :

« Monsieur le procureur général, je vous transmets avec les pièces de la procédure, deux décisions rendues le 25 mars 1830, par le conseil de révision de la 3ᵉ division militaire, dans les affaires des nommés *Beusses*, carabinier au 2ᵉ bataillon, et *Portugal*, dragon au 2ᵉ régiment.

« Ces militaires ont été poursuivis pour avoir déserté à l'intérieur en emportant des effets fournis par l'état.

« Le premier conseil de guerre de la 3e division militaire, par deux jugemens du 10 février 1830, les a déclarés coupables; mais il a décidé en même temps que leur délit se trouvait couvert par la prescription ordinaire de trois ans, établie par l'article 638 du Code d'instruction criminelle.

« Ces deux jugemens ont été déférés au conseil de révision qui les a annulés le 23 février, par le motif que la prescription du délit de désertion est de 10 ans, aux termes de l'article 89 de la loi du 29 octobre 1790, et que, dans l'espèce, ce délai n'était point expiré. »

Le 2e conseil de guerre, appelé à statuer le 6 mars 1830, a jugé, comme le premier, que le délit était prescrit, attendu qu'il y avait lieu d'appliquer l'article 638 du Code d'instruction criminelle.

« Le capitaine faisant les fonctions de procureur du roi, s'est pourvu en révision, en se fondant sur les mêmes moyens qui avaient déterminé la cassation des deux premiers jugemens.

« Le 25 mars 1830, il a été statué sur ces deux nouveaux pourvois dans les termes suivans :

« Le conseil de révision, vu l'article 23 de la

loi du 18 vendémiaire an 6, et l'article 1er de la loi du 30 juillet 1828, ainsi conçus :

« 23. Lorsqu'après une annulation, le deuxième « jugement sur le fond est attaqué par les mêmes « moyens que le premier, la question ne peut plus « être agitée au conseil de révision. »

ART. 1er. « Lorsqu'après la cassation d'un pre- « mier arrêt ou jugement en dernier ressort, le « second arrêt ou jugement rendu dans la même « affaire entre les mêmes parties est attaqué par « les mêmes moyens que le premier, la cour de « cassation prononce, toutes les chambres réu- « nies. »

« Et attendu que le premier jugement..... a été « cassé et annulé pour fausse application de la « loi, et que le deuxième jugement est attaqué « par la même voie.

« Déclare à l'unanimité qu'il en sera référé à « Sa Majesté, et qu'en conséquence, toutes les « pièces de la procédure, ainsi que les copies des « jugemens et décisions intervenues dans cette « affaire, seront adressées à M. le ministre de la « guerre, et que les choses demeureront ainsi en « l'état où elles sont, jusqu'à la décision qui sera « ultérieurement prise à cet égard. »

« Cette décision me paraît être, sous plusieurs rapports, contraire à la loi.

« Et d'abord, on ne saurait appliquer à l'affaire

dont il s'agit les dispositions de la loi du 3o juillet 1828. »

Aux termes de cette loi, la cour de cassation ne peut prononcer, toutes les chambres réunies, que sur les affaires dont elle a déjà été saisie précédemment : or, dans l'espèce, ce serait la première fois que cette cour se trouverait appelée à statuer. D'ailleurs, lors de la discussion de la loi de 1828 à la chambre des députés, il a été positivement expliqué qu'elle était étrangère aux tribunaux militaires et maritimes.

« C'est également à tort que les deux décisions du 25 mars ont été basées sur l'article 23 de la loi du 18 vendémiaire an 6, article qu'on aurait dû citer en entier et qui est ainsi conçu :

« Lorsqu'après une annulation, le second jugement sur le fond est attaqué par les mêmes moyens que le premier, la question ne peut plus être agitée au conseil de révision ; elle est soumise au corps législatif qui porte une loi à laquelle le conseil de révision est tenu de se conformer.

D'après les principes de notre droit actuel, l'interprétation d'une loi, par cela seul qu'elle est *législative*, ne peut avoir le caractère de jugement ; elle dispose pour l'avenir et non pour le passé. Par conséquent, l'article qu'on vient de citer est devenu totalement inapplicable.

« Dès l'époque de la promulgation de cette loi

du 18 vendémiaire, on ne tarda pas à s'apercevoir des inconvéniens attachés à de trop fréquens référés au corps législatif, inconvéniens qui se faisaient sentir surtout en matière de délits militaires. Pour éviter les lenteurs que cette marche devait entraîner, on rendit le 29 prairial an 6 une loi qui porte :

Art. 1er. « En cas d'annulation d'un jugement
« rendu par un conseil de guerre établi par l'ar-
« ticle 19 de la loi du 18 vendémiaire dernier
« (c'est-à-dire par un 2e conseil de guerre), le
« prévenu sera renvoyé dans les trois jours avec
« les pièces du procès et la décision du conseil
« de révision, devant le conseil de guerre d'une
« des divisions militaires les plus voisines, pour
« qu'il soit procédé à une nouvelle instruction. »

« 2. La décision du conseil de révision délé-
« guera le conseil de guerre auquel le renvoi
« doit être fait.

« Il résulte de l'article 1er que le premier conseil de guerre de la division voisine, *juge en dernier ressort*, et qu'il ne peut être attaqué que par le recours en cassation selon les règles ordinaires, c'est-à-dire pour cause d'incompétence ou d'excès de pouvoir, opposés par un citoyen non militaire ni assimilé aux militaires.

« Il faut remarquer aussi que cet article ne parle plus de la nécessité d'un référé au corps législatif, dans le cas où les moyens de nullité allégués contre le jugement du deuxième conseil de guerre, sont les mêmes que ceux qui ont déterminé l'annulation du premier jugement.

« Cependant comme cette loi du 29 prairial n'a pas rapporté expressément l'article 23 précité de la loi du 18 vendémiaire, on aurait pu en conclure que le renvoi au conseil de guerre d'une division voisine ne devait avoir lieu que lorsque la deuxième annulation prononcée par le conseil de révision était fondée sur des moyens *autres* que ceux qui avaient été opposés au jugement du premier conseil de guerre.

Cette fausse interprétation a été formellement proscrite par un avis du conseil d'état du 5 germinal an 11, approuvé le 10 du même mois par le premier consul. Cet avis porte que l'organisation du corps législatif et le nouveau mode de formation de la loi ne permettent plus les référés au corps législatif ; que, par conséquent, *l'article 23 de la loi du 18 vendémiaire an 6 est implicitement abrogé;* que si un militaire déjà condamné par un premier conseil de guerre et qui a obtenu l'annulation de ce jugement, oppose encore les mêmes moyens de nullité, sur le jugement du 2ᵉ conseil de guerre, on doit suivre la marche tracée par l'article 1ᵉʳ de la loi du 29 prairial qui veut que le prévenu soit renvoyé devant le premier conseil de guerre d'une des divisions les plus voisines pour y être procédé à une nouvelle instruction, sauf le recours, s'il y a lieu, par la suite, au tribunal de cassation.

« Je pense donc que le conseil de révision de la 3e division militaire a faussement appliqué l'article 1er de la loi du 30 juillet 1828, et l'article 23 de la loi du 18 vendémiaire an 6, et violé les articles 1er et 2 de la loi du 29 prairial an 6, interprétés par l'avis du conseil d'état du 5 germinal an 11.

« *En conséquence je vous charge, conformément à l'article 441 du Code d'instruction criminelle, de dénoncer à la cour de cassation les deux décisions du 25 mars 1830, d'en requérir l'annulation et de demander, par suite, le renvoi des prévenus et des pièces de la procédure devant le conseil de guerre d'une des divisions militaires les plus voisines de la 3e.*

« Cette annulation pourra ainsi être prononcée non seulement dans l'intérêt de la loi, mais encore dans l'intérêt des parties, afin de rétablir le cours de la justice qui se trouve interrompu et de mettre un terme à la détention des prévenus.

A la vérité, la cour de cassation a refusé, le 2 avril dernier, de casser autrement que dans l'intérêt de la loi, un arrêt de la chambre d'accusation de la cour royale de Toulouse, que vous lui aviez déféré par mon ordre, en vertu de l'article 441 du Code d'instruction criminelle. Cette dé-

cision de la cour de cassation est fondée, sur ce
que l'article 441 ne porte pas que l'annulation
changera l'état des parties ; et, d'ailleurs, sur ce
que le législateur n'a point fixé le délai passé lequel le ministre de la justice ne pourra plus provoquer la cassation.

« Mais il était inutile que l'article 441 autorisât
formellement l'annulation, dans *l'intérêt des
parties*, puisque cet effet résulte du droit commun,
et que l'article suivant n'a pu établir, à cet égard,
une disposition exceptionnelle, qu'en exprimant
formellement, *que les parties ne pourront se
prévaloir de la cassation.*

« L'objection relative à l'omission du délai est
sans doute fort grave, lorsqu'il s'agit de faire annuler des jugemens définitifs qui ont terminé le
cours d'une instance. Mais cette objection paraît
étrangère aux actes judiciaires, aux jugemens et
arrêts préparatoires, interlocutoires ou de compétence, qui n'ont point encore été suivis d'une
décision finale, passée en force de chose jugée.
Ces jugemens ou arrêts, n'ayant point déterminé
la position des parties d'une manière irrévocable,
la cour de cassation peut, sans inconvénient, les
annuler, s'ils ont été rendus contrairement à la
loi.

» La cour de cassation a elle-même jugé conformément à ce principe, dans une foule de cas où
le procureur général avait requis la cassation sur

l'ordre du ministre de la justice, en vertu de l'article 441.

« Ainsi le 21 mai 1813, elle annula une ordonnance du président des assises de la Manche, portant que l'accusé Mariette serait extrait, sur sa demande, de la maison de justice et conduit à Paris, pour y chercher des papiers utiles à sa défense; l'accusé fut de plus renvoyé devant une autre cour d'assises, pour qu'il fût statué de nouveau sur sa demande.

» Le 22 juillet 1830, elle cassa un arrêt de la chambre d'accusation de la cour royale de Riom, qui avait renvoyé les nommés Horand devant une autre cour d'assises que celle de leur département, et cette cassation ne fut point prononcée seulement dans l'intérêt de la loi.

« Le 15 mars 1822, un jugement d'incompétence du 1er conseil de guerre de la 16e division militaire, fut annulé par la cour de cassation, sauf à exercer, dit l'arrêt, *telle poursuite qu'il pourra y avoir lieu, ainsi qu'il appartiendra.*

« Enfin, le 5 février 1824, trois jugemens d'incompétence rendus par le 2e conseil de guerre de la division des Pyrénées-Orientales, furent annulés par la cour de cassation, qui renvoya l'affaire devant un autre conseil de guerre : « at-
« tendu que l'article 441 a remplacé, pour les
« matières criminelles, l'article 80 de la loi du 27
« ventôse an 8, qui n'aurait autorisé la cassation

« que dans l'intérêt de la loi ; qu'il n'a pas main-
« tenu cette exclusion ; qu'il l'a donc exclue ; que
« cet article   a formé un droit nouveau et
« d'ordre public, qu'il doit surtout être exécuté
« dans la généralité de sa disposition , lorsque,
« comme dans l'espèce , il ne s'agit pas d'anéan-
« tir au préjudice des parties intéressées un ju-
« gement rendu sur le fond , mais seulement de
« rendre à la justice son cours, en fixant la véri-
« table règle des juridictions.

« Ce dernier motif est particulièrement applicable aux nommés Beusses et Portugal , puisqu'il
ne s'agit pas d'anéantir à leur préjudice un jugement rendu sur le fond , mais de rétablir le cours
de la justice et de mettre les tribunaux à même
de statuer sur le sort de deux militaires privés de
leur liberté. »

Ce considéré, il plaise à la cour, vu la lettre
de M. le garde des sceaux , en date du 29 juin 1831,
vu l'article 441 du Code d'instruction criminelle ,
annuler les deux décisions du 25 mars 1830 , et
renvoyer les prévenus et les pièces de la procédure devant le conseil de guerre d'une des divisions les plus voisines de la troisième , qu'il plaira
à la cour d'ordonner.

Fait au parquet, le 18 juillet 1831.

Pour M. le Procureur général , absent ,

Signé , JOUBERT *, premier avocat général.*

Ouï M. Brière, conseiller, en son rapport, M. Dupin aîné, procureur général, en ses conclusions, sur son réquisitoire, et à ce qu'il soit statué à l'égard des deux prévenus par arrêts distincts ;

Après en avoir délibéré dans la chambre du conseil,

Vu l'article 441 du Code d'instruction criminelle.

Statuant sur le réquisitoire du procureur général en la cour, présenté en vertu de cet article, d'après l'ordre de M. le garde des sceaux, ministre de la justice ;

Attendu que les deux affaires étant semblables, mais non connexes, il doit être statué par arrêts distincts ;

En ce qui concerne le jugement relatif à Pierre Portugal ;

Attendu que le conseil permanent de révision de la troisième division militaire, au lieu de prononcer sur le mérite du jugement du deuxième conseil de guerre permanent, rendu le 6 mars 1830, par lequel Pierre Portugal, soldat au deuxième régiment de dragons, est acquitté de l'accusation de désertion portée contre lui et renvoyé à son corps, a référé de sa décision au Roi, et sursis usqu'alors à statuer sur le jugement de ce conseil de guerre ;

Qu'il a fondé cette manière de juger sur l'article 23 de la loi du 18 vendémiaire an 6, et l'article 1er de la loi du 30 juillet 1828 ;

Mais attendu que la disposition de l'article 23 de la loi du 18 vendémiaire an 6, ordonnant un référé préalable au Corps législatif, est inconciliable avec l'état actuel de la législation, et que la loi du 30 juillet 1828 est étrangère par toutes ses dispositions aux tribunaux militaires.

Que par conséquent, en s'autorisant de ces dispositions, le jugement attaqué les a indûment et mal à propos appliquées à l'espèce ; que par suite, le conseil de révision a méconnu les règles de la compétence qui lui imposaient l'obligation de statuer ;

Attendu enfin, que, dès qu'il n'a pas été statué sur le mérite du jugement du deuxième conseil de guerre permanent, il écheoit pour rétablir le cours suspendu de la justice, de renvoyer devant un autre conseil de révision pour prononcer.

Par ces motifs, la cour casse et annule le jugement du conseil permanent de révision de la troisième division militaire, du 25 mars 1830, rendu dans le procès de Pierre Portugal, soldat au deuxième régiment de dragons ; et pour être statué sur le recours du procureur du roi contre le jugement du deuxième conseil de guerre permanent de la même division, rendu le 6 du même mois, renvoie Pierre Portugal en l'état qu'il est, et les pièces du procès, devant le conseil permanent de révision de la cinquième division militaire, pour ce déterminé par délibération spéciale prise en la chambre du conseil, et par suite, s'il y écheoit, dans l'ordre hiérarchique des tribunaux militaires de la même division.

Ordonne qu'à la diligence du procureur général en la cour, le présent arrêt sera imprimé, transcrit sur le registre du conseil permanent de révision de la troisième division militaire, et notifié à qui de droit.

Ainsi jugé et prononcé par la chambre criminelle de la cour de cassation, en son audience publique du 18 août 1831, présens MM. OLLIVIER, conseiller, faisant fonctions de président; BRIÈRE, rapporteur; MEYRONNET DE SAINT-MARC, CHANTEREYNE, GILBERT DES VOISINS, DE RICARD, DE CROUSEILHES, CHAUVEAU-LAGARDE, ROCHER, ISAMBERT et BONNET, ce dernier appelé pour compléter, conseillers en la cour.

Ouï M. Brière, conseiller, en son rapport, M. Dupin aîné, procureur général, en ses conclusions sur son réquisitoire, et à ce qu'il soit statué à l'égard des deux prévenus par arrêts distincts.

Après en avoir délibéré dans la chambre du conseil;

Vu l'article 441 du Code d'instruction criminelle;

Statuant sur le réquisitoire du procureur général en la cour, présenté en vertu de cet article, et d'après l'ordre de M. le garde des sceaux, ministre de la justice ;

Attendu que ces deux affaires étant semblables et non connexes, il doit être statué par arrêts distincts.

En ce qui concerne le jugement relatif à Pierre Beusses,

Attendu que le conseil permanent de révision de la troisième division militaire, au lieu de prononcer sur le mérite du jugement du deuxième conseil de guerre permanent, rendu le 6 mars 1830, par lequel Pierre Beusses, soldat au 13e régiment d'infanterie de ligne, est acquitté de l'accusation de désertion portée contre lui, et renvoyé à son corps, a référé de sa décision au Roi, et sursis jusqu'alors à statuer sur le jugement de ce conseil de guerre ;

Qu'il a fondé cette manière de juger sur l'article 25 de la loi du 18 vendémiaire an 6, et l'article 1er de la loi du 30 juillet 1828 :

Mais attendu que la disposition de l'article 23 de la loi du 18 vendémiaire an 6 ordonnant un référé préalable au Corps législatif, est inconciliable avec l'état actuel de la législation, et que la loi du 30 juillet 1828 est étrangère, par toutes ses dispositions, aux tribunaux militaires ;

Que par conséquent, en s'autorisant de ses dispositions, le jugement attaqué les a indûment et mal à propos appliquées à l'espèce ; que, par suite, le conseil de révision a méconnu les règles de la compétence, qui lui imposaient l'obligation de statuer ;

Attendu enfin, que, dès qu'il n'a pas été statué sur le mérite du jugement du deuxième conseil de guerre permanent, il écheoit pour rétablir le cours suspendu de la justice, de renvoyer devant un autre conseil de révision pour y prononcer :

Par ces motifs, la cour casse et annule le jugement du conseil permanent de révision de la troisième division militaire, du 25 mars 1830, rendu dans le procès de Pierre Beusses, soldat au treizième régiment d'infanterie de ligne ; et pour être statué sur le recours du procureur du roi, contre le jugement du deuxième conseil de guerre permanent de la même division, rendu le 6 du même mois, renvoie Pierre Beusses, en l'état qu'il est, et les pièces du procès, devant le conseil permanent de révision de la cinquième division militaire, pour ce déterminé par délibération spéciale prise en la chambre du conseil, et par suite, s'il y écheoit, dans l'ordre hiérarchique des tribunaux militaires de la même division.

Ordonne qu'à la diligence du procureur général en la cour, le présent arrêt sera imprimé, transcrit sur les registres du conseil permanent de révision de la troisième division militaire, et notifié à qui de droit.

20*

Ainsi jugé et prononcé par la chambre criminelle de la cour de cassation, en son audience publique du 18 août 1831, présens MM. Olivier, conseiller, faisant fonctions de président; Brière, rapporteur; Meyronnet de Saint-Marc, Gilbert de Voisins, Chantereyne, de Ricard, de Crouseilhes, Chauveau-Lagarde, Rocher, Isambert et Bonnet, ce dernier appelé pour compléter, conseillers en la cour.

Mandons et ordonnons à tous huissiers sur ce requis, de mettre lesdits arrêts à exécution, à nos procureurs généraux et à nos procureurs près les tribunaux de première instance, d'y tenir la main; à tous commandans et officiers de la force publique de prêter main-forte lorsqu'ils en seront légalement requis;

En foi de quoi lesdits arrêts ont été signés par le président de la cour et le greffier.

FIN.

TABLE

ANALYTIQUE ET GÉNÉRALE.

DES MATIÈRES.

A.

E.

F.

G.

H.

I.

J.

M.

N.

O.

P.

Police générale, 97, 98, 99, 209.

— judiciaire, 97, 98, 99, 209.

— la gendarmerie en est chargée, 97, 98, 99, 209.

— les voltigeurs corses l'exercent dans l'île de Corse, 209, 210.

Police de l'audience, xxiv, xxv, xxvj, xxviij, xxx, xxxvj, 141, 142, 151.

— civile, tribunal de simple police, 134.

Pourvoi en révision, xxxvj, 4, 7, 85, 86, 87, 88, 89, 90, 166, 167, 256, 272, 274, 275, 276, 277, 278, 279, 280 à 287.

— déclaration de pourvoi, xxxvj, 166, 167, 275, 276, 277.

— par le condamné, xxxvj, 166, 256, 274, 275, 276.

— par le commissaire du roi, xxxvj, 166, 256, 272, 274, 277.

Préjudice causé par un crime ou délit, xiij.

Préjudicielle. — Question préjudicielle, xxj, xxiv, 256, 257, 243.

Prescription. — Ne court que contre un délit commis et non contre un délit qui se commet, 40.

— doit courir contre tout délit, 42, 171.

— contre un crime, 172.

— est d'ordre public, relativement aux délits qui ne peuvent éternellement subsister, 42.

Prescription en matière de désertion, 41, 167, 168, 169, 170, 171, 172, 173.

— ne peut courir qu'à partir de l'arrestation ou de la présentation volontaire du déserteur, parce qu'alors seulement le délit s'arrête, 40, 41.

Présent au corps. — Militaire présent au corps, 1, 36, 110, 111, 130.

Q.

R.

S.

T.

U.

V.

FIN DE LA TABLE.